高校野球100年史

森岡浩 著

100-years History of Japanese High School Baseball

東京堂出版

はじめに

今年もまた、夏の甲子園大会への出場をかけた予選の時期が近づいてきた。六月上旬に各地の春季地区大会が終了すると、高校野球は一気にクライマックスである夏の選手権大会シーズンに突入する。

高校野球の全国大会が始まったのは大正四年の夏（当時は中等学校野球）。場所は大阪郊外の豊中グラウンド、参加したのは全国一〇地区の予選を勝ち抜いた一〇校であった。しかし、第一回は突然の開催だったために、予選とはいいながら、秋田中学が近隣の学校に声をかけて形ばかりの予選を開催した東北地区や、予選を開催せず春に開かれた東京大会を予選とみなした関東地区など、無理やり体裁を整えてのものだった。

そもそも、大正時代初期に中等学校に進学できるのは一部のエリート達である。大学や高等学校を中心に広がった野球というスポーツそのものがエリートのもので、全国規模の中等学校の野球大会の開催には無理がある、ともみられていた。しかし、以来一〇〇年の歳月が過ぎ、甲子園大会はもはや学生の一スポーツ大会の枠を超えて、日本の春と夏には欠かすことのできない風物詩に発展した。

近年は少子化によって参加校の数が減少しているが、それでも全国で四〇〇〇校近い学校が予選に参加し、甲子園出場という狭き門をめぐって戦っている。これまでに一回でも甲子園に出場したことがある学校は全国に約一〇〇〇校。実に四校に一校は甲子園に出場したことがある計算になる。毎年同じような学校が甲子園で戦っているように感じるが、一〇〇年もの歴史があると、長いスパンでみると高校野球にも栄枯盛衰があることがわかる。

高校野球一〇〇年という言葉が独り歩きし始めているが、大正四年に高校(中等学校)野球が始まったわけではない。早い地域では明治一〇年代には中等学校で野球が行われ、二〇年代には学校間の対抗戦も行われていた。こうした大正四年以前の中等学校野球事情はあまり語られることがなく、全貌を記した資料はない。そこで、各地の名門高校の記念誌や、野球部史などを参考に、どういう過程で中等学校が全国に広がっていったのかを検証、第一章はまるごと第一回大会開催以前にあてている。つまり、本書は『高校野球１００年史』とは銘打っているが、実際には一四〇年ほどの歴史を扱っていることになる。

これまでの高校野球関係の書籍は、関係者に取材することで成り立っているものが多い。しかし、一〇〇年前の第一回大会の関係者に話を聞くこともはや不可能である。まして、それ以前についてはもはや近代史の範疇であり、歴史的視点から野球史を検討する必要がある。

また、高校野球史とは、ただ単純に試合の結果を追うことには留まらない。エリートスポーツだった大正時代から、実業学校の台頭で民衆化した昭和戦前期、軍部の台頭によってルールの一部すら変更させられた戦中期、学校制度の改革で混乱した戦後期、進学率の向上で参加校が激増した高度成長期、各地で私立高校が台頭し野球留学が盛んになったバブル期、不況で公立高校の復権がみられる今世紀と、高校野球は時代とともに変化してきている。高校野球は社会の状況と関係なく存在しているわけではなく、庶民の歴史とともに変貌を続けているのだ。そういう意味で、本書は高校野球を切り口としてみた近代日本史ともいうことができる。

高校野球はこれからも、私たちの生活の変化に従って変化していくに違いない。一〇〇年目のシーズンを迎えるにあたって一度過去を振りかえり、次の一〇〇年に向かって新たな未来を築くきっかけとなれば幸いである。

二〇一五年六月

森岡　浩

◉高校野球100年史―目次

第四章　中等学校野球の復活と高校野球の誕生

第五章　高校野球発展の時代

第六章　一県一校と高校野球の全盛

第七章　二一世紀の課題と展望

扉写真　第1回大会出場の高松中学（高松高校）選手（写真提供：朝日新聞社）

高校野球100年史

第一章　高校野球のあけぼの　中等学校野球大会前史

野球のはじまり

日本で初めて野球の試合が開催されたのは、明治四年秋に横浜で行われた、外国人居留民と米国軍艦コロラド号の試合である。この試合の日付は従来一〇月三〇日とされていたが、野球史研究家の弘田正典は著書『吾に向ひて光る星』（二〇〇六）で、日付と曜日の関係から一ヶ月早い九月三〇日であったことを示している。

では、日本人が野球を始めたのはいつかというと、これには諸説あるが現在では、東京の大学南校（のちの開成学校）に数学教師として赴任したホーレス・ウィルソン（Horace E. Wilson、一八四三〜一九二七）が学生に教えたのが最初、という説が定説とされている。ウィルソンは明治四年に来日、翌五年に第一大学第一番中学校と改称した同校の校庭で課外スポーツとして野球を伝えたとされる。平成一三年にはウィルソンの血縁者が夏の甲子園の開会式に招待され、一五年にはウィルソンは野球殿堂入りしている。同校の跡地は現在学士会館となっており、同年「日本野球発祥の地」の碑として、ボールを握った手のブロンズ像が建立された。

ウィルソンの教え子には、牧野伸顕（伯爵）をはじめ、小村寿太郎、田中舘愛橘、木戸孝正（木戸孝允の養子）といったのちの著名人も多い。なかでも、明治初年に米国に留学していた木戸孝正は、留学時代に野球を覚え、

ホーレス・ウィルソン
（写真提供：野球殿堂博物館）

野球発祥の地
（東京都千代田区）

明治七年に帰国した際にはボールとバットを持ち帰っていた。

この他、明治四~九年にかけて熊本洋学校の英語教師をつとめたリロイ・ジェーンズ（L. L. Janes、一八三八~一九〇九）が、在任中に生徒に野球を教えたといわれ、また東京・芝にあった開拓使仮学校（のちの札幌農学校）でも、アルバート・ベイツ（A. G. Bates）が野球を教えたとされる。

明治九年には東京で開成学校と外国人チームとの間で国際試合も行われた。外国人チームは八人しか集まらず、横浜から参加した人の汽車の都合もあって試合は七回で終了したが、一人少ないためセンターのいない外国人チームが34―11で勝っている。開成学校の選手には、のちの工学博士石藤豊太や、昆虫学者佐々木忠次郎らの名がみえる。

この頃、平岡凞《ひろし》も本場の野球を持ち帰った。平

新橋アスレチック倶楽部。中列中央が平岡凞。
（明治 13 年〔1880〕撮影。写真提供：野球殿堂博物館）

岡は明治四年に米国公使となって赴任した森有礼《ありのり》に同行して渡米し、野球を覚えただけでなく実際にクラブチームでプレーした。そして、九年に帰国、翌一〇年に新橋鉄道局の鉄道技師となると同僚に野球を伝え、一一年には日本初の野球チーム新橋アスレチックス倶楽部を組織した。そして、面識のあった米国の運動具商スポルディングから用具一式とルールブックを取り寄せるなど、本格的な野球チームをつくった。平岡はこの功績で昭和三四年に第一回野球殿堂入りしている。

なお、当時の野球は今とはかなり違っていた。投手は下手投げで、ストライクゾーンも高・中・低の三つがあり、打者が指定できたという。また、四球ではなく一塁に歩けるのは九球であった。したがって、三振や四球は少なく、打者が打った球を野手が処理するのが基本のゲームだった。

中等学校野球の広がり

開成学校で始まった学生の野球は、次いで駒場の農学校、虎ノ門の工部大学校（ともに、のちの東大）や、青山英和学校（のちの青山学院）、東京一致英和学校（のちの明治学院）、慶応義塾といった大学の前身に広がった。明治一八年開成学校と工部大学校は合併して東京大学となり、その予科として一高が誕生、この一高にも野球部ができたことで、野球は学生スポーツとして一挙に広まることになった。

一高には全国各地から選りすぐりの峻英達が集まってきた。彼らは当時先進のスポーツだった野球を覚えると、帰省した際などに母校に伝えたのだ。彼らの母校はまた、各地の一中や二中といった各県を代表する名門で、英語をベースとしてルールの複雑な野球を受け入れる余地があったのだ。

やがて、一高に続いて慶応義塾や東京専門学校（早稲田大学）でも野球が盛んになった。そして、卒業後は各地の中学校に教師として赴任することも多く、野球は中学校を代表するスポーツになっていった。

明治時代の野球風景
（写真提供：毎日新聞社）

なかでも、当時一高の近くにあった郁文館中学（郁文館高校）は中学最古の野球部といわれることもある。同中学は明治二二年一一月の創立。『郁文館学園百年史』（一九八九）によると、創立直後から非公認で野球が行われ二七・八年頃に正式に創部したらしい。三〇年には一高と練習試合を行い、延長一二回の末19―18というスコアで一高を降したのだ。敗れた一高は同年の一二月の再戦を挑んだ。当時は冬でも試合をすることは珍しくなく、この試合も激しい打撃戦の末に26―25という凄まじいスコアで、郁文館中学が返り討ちにしている。大学予科や高等学校で始まった野球は、十数年を経て、実力的にも中学校が激しく追いついてきていた。

三〇年代には同校は黄金時代を迎え、野球部は郁文館中学の名物だったという。そして、一高や慶大、早大などに選手を送り込んだ。主な選手には、潮恵之輔《うしおしげのすけ》（一高、のち内相）、押川清（早大、殿堂入り）、大橋武太郎（早大初代主将）、小山蕃（のち職業野球連盟事務総長）、伏見勇蔵（のち函館太洋）らがいる。

しかし、郁文館中学が最も早く野球を始めた中学というわけではない。東京で郁文館中学より早くから活動していた中学校が東京府立一中（日比谷高校）である。東京部尋常中学校時代の明治一八～一九年頃にAS会という体育クラブが創立され、その中でベースボールが行われていた。三三年に正式に創部、その後は廃止と復活を繰り返している（『日比谷高校百年史』一九七九）。

明治時代の後半になると、中等学校野球は全国各地に広まり、学校同士の対抗戦だけではなく、大会も行われるようになった。こうした各地の状況をみてみたい。

東京

学生野球が東京で始まったことから、当時最も野球が盛んだったのは東京である。一高や工部大学校に続いて野球部ができたのが、青山学院と明治学院であった。

『青山学院野球部一二〇年の歩み』（二〇〇三）によると、同校で野球が始まったのは明治一六年であるという。米国のメソジスト教会から青山学院の前身である東京英和学校に派遣されていた宣教師のジェームズ・ブラックレッジ（一八四九～一九二九）が学生達に野球を教えてチームを編成した。当時は専門学校や中学校が合同して全青山として試合をしていた。当時在籍していた和田八千穂は、短袴に足袋裸足で、ミットもグローブもなく、捕手はずっと後ろでワンバウンド球を捕っていた、と回想している。そして、この頃には明治学院との対抗戦が始まった。

当時、築地にあった東京一致英和学校でも同じ頃にインブリーやノックスによって野球が始まった。明治学院大学硬式野球部公式サイトでは一八年に創部されたとしている。二〇年に白金に移転して広大なグランドを設けたことから強くなり、一高とともに京浜地区の最強チームといわれた。二三年五月、本郷の一高運動場で一高と明治学院の試合が行われた。その試合の観戦に赴いた明治学院のインブリー教授は遅れて到着したため入口がわからず、やむなく土手を乗り越えて運動場に入った。これをみた一高生が詰問したが、言葉が通じないために混乱となり、インブリーは顔面を負傷。駆けつけたノックスによって救出されたが、明治学院が6―0とリードしていた試合は中止となり、外国新聞が「攘夷の再来」と書きたてるなか、インブリーは自ら負傷は軽微であるとして火消しにつとめた（インブリー事件、『明治学院百年史』一九七七）。

やがて一高全盛時代が来るが、青山学院は三〇年と三二年に都下連合野球大会で一高に勝利している。三二年のときの投手が橋戸信（頑鉄）で、橋戸はその後早稲田大学に進んで初代主将となり、都市対抗創設などの功で野球殿堂入りした。三六年には河野安通志が明治学院を中退して東京専門学校商科に進み、まもなく同校のエースとなった。河野もまた野球殿堂入りしている。

慶応義塾の野球部の正式創部は明治二五年。ただし、これは体育会の創設の年であり、実際には明治一七年米国人ストーマーによって野球が伝えられ、二〇年頃から盛んになった。そして、東京英和学校や東京高等商業学校、一致英和学校などと試合を行った。

慶応義塾では、大学と予科・中等部などの選手は同じチームとして戦うことが多かった。三四年には東海・関西に遠征、浜松中学、和歌山中学、三高、愛知一中などと対戦している。三六年にも関西に遠征して愛知一中、大垣中学、三高、京都一中、六高、関西中学と対戦するなど、精力的に各地の学校と対戦している（『慶応義塾野球部史』一九八九)。

明治二九年には東京高等師範学校附属中学(筑波大学附属高校)と学習院が試合を行った。『桐陰会野球部の一世紀』(一九九九)によると、東京高等師範学校附属中学で野球が始まったのは前年の二八年のことで、当時学習院はすでに強豪として知られていた。そのため、初戦は二八点差とも二九点差ともいわれる大敗を喫したが、以後両校は百年にわたって定期戦を続けている。

学習院の野球部は明治二二年に創部され、二六年には正則尋常中学(正則高校)と対戦して、17―15で勝利している。二九年には前述の東京高等師範学校附属中学の他、明治学院や一高とも対戦した(『学習院野球部百年史』一九九五)。正則尋常中学は明治二二年の創立で、大学系列に属さない学校としては野球部の活動が早い。大学系列以外では麻布中学(麻布高校)での創部も早かった。前身の東洋英和学校時代にすでに野球倶楽部があったといい、同校では明治二八年に創立して間もない頃には野球部があったとみられる(『麻布学園の一〇〇年』一九九五)。

なお、早稲田で始まったのはやや遅く明治三四年である(『早稲田大学野球部一〇〇年史』二〇〇二)。この年に創設された予科には、郁文館中学の大橋武太郎、青山学院の橋戸信といった野球経験者がおり、彼らが中心となった早稲田で野球が行われるようになった。三四年早稲田実業中学が創立され、翌三五年に早稲田実業学校と改称、三八年に野球部が創部された。しかし、当時は対外試合が禁止されており、対抗戦などを行うことはできなかった(『早実野球部史』一九九〇)。

この間、三七年には府立二中(都立立川高校)でも野球部が創部された。翌三八年には日露戦争の日本海海戦の大勝を祝して行われた祝賀会のあとに紅白戦が行われたが、やはり対外試合が行われたのは遅く、大正一四年

コラム1―1　明治初期の野球

明治初期の野球は今とはかなり違っていた。明治九年の外国人チームとの国際試合にも出場した石藤豊太が昭和二六年三月二七日付の「スポーツニッポン」に語ったものによると、球とバットの他には用具がなく、投手は腕を振りかぶるのではなく、「直立して腕を腰につけ、前後に振ってまるでタマゴロカシのように投げた」という。これはニッカボッカールールと呼ばれる初期の野球ルールで、米国でも投手はアンダーハンドで投げることに制限されていた。また、「投球も打者の希望通り、まっすぐの高さに投げるのが上手とされ、カーブだの、ドロップだのといって、三振で討ち取るなどは考えられないことでした」とあり、打者に打たせたうえで、その球を処理してアウトにすることが基本であった。

用具も当時の日本にはまだほとんどなかった。明治一七年頃の青山学院でも、「素面素籠手」で、「捕手はずっと後に居りバウンド球を捕って」いたという（『青山学院野球部一二〇年の歩み』）。『慶応義塾野球部史』でも「野球は素手で行う時代でミットはなく、捕手は今の位置から一、二間後に構えて、投手からの投球はワンバウンドで取るのであった」と記しており、捕手が素手で球を取るため、打者のずっと後ろにいたことがわかる。また、打たせて取るのが基本といいながら、グローブがないため打球をうまく処理してアウトにするのは難しかったらしく、「一試合が午前十時に始まって夕方終了したり、九〇対七〇といったスコア」になったという。

慶応義塾でも用具が普及し始めたのは二〇年代後半頃で、一般の中学や地方では三〇年代に入ってからだと思われる。中学校の正式創部が三〇年代になって急激に増加するのは、こうした用具の普及によって、スポーツゲームとしての野球を行うことができるようになったことも大きな要因の一つだろう。

のことだという（『白球にかける夢』二〇〇四）。

四三年、東京で初めての中学野球大会が開催された。主催したのは都下運動記者会で、四月一日から羽田球場で都下中学優勝試合として行われた。この大会には、早稲田中学、青山学院中等部、郁文館中学、慶応普通部、独協中学、錦城中学（錦城学園高校）、立教中学、麻布中学の八校が参加、決勝で早稲田中学が慶応普通部を降して優勝している。早稲田中学の投手は戦後阪神の監督をつとめた岸一郎、慶応普通部の四番打者は三宅大輔（のち巨人監督）だった。

翌四四年には、春の都下中学優勝試合に続いて秋に都下中学野球争覇戦も開催され、春秋ともに慶応普通部が優勝した。こうして東京の中等学校野球は早慶を中心に、大学の附属中学がリードした。

北海道

北海道の野球史は古い。明治八年七月東京・芝にあった開拓使仮学校が札幌に移転し、九月に開校した。翌年四月に入学した一期生に、伊藤一隆・小野兼基・荒川重秀・佐藤勇といった東京でベイツに直接野球を学んだ教え子達がいたことで北海道に野球が上陸した。また、クラークとともに札幌農学校に赴任した植物学・化学教師のダビッド・ペンハロー（David P. Penhallow）がベースボールに詳しく、コーチとして指導した。一一年から始まった遊戯会（競技会）の種目にも野球が入っている（『北海道大学野球部一〇〇年史』二〇〇一）。二〇年には東京の明治学院で捕手をつとめていた松村松年《しょうねん》が札幌農学校に入学、当時の最先端の野球を紹介したことで、野球が盛んになった。二五年に札幌農学校練兵場で行われた札幌農学校有志と北鳴学校有志との試合が北海道初の対抗試合といわれる。北鳴学校は札幌中学の前身とされる私立学校である。

明治三四年、北海英語学校に中学部が設立された。設立と同時におかれた運動部の中心が野球部で、この年が北海高校の創部年とされる（長壁明著『北海野球部百年物語』二〇〇九）。同じ年に札幌農学校でも野球部が正式に創部した。

札幌南高校の『百年史』（一九九七）によると、札幌中学では明治三三年にベースボールが行われ、三四年には師範学校（札幌教育大学）と試合をして勝ったといい、翌三五年には同校でも正式に創部した。三六年には札幌中学と北海中学が対戦して、札幌中学が28―6で勝ち、以後、札幌中学、札幌農学校、北海中学の三校が北海道の野球界をリードした。三七年には札幌中学、北海英語学校、北海道師範学校、札幌農学校から選手が集まり、紅白に分かれて札幌各学校連合野球大会が開催されている。

函館地区では、札幌より早く三二年秋に函館中学（函館中部高校）で創部された。修学旅行先の秋田（岩手とも）で野球をみて興味を持ち、函館に戻るとすぐに創部したという。翌三三年には当時函館中学に吸収されていた函館商業学校が再び独立、同校でも野球部が生まれた。また、この年には修学旅行で函館を訪れていた盛岡中学と函館中学が対戦している。三九年一〇月には函館中学と函館商業の試合が行われたことが記録に残っている。

この他、三六年には上川中学（旭川東高校）でも創部されるなど、中等学校野球は道内各地に広がっていった。

秋田と岩手

秋田県高野連の『翔球』（一九九一）によれば、秋田県に野球が伝わったのは明治一八年で、伝えた人物は秋田医学校の細井修吾、最初の試合は一九年に同校校庭で秋田中学（秋田高校）との間で行われた。秋田中学の野球部の正式な創部は明治二七年ということになっているが、実際には一九年頃にはすでに活動していたようである。

二四年には秋田師範学校でも野球が始まり、三〇年代に入ると、仙北地方でも野球熱は高まって、三二年には大館中学（大館鳳鳴高校）、三五年には本荘中学（本荘高校）・横手中学（横手高校）で創部。また、三三年には秋田県知事武田千代三郎の肝いりで「挑戦杯」が設けられて、これを争うようになった。挑戦杯は、第一回から四回までは秋田中学が連覇したが、五回大会は横手中学、六回大会では大館中学が優勝するなど郡部の学校の台頭もみられた。

岩手県に野球をもたらしたのは、明治一七年に盛岡中学（盛岡第一高校）に赴任した増嶋文次郎であるという。一九年一〇月に行われた運動会では「ベースボール」が一競技として登場している。二二年には東京で野球を覚えた多田綱宏が校長に就任、生徒に野球を教えたことで急速に広まった。三一年旧制二高から道具の使い方や公認野球規則を学び、翌三二年には野球部が正式に創部した。同年には仙台に遠征して仙台一中との間で対抗戦が行われた（『白堊熱球譜』一九九九）。

三一年に創立された一関中学（一関第一高校）では創立の頃からキャッチボールなどが行われており、三四年に野球部が創部された。翌三五年には盛岡中学と対戦して2―32というスコアで敗れた。この大敗を受け、体操教師の高崎吉之助部長は、三六年に東京帝大から名投手と知られた守山恒太郎をコーチとして招いた。そして、盛岡中学で守山審判のもと再戦、中盤までは互角だったが、終盤大量点を奪われて16―27で敗れている（『一関中学一高野球部史』一九九四）。

県北の福岡にも二〇年前後には野球が伝わったといい、二九年頃には福岡小学校で野球が行われていた。そして、三四年には福岡中学（福岡高校）が創立、『陣場台熱球録』（二〇〇五）によると、開校まもなく同好会的な集まりができ、翌三五年からは青森県の八戸中学と定期戦を行っていた。そして、三九年に正式に創部している。

遠野中学（遠野高校）の創部は三五年説と三七年説があるが、同校の野球部史『悠遠の野球部、今に』（二〇〇七）では、三四年の開校時に体育課助教諭として赴任した永持三郎輔が生徒に教えたのが始まりで、三六年には一関中学との対抗試合も行われているが、正式の創部は三七年であるとしている。三八年には地元出身で、早大の米国遠征にも参加した小原益遠をコーチに招くなど強化につとめた。そして、四四年には東京に遠征、天狗倶楽部や錦城中学、早稲田中学、成城中学などと対戦した。

この頃には、県内はもちろん、東北の各中学校の間で対抗戦が盛んに行われるようになった。当時の盛岡中学は圧倒的に強く、四三年には早稲田大学の二軍と対戦して、延長一五回0―1で惜敗という記録も残っているなど、全国的にも知られた強豪であった。

秋田と岩手の二県は東北だけではなく、全国的にみても野球の盛んな地域で、実力的にも高かったとみられる。

東北

東北では秋田・岩手両県以外でも早くから野球が行われていた。

青森県に野球が紹介されたのは、『青森県高野連史』（一九七二）では明治一〇〜一一年頃に東奥義塾に宣教師が体育として持ち込んだのが最初としているが、一八年の弘前の尋常中学校あるいは一九年の青森師範学校ともいわれる。

県内で最初に創部されたのは青森一中（八戸高校）であった。三一年には修学旅行先の秋田で秋田中学と試合をしているが、盛んになったのは『八戸高校物語』（島守光雄著、北方新社、一九九六）によると、明治三一年に斎藤清太郎（のちの東大教授）が東京から青森一中に赴任して野球を奨励してからである。同校の正式な創部年ははっきりしないが、その前後とみられる。

弘前中学（弘前高校）では三〇年一〇月に弘前公園で県立尋常師範学校と対戦した記録があり、翌三一年には青森師範と戦っている。そして三五年に正式に創部、以後も東奥義塾や秋田の大館中学などと対戦した（『弘中弘高野球部史』二〇〇二）。

三六年には青森三中（青森高校）でも正式創部し、三七年には青森一中と青森三中の間で定期戦が始まった。また青森三中が当時全国的な強豪だった岩手県の盛岡中学と対抗戦を戦って4―13で敗れたという記録もある。この間、三四年には三本木農業でも創部、さらに四四年には青森商業でも創部するなど、県内各地に広がっていった。

しかし、『青中青高硬式野球部史』（二〇〇三）によると三九年になって初めてグローブをみたとあり、それ以前の投手は素手で試合をしていたというから、道具の面からもかなり遅れていた。また、四三年に武田千代三郎県知事が県立中等学校の対外試合を禁止したため、各校の対抗戦は行われなくなった。

福島県でも野球が行われた歴史は古い。明治一四年福島師範から東京の体操伝習所に派遣されていた教師が野球の技術を身につけて帰郷し、生徒に教えたのが始まりという。しかし、当時は試合をする相手がおらず、なかなか普及しなかった。二三年安積中学（安積高校）にベース・ボール同好会が結成され、春秋の二回校内大会を開催したのが、本格的な野球の普及の始まりである。二七年には福島市にある康善寺の住職・海野善堯が龍谷大学で覚えた野球を、帰郷後寺の境内で近所の子供に教えた。さらに福島中学や福島蚕業学校（福島明成高校）でも指導した。

福島県での野球の始まりについては、この他にもいくつかの説があり、『福島県高等学校野球連盟史（一）』（一九九一）では諸説を詳しく紹介している。多くの県では旧制高校に進学したＯＢなどから、一中や二中を経由して野球が広がったが、福島県では複数のルートから野球が伝わったとみられる。

いずれにせよ、三〇年には福島蚕業学校、三二年に会津中学（会津高校）、三三年福島中学（福島高校）、三六年相馬中学（相馬高校）、三九年磐城中学（磐城高校）、四一年石川中学（学法石川高校、正式な創部は大正元年）と、次々と創部されていった。

そしてこれらの学校間で対抗試合が行われ、三二年秋には会津中学が安積中学に遠征した際には数百人の生徒が学校を欠席して徒歩で応援に行ったと伝える。なかには、三九年の福島中学対米沢中学のように、県外の中学校との試合も行われていた（『福島高校野球部史』（一九八九））。

山形県内で最も古い歴史を持つのは山形中学（山形東高校）で、明治二二年頃にはすでに野球が行われていたといい、二六年に創部した。三二年には山形中学と米沢中学（興譲館高校）との間で対抗戦が行われている。

米沢中学では寄宿舎生が明治三二年に山形中学に遠征したのが始まりで、三四年に正式に創部。以後両校は定期戦を行っている（『米沢興譲館野球部史』二〇〇二）。庄内中学校（鶴岡南高校）で野球が始まったのは三三年秋だという。学年ごとに選手を出して戦い五年生が優勝。三八年には新庄中学校（新庄北高校）に遠征、以後県内各地を遠征した。新庄中学校では三三年の開校直後頃から野球が行われ、まもなく創部した（『山形県高校野球六十年史』）。

こうした東北各県に比べて、宮城県での野球の始まりは意外と遅い。旧制二高で野球が始まったのが明治二六年で、同年には東北学院でも東京から転校してきた押川方存（春浪）によって野球が始まった。

中学校で最も早く創部したのは仙台一中（仙台第一高校）で、その創部は三〇年である。三二年には旧制二高グランドで盛岡中学と対戦した。翌三三年には仙台二中（仙台第二高校）が仙台一中分校として独立、同校でも野球部が創部され、両校の間で試合が行われた。一般的には、「杜の都の早慶戦」といわれる対抗戦の始まりは三九年であるとされているが、実質的には三三年から三四年にかけて三回行われた対抗試合がその始まりである（『仙台一中、一高野球部百年史』『宮城県仙台二中二高野球部史』）。

三三年私立の東北中学校（東北高校）が創立されると、校友会に運動部が設置され、ベースボールが行われた。当初は有志による紅白戦や、運動会の競技としてのみ行われたが、三七年に正式な野球部として創部された（『魂東北高等学校硬式野球部一〇〇年史』二〇〇四）。

この間、三四年に築館中学（築館高校）、三七年に佐沼中学（佐沼高校）などでも創部。三八年には河北新報社大優勝旗争奪戦も開始された。

北関東

北関東で最初に中学野球が始まったのは茨城県である。明治二四年に茨城県立中学（のち水戸中学、水戸第一高校）で創部されたのが最初。しかし、『熱球一二〇年水戸中学水戸一高野球部の軌跡』（二〇一一）によると、二二年頃にはすでに水戸では野球が行われていたとある。そして、二五年には旧制一高に進学していた山岡元一がミットやマスクなどの用具一式を水戸に持ち込んだ。

二九年、旧制一高の野球仲間であった水戸中学ＯＢの戸村義相と、栃木県尋常中学（宇都宮高校）ＯＢの青井鉞男《えつお》の間で母校自慢となり、結局両校が対戦して雌雄を決することになった。両校は宇都宮城址公園で対戦し、

31―15という打撃戦で水戸中学が勝利した。この試合は、県を越えた中学同士の対抗戦の嚆矢とされている。両校の対戦は、三〇年、三一年にも行われ、結果は水戸中学の二勝一分に終わっている。

三〇年代に入ると続々と野球部が誕生した。三〇年に土浦と下妻に県立中学の分校が設置されると両校でも野球が行われ、三二年には両分校が下妻分校グランドで戦っている。三三年に土浦中学（土浦第一高校）、下妻中学（下妻第一高校）として独立するとともに正式に野球部が生まれた。

水戸中学の太田分校（太田第一高校）でも分校時代の三四年に水戸中学本校と対戦した記録があるといい、三五年に太田中学として独立すると同時に野球部として創部された（『鯨岡球児の一世紀』二〇〇五）。同年には、土浦中学の竜ヶ崎分校（竜ヶ崎第一高校）、下妻中学の水海道分校（水海道第一高校）も独立して野球部を創部。また、三四年に創立された茨城農業（水戸農業）でも野球部が創部されている。当時は水戸中学が県内では無敵で、この頃の卒業生には学生野球の父と言われた飛田忠順《ただより》（穂洲《すいしゅう》）がいる。

茨城商業（水戸商業）では創部年は明治四〇年とされていたが、二〇〇五年に刊行された『水戸商野球の百年』では、二年早い三八年を創部としている。しかし、創部当初は校庭が草でぼうぼうで、練習もままならなかったという。

三九年には飛田忠順の呼びかけで、水戸中学、太田中学、水戸師範、茨城農業、茨城商業から二〇名を選抜（二名は予備）し、紅白に分けて水戸中学グランドで紅白戦を行っている。こうした学校を越えた選抜チームによる試合は当時としては珍しい。

栃木県で最初に野球部が誕生したのは宇都宮中学（宇都宮高校）で、明治二九年のことである。同校の『百年史』（一九七九）に附録としてある部活動年表によると、二九年にベースボール部が創部され、同年一〇月一七日には宇都宮城跡で水戸中学と試合している。翌三〇年には旧制一高生の藤井国弘をコーチとして招き、修学旅行で上京した際には郁文館中学と試合を行うなど、精力的な活動をみせた。その後も長野県の上田中学や水戸中学、栃木中学などと対戦した。

三二年には栃木中学（栃木高校）、栃木県立農業（宇都宮白楊高校）、足利工業、三五年には下野中学（作新学院高校）、真岡中学（真岡高校）、三六年には大田原中学（大田原高校）と続々創部したが、県大会などは行われず、各校がそれぞれ対抗試合を行っていた。

盛んに対外試合を行った茨城・栃木両県に対し、群馬・埼玉両県ではあまり盛んにはならなかった。

群馬県では明治三〇年に前橋中学（前橋高校）に野球部が創部し、続いて翌三一年に高崎中学（高崎高校）、三三年太田中学（太田高校）、三五年富岡中学（富岡高校）と次々と創部はしたが、三七年に前橋中学校校庭で同校と高崎中学が対戦したくらいで、とくに目立った活動はなかった。

埼玉県でも、二八年には浦和中学（浦和高校）と熊谷中学（熊谷高校）で創部。続いて三五年に春日部中学（春日部高校）、三六年に不動岡中学（不動岡高校）でも創部されたが、やはり対抗試合はあまり盛んではなかったようである。『不動岡の野球』（二〇〇二）によると、創部間もない三六年頃はまだ道具も部員も足りず、チームとなったのは三八年頃だという。

三二年に創立された川越中学（川越高校）では、翌三三年五月の会則に野球部の名がみえることから、創立まもなくから野球が行われていたとみられるが、大正五年までの詳細は不明という（『川越高校野球部七十年史』一九八九）。

千葉

千葉県で初めて野球らしきものが行われたのは、明治二〇年代前半の千葉師範とされる。二五年には佐倉修正校（佐倉高校）で本格的な野球が行われたというが、正式な野球部は二九年である（和田正樹著『房総白球伝』崙書房、一九九二）。翌三〇年には千葉中学（千葉高校）でも創部された。『創立百年』（一九七九）によると、三二年には野球部員が九四名もいたとあり、佐倉中学と対戦して27―9と圧勝、三六年には東京高等師範附属中学と対戦した。以後も県内各地に遠征して勝利を続け、ほぼ無敵の状態だった。

以後、三二年成田中学（成田高校）、三三年銚子中学（銚子商業）、三四年安房中学（安房高校）と茂原農学校（茂原樟陽高校）、三五年佐原中学（佐原高校）と大成館（長生高校）、成東中学（成東高校）と、かなり早いペースで次々と創部された。

三〇年代後半にはこれら各校の間で対抗戦が行われたが、四一年に佐倉中学と成東中学の試合で応援団同士が衝突し、佐倉中学は一旦廃部となり（四三年に復活）、県によって対外試合が禁止された。この頃は成田中学が強く、遠征してきた早稲田大学のチームとも互角に試合をしたという。

神奈川

明治二九年五月、横浜で旧制一高と横浜在住の米国人チームが対戦して一高が勝ったという記録があるが、その時すでに横浜商業や神奈川師範では野球が行われていたという。『Y校百年史』（一九八二）によると、この試合のために横浜商業は運動場を一高に提供し、試合の際には全校をあげて応援に赴いた。さらに試合終了後は選手と関係者を招待して祝賀会を開いた。一高はお礼にボール二個とバット一本を横浜商業に贈り、これが契機となって同校は野球部を正式に発足させた。そして、一高から青木鉞男をコーチに招いて強化に励んだ。

同校は三二年には静岡県に遠征して静岡中学・浜松中学と対戦、三六年には大阪まで遠征したほか、三二年には慶応義塾と対戦して18—11で破っている（『慶応義塾野球部史』）。四〇年代には同校は黄金時代を迎え、ほぼ無敵であったといわれる。

神奈川一中（希望ヶ丘高校）では、創立した三〇年に早くも大和倶楽部と試合を行ったという記録があるが、正式な創部は三七〜三八年頃（『神奈川県立希望ヶ丘高等学校野球部創部一〇〇周年記念史』二〇〇四）。四〇年には青山学院と対戦している。

三四年には小田原に神奈川二中（小田原高校）が創立され、三五年か三六年にやはり野球部が創部された。しかし、鉄道やバス便のない時代、横浜の学校と試合することはできず、校内試合が中心だった（『球跡　小田原高等学校野球部九十年史』一九九五）。

この他、鎌倉師範にも野球部があった。大正時代に日本を代表する投手となった小野三千麿（慶大—大毎野球団）は、神奈川二中二年終了から鎌倉師範に転校して活躍している。

新潟

長岡高校野球部後援会の『野球一〇〇年史』によると、長岡中学（長岡高校）に野球が伝わったのは明治二三年のことで、アメリカ人の英語教師が伝授したという。三二年には正式に野球部が創立されている。また、二八年には新潟中学（新潟高校）でも創部。高田中学（高田高校）では、二五年に長野中学からの転校生によって、翌二六年に旧制一高の先輩によってバットやボールがもたらされたが、ルールがよくわからずノック程度だったという。三〇年に宇都宮中学からの転校生によってルールがわかり、正式創部した（『新潟県高校野球史』一・二、一九九二）。そして、長岡中学、新潟中学、高田中学の三校で対抗試合が行われた。

三二年には新発田中学（新発田高校）で野球を含む運動部が創部、同校ではこの年を野球部の正式創部年としている（『新潟県立新発田中学・高校野球部創部一〇〇周年記念野球部史』一九九九）。さらに三四年には新潟商業と柏崎中学（柏崎高校）、三八年頃に村上中学（村上高校）、四〇年頃には小千谷中学（小千谷高校）と続々と創部した。

三四年の第一回県立中学校連合運動会では野球が行われ、新潟中学・長岡中学・高田中学・新潟商業・新潟師範・高田師範・新発田中学の七校が参加した。翌年の大会には柏崎中学や佐渡中学（佐渡高校）も参加している。

北陸

新潟県以外の北陸各県では、野球の開始はあまり早くなかった。

富山県の初期野球史ははっきりしない。北日本新聞社編『富山県高校野球物語』（一九八〇）によると、いつ富山県に野球が伝わったかは定かではないが、明治二七年一一月に富山中学（富山高校）の生徒によって神通川でベースボールが行われたとしている。

三二年に高岡中学（高岡高校）で創部されると、三五年からは両校の間で対抗戦が開催された。三三年には魚津中学（魚津高校）で運動部の中にベースボール部がつくられた。当初はベースすらもない状態だったが、翌三四年には砺波地方への遠足の際に高岡中学と対戦している。三八年には野球部として独立している（『魚高八十年史』一九七八）。さらに四二年頃には富山師範でも創部した。

石川県の野球は旧制四高に始まる。明治の末頃から、旧制四高の指導を受けた金沢市内の中学校にも広まったが、ほとんどは同好会にすぎず、正式の野球部ではなかったようである。

金沢一中（金沢泉丘高校）の正式創部は明治四一年だが、『金沢一中泉丘高校百年史』（一九九三）には、三二年七月に最初の試合が行われ、同年一〇月には旧制四高と対外試合を行ったとある。翌年には福井中学（藤島高校）と対戦、以後、近隣の学校と対抗試合を行った。

三五年には県立四中（小松高校）、三八年には金沢商業でも創部。四一年には金沢一中主催で県下連合野球大会が開催されている。

福井県で野球が始まったのは明治二四年といわれている。この年に赴任してきた牧野伸顕知事は開成学校（東京大学）時代に野球を経験していたことから、福井師範で野球が行われるようになったという。二八年に寺尾捨次郎が福井師範の九代目校長となり、東京高師時代に学んだ野球を同校に伝えた。そして、三二年に福井中学で県下初の野球部が創部されている。同年には武生中学（武生高校）でも創部、夏には早くも福井中学と武生中学の間で対抗戦が行われた。試合は福井中学が勝利したが、『武生高校野球部一〇〇年史』（二〇〇七）では、「現在の小学生の試合より程度は低かったようだ」とある。三五年頃には第二仏教中学（北陸高校）でも野球が始まっている（『一〇〇年の歩み』二〇〇七）。

続いて大野中学（大野高校）、敦賀商業（敦賀高校）、小浜中学（小浜高校）でも創部されて野球部のある学校は七校となり、各校間で対抗戦が行われ、福井中学が最も強かった。しかし、四四年の野球害毒論とともに福井中学と仏教中学では部が解散、県内の野球熱は下がってしまった。

甲信

長野県の中等学校野球がいつ始まったかは定かではないが、明治三〇年頃には松本中学（松本深志高校）、長野中学（長野高校）、上田中学（上田高校）、長野師範、諏訪中学（諏訪清陵高校）、野沢中学（野沢北高校）、飯田中学（飯田高校）などではすでに行われていたという。この中では松本中学が最強とされ、長野中学、上田中学と合わせて三強といわれた。

松本中学は三〇年創部とされているが、『野球部の一世紀』（二〇〇四）では、二〇年頃からすでに野球が行われ、二九年に創部されたとしている。三〇年には修学旅行で松本を訪れた上田支校と初の対外試合を行った。以後県内の指導的な地位にあり、明治末から大正初期にかけて黄金時代を築いた。

三〇年には長野県尋常師範学校で創部。長野中学は明治三二年創部し、同年一二月に長野師範と対戦した記録が残っている。翌三三年には長野上田支校が上田中学として独立して創部、また同年松本中学飯田支校が独立して飯田中学となると、直後に同校でも創部した。翌三四年には松本に遠征して松本中学と対戦、三六年には諏訪に遠征して諏訪中学と対戦している（『挑戦』二〇〇〇）。さらに三五年大町中学（大町高校）、三六年飯山中学（飯山高校）、三八年野沢中学と次々に創部した。

野沢中学の創部は三八年とされるが、『高原の日は輝けり　野沢中・北高史』（一九八八）では三四年に上田中学野沢分校として開校した直後に野球部ができ、三八年は上田中学との間で初めて対外試合をした年だという。四三年には軽井沢で合宿していた外国人と対戦して勝ったという記録も残っている。

三五年に篠ノ井線が開業すると、県内は汽車を利用して遠征できるようになり、中学校間の体外試合が盛んになった。この年には長野師範学校が主催して県下中等学校聯合大運動会が開催され、撃剣・庭球・野球の三競技が実施された（のち柔術・弓術も加わる）。三五年の第一回大会の参加校は、長野師範・長野中学・松本中学・諏訪中学の四校だったが、三七年の第三回大会には上田中学・小県蚕業（上田東高校）・大町中学・長野商業も参加した。三六年の分校時代に創部した飯山中学は、三九年に独立すると新潟県の柏崎中学と初めての対外試合を行った（『高鳴る腕』二〇〇三）。

山梨県では明治三〇年に山梨師範と甲府中学（甲府第一高校）で野球部が創部された。四〇年に同校の投手をつとめていた三神吾郎は早稲田大学を経て、大正時代にアメリカに留学、在学中にプロ球団に所属し、日本人初のプロ野球選手となったことで知られる。四四年六月には日川中学（日川高校）と対戦している（『甲府中学・甲府一高　野球部史』一九八三）が、その他の学校にはなかなか広がらなかった。なお、日川中学の正式創部は大正七年とされている。

山梨県勢が夏の予選に参加したのも、大正七年の第四回大会に参加した甲府中学と日川中学が最初で、その翌年からは再び不参加が続き、復活したのは一三年の第一〇回大会である。

愛知

愛知県は明治時代から現代まで、一貫して中学・高校野球の強豪県の一つである。

愛知県で最初に野球部が誕生したのが愛知一中（旭丘高校）である。『愛知一中野球部史』（一九六一）によると、明治二六年秋に正式に部となり、大阪から転校してきた斉藤哲男が正しいキャッチボールなどを教えたという。そして、斉藤が投手となったチームを編成したものの、当時は近隣に対戦する相手がなく、三〇年になって滋賀県の彦根中学（彦根東高校）に遠征して試合を行い、21—11で勝ったのが初の対外試合だった。

三二年愛知一中にマラソンで有名な日比野寛校長が赴任した。日比野校長は同校のスポーツを盛んにすることを宣言、野球部に東大で名一塁手として活躍した宮内竹雄をコーチとして招いた。また、名古屋中学（名古屋高校）で英語教師をしていたD・C・レーマン（一八六四〜？）もコーチに加わり、愛知一中の野球部は飛躍的に強くなった。三四年、好投手鵜飼宗平を中心とした愛知一中は、二月に京都の旧制三高と戦って4―4の引き分け、四月には関西遠征中の慶応大学のチームを降して一躍有名になった。鵜飼は旧制七高でも活躍、戦後は三菱造船会長をつとめている。

愛知一中と並んで古い歴史を誇るのが、東三河の愛知四中（時習館高校）である。『時習館野球部一〇〇年史』によると、二八年に校長として赴任した石川一が野球を取り入れたという。三二年に正式な部になると、直後に愛知二中（岡崎高校）と対抗試合を行い、秋には運動会でも野球の試合が行われた。以後は愛知一中、愛知二中、浜松中学などと対抗戦を行っている。

愛知二中は西三河を代表する中学校で、明治二九年に創立されたが、『岡崎高校野球部九〇年史』によれば、創立直後にはすでに野球が始まっていたという。

以後、この愛知一中、愛知二中、愛知四中の三校が明治時代の愛知県中等学校野球界を支えていくことになる。当時は愛知一中が圧倒的に強く、二中や四中は相手を求めて県外にも遠征した。相手は静岡県の浜松中学など近隣の学校が多かったが、三四年には二中が京都の旧制三高が主催した京都近県野球連合大会に出場して大阪の天王寺中学と対戦したという記録もある。

三四年に成章館（成章高校）が創立、運動部には野球班があった。ただし、当初はキャッボール程度で、試合が行われたのは三八年のこと。そして、三九年に野球部が正式に創部された（『成章野球部一〇〇年史』

二〇〇七)。

三五年には創立三年目の愛知三中（津島高校）でも創部した。一年目の予算としてボール五五個、バット一一本、ミット二個が計上されるなど、本格的な部活動として始まっている（『九十年の記録』一九九〇)。三八年には明倫中学（明和高校）が東海五県連合野球大会に参加している。

静岡

静岡県で最初に野球部ができたのは静岡中学（静岡高校）で、明治二五年に東京高等師範附属中から静岡中学に転向してきた柏原知格が伝えたのが始まりといわれている（『静中静高野球部史』一九六四)。

二七年静岡中学に統合されていた浜松分校（浜松北高校）が分離再興された際に、同校に転じた生徒によって浜松分校にも野球が伝わった。二九年には静岡中学・浜松中学でともに正式に野球部ができ、翌三〇年には両校の間で対抗試合が行われ、静岡中学が19―5で勝っている。三二年には静岡中学・浜松中学が静岡県を訪れた横浜商業と対戦、三四年には静岡中学が慶応義塾と対戦するなど、県外の試合を行った。

韮山中学（韮山高校）では韮山分校から独立した翌年の三〇年に運動部の一環として野球が始まり、同校ではこれを創部年としている。この年にすでに「野球」と言葉を使っているほか、翌三一年にはキャッチャーミットなどもあったというから、かなり進んでいたようだ。同年の運動会で野球が行われたものの、当時はまだ近隣に対戦相手がなかったこともあり、紅白戦が中心だった。最初の対外試合は三四年の静岡中学との試合だったが、以後は県内各校と対戦、三九年には静岡中学を破るなど強豪校となっていった（『勁くますぐに飾りなく』一九九六)。

掛川中学（掛川西高校）は三四年四月に創立されたが、その一ヶ月後の五月には野球部が創立。九月には見付の静岡県立農学校（磐田農業）と試合をした。静岡県立農は正式創部前だったとみられる。掛川中学は三八年には静岡中学に遠征して大敗、三九年には東海五県連合野球大会にも出場した（『響く青春の鼓動』二〇〇一）。

沼津中学（沼津東高校）では三四年に選手を公選して野球が始まり、沼津商業や韮山中学、田方農林（田方農業）などと試合をした。そして三七年に正式に創部したが、もともと小規模な学校だったうえに野球はあまり人気がなく、試合になると他部から選手を借りてチームを編成する状態だったという（『高歌はずや栄の歌』二〇〇四）。それでも、沼津中学を含めて県内ではこの五校が中心となって中学野球が発展した。

三三年榛原中学（榛原高校）、三六年静岡県立農学校でも野球部が誕生し、対抗試合を行っている。しかし、四四年と四五年には県外チームとの対戦が禁止されている。

岐阜と三重

岐阜県で野球が始まったのは古く、岐阜県高野連の『白球燦々』（二〇〇〇）によると、明治一七年に岐阜中学（岐阜高校）教師の平瀬作五郎が生徒に指導したという。なお、『岐中岐高野球百年史』（一九八四）では「創部は明治一六年か一七年であることは間違いないが、平瀬作五郎の赴任年が判明すればもう数年球歴が早くなるかも知れない」としているが、これは正式な創部というよりは、野球の開始という意味に近いと思われる。二六年に硬球が伝わり、二九年に初めて運動会で野球の試合が披露された。その後は、寄宿舎チームと通学生チームに分かれて対戦していたが、三三年には愛知県に遠征して愛知一中の生徒や小学校の先生などで構成された北方チームと対戦、翌三四年には名古屋で明倫中学と対戦している。

大垣中学（大垣北高校）では二九年にできた運動部の一環として野球が行われ、三二年に野球部が誕生した。三三年には岐阜中学と対戦して勝利している。三五年の東海五県連合野球大会にも参加、明治末にはかなり強豪校であったらしい（『白球燦々』『大垣北高百年史』一九九四）。

三〇年秋、斐太中学（斐太高校）の英語教師佐々木肅が同校にベースボールを紹介した。飛騨高山という地理的要因から近隣に対戦相手のいない同校では積極的に遠征した。三七年には富山に遠征して富山中学や高岡中学と対戦。三九年には東海五県連合野球大会に出場したあと、京都一中で練習し、さらに北陸に回って富山中学や高岡中学と対戦するという二一日間にも及ぶ大遠征を行っている（『斐太高校百年史』一九八六）。

岐阜農学校（岐阜農林）は三三年に創部した。グローブは貴重なため試合以外では使用できず、練習は手製のミットだったという（『白球燦々』）。三九年には東海五県連合野球大会に参加、四三年の同大会では一一校中三位という成績を収めている。この間、二〇年代に岐阜師範で創部したほか、三七年頃には東濃中学（東濃高校）でも創部されている。

三重県で最も古くから活動していたのは三重一中（津高校）で、『球跡　三重県高等学校野球連盟史』では明治二八年創部となっているが、『ああ母校　三重県立津高等学校創立百年記念誌』（一九八〇）には、「一九年津田校長が米国人教師ストラーを呼び寄せて野球競技を生徒に伝えた」とある。三一年には愛知一中と対戦し、4—64という大差で敗れた記録がある。

続いて三三年に三重四中（宇治山田高校）で創部、京都の旧制三高から指導を受けたという。富田中学（四日市高校）の創部は、創立間もない二九年九月というが、部としての活動は三六年の名古屋宗学教校との対戦記録が最も古い。四四年には愛知一中と対戦している（『白球を追って』二〇〇〇）。次いで、三七年には四日市商業でも創部された。

大阪

大阪で最初に野球部が誕生したのは府立大阪第一尋常中学（北野高校）である。二〇年頃にゴム鞠を棍棒で打ち返す野球の原型がみられ、二四年に旧制一高で捕手として活躍した橋本謙二郎が英語教諭として赴任して本格的な野球が始まった。二六年には同志社と対戦、この年が創部年とされる（『六稜の星に輝く　北野高等学校野球部年史』二〇〇三）。

同校にやや遅れて大阪商業講習所（市立大阪商業）でも野球が始まった。二七年から二九年にかけて両校間で四回対戦の記録がある。また、三九年に第七尋常中学（市岡高校）で創部されると、同校との間で定期戦が行われた。

二九年に第五尋常中学校（天王寺高校）が開校すると、第一尋常中学校から多くの生徒が移籍した。この中には野球部員も多く、ただちに第五尋常中学でも創部して生国魂神社南門外広地にて試合をした。三〇年一月には第一尋常中学と対外試合を行い、以後両校間で定期戦が行われたほか、三六年には高知一中、横浜商業とも試合をしている（『黄塵はるか　天高野球部百年史』一九九六）。

これより前、二八年に第二尋常中学（三国丘高校）、第三尋常中学校（八尾高校）、第四尋常中学（茨木高校）が相次いで開校、第二尋常中学校では開校早々から野球が行われ、三五年に正式に創部した。翌三六年には校庭で京都一中と試合をしている。三八年には黄金時代を迎え、中国地方に遠征して福山中学、関西中学、岡山中学などと試合をしているほか、九月には慶応義塾と対戦、一一月に同志社大学を五―一で降すという金星をあげた（『堺中三国丘高　野球一〇〇年のあゆみ』二〇〇二）。第三尋常中学でも創部年などはわからないものの、かなり早い時期には野球が始まっており、三八年頃には活発に対外試合を行っていたという（『八尾高野球部史』一九八二）。

以後、三五年頃に第八尋常中学校（富田林高校）、三九年第七尋常中学（市岡高校）と四條畷中学（四條畷高校）で創部。また、創部年ははっきりしないが、第六尋常中学（岸和田高校）、今宮中学（今宮高校）、明星商業（明星高校）、桃山中学（桃山学院高校）、成器商業（大阪学芸高校）、大阪商業（大商学園高校）などでも相次いで野球部が誕生した。

この中では市岡中学が強豪として知られた。同校は三四年に創立、二期生の津田興一が中心となって野球を始めたが、まもなく校長の命で禁止となった。津田が卒業する間際の三八年秋に校長が交代、野球の盛んだった堺中学（第二尋常中学が改称）から転じた石川弥太郎校長によって解禁され、翌三九年春に正式に創部された。以後同校は強豪となり、四三年の市岡中学は一〇戦して九勝一敗、早稲田大学と互角の試合をした京都二中にも勝つなど、強豪校としてその名を知られていた。この時のメンバーにのちの高野連会長佐伯達夫がいる（『青春の三本線　市岡野球部八十年史』一九八八）。

三四年、堂島中学と改称した第一尋常中学で、関西五中学野球リーグ戦が開催された。参加したのは、堂島中学の他、天王寺中学、京都一中、神戸中学、丸亀中学の五校で、京都一中が三勝一敗と最もいい成績を収めた。

兵庫

兵庫県の初期野球史は棚田真輔『神戸の野球史（黎明記）』（六甲出版、一九八〇）に詳しい。同書によると、最初の野球は明治二四年に兵庫県尋常中学校（姫路西高校）で始まったが、あまり広まらなかったらしい。二〇年代後半には兵庫県尋常師範（のちの御影師範）で野球が行われており、外国人居留地などで試合をした。同じ頃神戸商業や私立鳴鳳義塾でも野球が始まったが、盛んになったのは三〇年代以降であるという。

二九年に創立された神戸一中（神戸高校）では、早くも同年六月には創部された。神戸には野球道具を売る店はなかったことから、講堂建築中に出た杉丸太の廃材を持ち帰り、出刃庖丁と鉋で削ってバットをこしらえたという。したがって、神戸商業や神戸師範、関西学院中学（関西学院高等部）などから大きく遅れていたが、やがて神戸師範で野球を習った同校附属小学校の生徒が進学してきたことで強くなっていった（『神戸高校百年史』一九九七）。

関西学院中学の正式創部は三二年だが、二七年頃から野球が行われ、二九年には兵庫県尋常師範と対戦した記録が残っている。さらに、三一年には居留外国人の子弟が通う乾行義塾、三二年には同志社と対戦している（『関西学院野球部百年史』一九九九）。

二九年に創立した豊岡尋常中学校（豊岡高校）では、三一年にベースボールを含む運動部を設け、『兵庫県立豊岡高等学校野球部　創部一〇〇周年記念誌』（一九九八）では、この年を創部年としている。三四年には修学旅行で天橋立を訪れた鳥取中学と対抗試合を戦った。

三三年には柏原中学（柏原高校）、三五年には伊丹中学（伊丹高校）と洲本中学（洲本高校）で創部した。伊丹中学は三七年に御影師範と対戦、四〇年には関西学院中学に勝利した（『兵庫県立伊丹高校野球部史』一九八六）。

四一年、神戸一中の主将として活躍した池田多助（のち神戸一中校長）が神戸二中（兵庫高校）に赴任すると、同年六月に同校でも創部。直後の一〇月には神戸一中と対抗試合を行った。以後、しばしば一中と二中の間で対抗戦を行った（『神戸二中兵庫高校野球部部史』二〇〇一）。

続いて龍野中学（龍野高校）でも創部。神戸一中、神戸二中、関西学院中学の三校が県内の中等学校球界をリードした。なお、神港商業（市立神港高校）も四一年に創部したが、校庭が狭かったこともあり、一旦消滅している。

京都

京都の野球は旧制三高と同志社で始まり、明治二〇年代には京都一中（洛北高校）で野球部が誕生した。

『同志社野球部部史』（一九九三）によると、明治九年に熊本洋学校で野球を伝えたといわれるＬ・Ｌ・ジェーンズが同志社英学校に赴任して野球が伝わった。一四年に卒業した村上小源太は、「毎日学科の後には球投げを致し、両組に分かれ大いに雌雄を争ひました」と記しているので、一〇年代前半には野球の原型を行っていたとみられる。しかし正式な野球部の誕生は二二年頃という。

『京一中洛北高校百年史』（一九七二）には、二九年卒の生野団六と一級上の田辺輝雄がチームを作ったとあるので、京都一中の創部は二六～二七年頃とみられる。二九年に正式に創部したが、当時は底球部といっていた。そして、同年五月には旧制三高グランドで同志社と対戦した。この頃に活躍したのが中沢良夫で、東京帝大在学中も帰省した際には母校の指導をした。中沢はのちに高校野球連盟会長をつとめている。

京都二中（鳥羽高校）には「野球部記」という日記がある。戦後、同校が廃校となったのちもＯＢが受け継ぎ、鳥羽高校創立の際に同校に寄贈された。この記録は平成一一年に『野球部記（復刻）』として刊行されている。これによると、三三年に創立された同校の野球部は、三四年五月に初めて紅白戦を行ったとある。

明治三四年には旧制三高主催の近県連合野球大会が始まり、京都だけでなく愛知一中なども参加して行われた。また、正式創部は四一年という平安中学（龍谷大平安高校）も、三四年のこの大会に参加している。その後、三四年福知山中学（福知山高校）、三五年大谷中学（大谷高校）、三六年宮津中学（宮津高校）、四一年京都府商業学校（西京高校）、四四年京都染織学校（洛陽工業）と、京都市内だけでなく府内各地で次々に創部した。

四三年、京都二中の校庭で創立一〇周年を記念して早稲田大学を招待して野球大会が開かれた。当時飛田穂洲らを擁して強豪の名をほしいままにしていた早稲田大学に対して、京都二中の高山義三投手が好投、八回を終わって1―1の同点であった。九回表に二死から三塁ランナーの飛田にホームスチールを決められて惜敗したが、二年後には明治大学を招待して破るなど、当時の京都二中は中学のレベルを遥かに超えたチームであった。

滋賀

滋賀県の中等学校野球の歴史も古く、彦根中学（彦根東高校）で野球が始まったのは明治二四～二五年頃ではないかといわれる。二七年にできた陸上運動部に野球が含まれており、創部はこの年とされる。三〇年には愛知一中が遠征してきて、対抗試合をしたという記録が残っている。三四年には遠征してきた同志社中学と校庭で対戦、12―17で敗れている（『同志社野球部部史』）。

膳所中学（膳所高校）は、三一年の創立と同時に創部し、旧制三高からコーチを招いてルールを学びながら練習した。三三年には県立商業（八幡商業）と試合をして勝ち、三四年には八尾中学や桑名中学にも勝利した。その後は大垣中学にも勝つなど、県外の中学校と盛んに対戦した。なお、この時期の選手のうち、二塁手の喜多誠一は陸軍大将、センターの藪田貞治郎は文化勲章を受章した農芸化学者である。四二年には北川豊吉投手を擁して旧制三高主催の中等学校野球大会で、強豪として鳴らしていた愛知一中を降すなど全盛を迎えている。三一年には、当時大津市に学校があった滋賀県立商業（のちの八幡商業）や、滋賀師範学校でも創部した。滋賀県勢は、名古屋・京都両市から近いこともあって、三四年に始まった京都の旧制三高主催の近県連合野球大会だけでなく、愛知一中が提唱した東海五県連合野球大会にも参加している。

四〇年代には慶応大学の指導を受けた膳所中学と、早稲田大学の指導を受けた彦根中学が覇を競った。

紀和

戦前、圧倒的な強さを誇った和歌山県だが、野球部ができたのはそれほど早くない。県下初の野球部が誕生したのは耐久中学（耐久高校）で、明治三八年のことである。続いて大正二年に高野山中学（高野山高校）で創部、名門和歌山中学（桐蔭高校）野球部の創部は大正三年である。

紀和地区では、むしろ奈良県のほうが早く活動していた。奈良県高校野球連盟の『球人』（一九七九）によると、最も早く創部したのは郡山中学（郡山高校）で、三〇年には創部していたらしい。同じ頃奈良師範でも野球部が誕生、両校は三〇年一一月に対戦して19―11で郡山中学が勝ったという記録がある。翌三一年には大阪から第一尋常中学（のちの北野中学）が遠征してきて奈良公園で対戦している。

この両校に続いて、三二年畝傍中学（畝傍高校）、三五年に天理教校（天理高校）で創部された。天理教校は三四年の開校直後から野球が盛んで、四一年に天理中学と改称後は強豪校となっていた。四五年頃には県下最強となり、大阪や和歌山に遠征して勝利を重ねたが、大正三年部員の素行不良がもとで学校によって解散させられた。

山陰

現在ではあまり野球の盛んでない県とされ、甲子園での実績も乏しいが、明治末から大正にかけては全国でも有数の中学野球の盛んな地域であった。

鳥取県に初めて野球が伝わったのは、明治二二年頃といわれている。『鳥取西高等学校野球部史』(一九八七)に、同年五月二九日の鳥取新聞の記事が掲載されており、そこには鳥取尋常中学(鳥取西高校)の運動会でベースボールが行われたことが記載されている。同校の正式創部は二九年とされ、三一年には創部直後の鳥取師範と初の対外試合を戦った。翌三二年には修学旅行先の岡山県津山で津山尋常中学と対戦した。以後も、三三年に松江中学(島根第一尋常中学が改称)、三四年には修学旅行先の兵庫県豊岡で豊岡中学と対戦するなど、盛んに試合を行った。しかし、三九年には一旦廃部、四二年になって再興した。

三二年に創立した米子中学(米子東高校)では翌三三年に創部した。三四年には杵築中学(のちの大社中学)や松江中学と対戦した。以後、鳥取中学と米子中学の両校が戦後にいたるまで県内の中等学校・高等学校野球界をリードした(『米子東高等学校野球部史(一)』一九九四)。

島根県に野球が伝わったのは、島根県高等学校野球連盟の『島根県高校野球史』(一九八四)によると、明治二六年七月に京都の旧制三高の学生であった高橋慶太郎・岸崎昌・志立悌之助ら三人が帰省した際に、高橋の弟の節雄(のち松江市長)がいた島根第一尋常中学(松江北高校)の生徒に野球を教えたのが最初という。なお、『検証　島根県立松江中学校野球部』(田黒輝雄著、二〇〇二)では一八年に河原柳太郎が島根一中や島根師範に野球を導入したとしている。以後、野球は同校の寄宿舎で広まり、放課後松江城の二の丸でベースボールに興じた。

一方、三一年には陸軍広島聯隊から浜田に分駐してきた将校の子弟がベースボールをして遊んでおり、これを見た島根第二尋常中学（浜田高校）の生徒が同校に野球を持ち込んだという（『島根県高校野球史』『浜田高校野球部百年史』二〇〇三）。

三一年松江中学で野球部が正式に誕生し、同校と島根師範の間で対抗戦が行われている。三三年には鳥取一中と対戦して23―4で大勝したという記録も残っている。

三二年には大社の簸川中学（大社高校）の生徒が出雲大社神楽殿横の広場で野球を始め、三三年に修学旅行で出雲大社を訪れた広島県の三次中学と初めての対外試合を行った。島根三中と改称した三四年には修学旅行先の岡山・広島で野球の試合を行い、帰校するとただちに野球倶楽部を組織、これが同校の創部年となっている（『大社高等学校野球部史』一九六五）。この年には浜田中学も正式に創部。続いて、三七年には島根商業（松江商業）でも創部した。

三六年には島根一中が岡山・関西方面に遠征に出かけている。米子までは船、米子から津山までは徒歩で、津山までに三日かかっている。津山からは汽車で岡山・神戸・京都と廻り、岡山一中、関西中学、神戸一中、同志社中学、京都一中などと対戦した。浜田中学も三八年に山口方面に遠征、やはり萩から山口までは歩くという厳しいもので、山口中学や広島県の明道中学と対戦している。

当時の山陰地区は全国的にみても中学野球の盛んな地域で、明治三九年には第一回山陰大会が島根一中で開催された。この大会には鳥取県勢は参加せず、島根県から島根一中、島根二中、島根三中、島根商業の四校が参加、島根一中が圧勝で優勝した。

広島

広島県で最も早く野球が行われたのは広島中学（国泰寺高校）で明治二三年頃に始まったといわれるが、資料的に確認できるのは二五年一〇月に創立された野球会が初で、これが創部とされる。この頃広島師範でも野球が行われ、両校が対戦して19―9で広島中学が勝っている。広島県ではこの二校が草分け的存在である。選手は寄宿舎生が中心だったことから、二八年に彼らが卒業すると一旦野球熱は衰えたが、翌年の同窓会の創立の際に野球会はこの組織の中に位置づけられた。当時、野球用具は学校から選手に貸し出され、一回につき修繕費として一組六銭を徴収したという。多くの学校で貴重な野球用具の工面に苦心していたなか、学校が修繕費を徴収して貸し出すという同校の制度は面白い（『広島一中国泰寺高百年史』一九七七）。

続いて、二六年に尋常中学福山誠之館（のちの福山中学、福山誠之館高校）、三一年尾道商業、三二年に広島商業で野球部が創部され、三〇年には広島中学が山口県に遠征して岩国中学と試合をした記録がある。広島商業の第一戦は三五年で相手は丸亀中学だった（『広商野球部百年史』二〇〇〇）。

この頃には、呉中学（呉三津田高校）、三次中学（三次高校）、日彰館中学（日彰館高校）、修道中学（修道高校）、明道中学（廃校）、仏教中学（崇徳高校）などでも次々と創部され、県内各地に野球が広がった。三五年には広島県連合野球大会が開催されている。この年広島中学は四国に遠征して松山中学、西条中学を破り、三六年には明道中学・日彰館中学・丸亀中学他の連合軍や、福山中学に圧勝するなど、当時は広島中学が最も強かった。

四二年、すでに野球部が創部されていた島根県の浜田中学から落合五月一が広陵中学（広陵高校）に転入してきた。二年後の四四年に同校で球術部の一グループとして野球部が創部、落合は四番を打って強打で活躍、創部直後の広島高師主催の春季野球大会に出場して仏教中学を3―2と降した。翌四五年には球述部から野球部として独立している（『広陵野球史』一九九二）。

大正に入ると広島中学と広島商業、広陵中学の三校が強豪となった。

山陽

岡山県で野球が始まったのは明治一八年頃で、東京帝大から岡山一中（岡山朝日高校）に赴任した新任の教師が生徒に教えたのが最初といわれる。本格的な野球部の創部は関西中学（関西高校）が最も早く、明治二八年九月に同校で英語教師をしていた安部磯雄の指導で県内初の野球部が誕生した。続いて三一年には岡山一中でも正式に創部、四〇年に両校は対抗戦を戦っている。

津山中学（津山高校）では、三〇年に赴任した同志社出身の庄山鶴次郎が野球を伝え、三一年には津山を訪れた岡山一中と対戦した。三二年には関西中学や鳥取中学と戦い、四〇年には旧制六高主宰の近県中等学校連合野球大会にも参加した（『津山高等学校野球部史』二〇〇〇）。

このあと、三五年養忠学校（三七年金川中学と改称、金川高校）、四二年笠岡商業でも創部されたが、岡山中学と関西中学が実力的にぬきんでていた。

山口県で野球が始まったのは相当古く、山口県高野連の『山口県高校野球史』（一九九四）によると、明治一〇年代には山口中学（山口高校）ですでに野球が行われていたという。

野球部の正式創部は、山口中学と赤間関商業（下関商業）の三一年が最も早く、続いて三三年に萩中学（萩高校）、岩国中学（岩国高校）、豊浦中学（豊浦高校）で創部された。三五年四月には徳山中学（徳山高校）で創部、一一月には同校グランドで岩国中学と対戦している。翌三六年には山口中学とも対戦した（『徳山高等学校野球部百年史』二〇〇六）。岩国中学の創部は、『岩国高等学校百周年記念誌』（一九八〇）では三九年となっていたが、その後『岩国高等学校野球部史』で三三年と訂正され、山口県高野連の『山口県高校野球史』でも開校と同時の三三年創部となっている。

　三六年には山口高校の主催で第一回県下中等学校野球大会が開催され、岩国中学、徳山中学、山口中学、豊浦中学の四校が参加している。四〇年代に入ると、県内だけでなく、近県の中学校との間で盛んに対抗試合が行われた。四四年には私立の周陽学校が公立の周陽中学校（防府高校）となり、県立徳山中学から何人かの転入生があった。この中に野球経験のある生徒がいたことから同校にも野球部が発足、ＯＢで慶応大学に進学していた三田昌治が指導した（『山口県立防府高等学校百年史』一九七九）。

各高校から刊行された野球部史
（左から水戸一高、高松高、北海高の各部史）

香川

　香川県で最初に野球が始まったのは高松中学（高松高校）である。『香川県高松高等学校野球部史』（一九九二）には、「明治二七年、香川県尋常中学校の初代校長野村弥三郎が、規則書、用具を東京から取り寄せ、生徒に手ほどきしたのが最初」とある。香川県高野連の五〇年史『讃岐球児の歩み』（一九九八）や、夏の県大会のパンフレットなどでは二九年創部と記載されているが、野球部史では「初めて部の形態を取ったのは高松尋常中学校時代の明治三一年」となっている。同年には岡山尋常中学を迎えて初めての対抗戦を戦い、さらに広島県に遠征して尋常中学福山誠之館とも戦った。四一年には鈴木義伸らを中心として野球部とは別組織の竜戦団が結成され、四五年に野球部に合流している。

高松中学に次いで創部したのが、同校の丸亀分校（丸亀高校）である。『丸高野球史』（二〇〇二）では「創部は諸説あれど明治三〇年となす」とある。翌三一年に独立して丸亀中学となると、三四年には大阪に遠征して堂島中学（北野高校）で行われた関西五中学野球リーグ戦に参加。三九年には大阪から桃山学院中学が遠征してきて対戦、四三年には岡山の六高主催の野球大会に参加している。

大川中学（三本松高校）の創部は『讃岐球児の歩み』の加盟校紹介では明治四二年頃に創部とあるが、『香川県立三本松高等学校野球部史』（二〇〇七）では、三三年の開校間もなくチームが編成されて野球が行われ、三五年頃に創部したとしている。四三年には徳島中学に遠征した。

当時名門高松商業はまだ創立されていなかった。前身の一つ高松市立商業が創立されたのが明治三三年で、三五年に五番丁校舎に移転した際に、学校前にあった浄願寺の墓地で野球を始めたのが最初という。正式に創部は四二年である。一方、坂出の県立商業の創立は三四年で、三〇年代後半には野球が始まった（『香川県立高松商業高等学校野球部史』一九八二）。

四四年には第一回県下中等学校野球大会が高松中学で開催され、高松中学竜戦団、丸亀中学、大川中学、香川師範、県立商業、三豊中学（観音寺一高）の六チームが参加、高松中学竜戦団が優勝した。なお、三豊中学の正式創部は大正三年である。

四五年、高松市立商業と香川県立商業が合併して、新たに高松市を本校とする県立香川商業学校として再創立した。同校はのちに高松商業と改称、高松中学とともに戦前の香川県球界をリードした。

愛媛

野球王国・愛媛県に野球が伝わったのは明治二二年とされる。『愛媛の野球一〇〇年史』（愛媛新聞社、一九九四）では、この年の七月に松山に帰省した正岡子規が、伊予尋常中学校（のちの松山中学校、松山東高校）の生徒だった河東碧梧桐にキャッチボールを教えたのが始まりとしている。子規は明治一七年に東京大学予備門に合格すると野球に熱中していた。また、同じ頃に同校にいた外国人教師が生徒に野球を教えたともいわれ、明治二五年に同校が県立に移管した際に、正式に野球部が誕生した。また、二四年には横浜から内子の高等小学校に赴任した遠山道成校長が生徒に野球を教えたといい、三〇年には内子出身の松山中学生だけで、内子尚武会というチームも編成している。三一年からは松山師範学校との間で対抗戦が始まった（『松山中学・松山一高・松山東高野球史』二〇〇九）。

続いて愛媛県師範でも創部、二九年に松山中学西条分校（西条高校）が創立されると、すぐに校庭では野球が行われていた。同校ではこの年を創部年としている。三二年に西条中学として独立、三四年には修学旅行先の大分で大分中学とともに親善野球を行っている。その後も松山中学や三豊中学、丸亀中学などと対戦した（『西条高校野球部史』一九五九）。

以後、三四年宇和島中学（宇和島東高校）、八幡浜商業（八幡浜高校）、三六年宇和島中学大洲分校（大洲高校）と次々と創部され、各学校間で対抗戦が行われた。

当時は松山中学が圧倒的に強く、三五年に京都で開かれた旧制三高主催の近県中等学校連合野球大会でも活躍している。同年に県立商業学校（のち松山商業と改称）が開校されると同時に野球部が創部された。三七年には帰省した旧制一高の杉浦忠雄遊撃手のコーチを受け、四〇年には香川県に遠征して全勝したという（『松山商業高等学校野球部百年史』二〇〇三)。

三八年西条中学今治分校(今治西高校)が独立して今治中学となると、同時に創部したとみられる。当初は校内での試合のみだったが、四〇年には西条中学と対戦している。四一年には神戸から転校してきた矢内原保昌によって新しい練習方法がもたらされて強くなった(『百年の球跡』二〇〇五)。なお、西条中学は香川県の三豊中学や丸亀中学とも対戦するなど盛んに活動していたが、四二年に校長の方針で廃部となっている(大正六年に復活)。さらに四三年には私立北予中学(松山北高校)でも創部した。ただし、創部前の四一年に今治中学と試合をしたという記録がある。

南四国

全国的にみても野球先進県だった北四国に比べ、南四国では野球の普及は遅かった。

徳島県の中等学校野球は、明治三〇年に徳島中学(城南高校)に赴任した体操教師が野球部を創部したのが始まりという(『徳島県高等学校野球三十五年史』一九八三)。三二年には脇町中学(脇町高校)と富岡中学(富岡西高校)でも創部。さらに、四三年には徳島商業、四四年撫養中学(鳴門高校)でも創部したが、あまり盛んにはならなかった。なお、野球という言葉の名付け親ともいわれる中馬庚は大正初年に脇町中学校校長として赴任、その長男は脇町中学でエースとして活躍している。四四年には徳島商業グランドで徳島県中学校野球選手権大会が開かれ、徳島中学、脇町中学、徳島師範、徳島商業、撫養中学の五校が参加、徳島中学が優勝した。

『高知県史』によると、高知県に野球が伝わったのは明治三六〜三七年頃だとしているが、実際にはもっと古く、『高知追手前高校百年史』(一九七八)では、東京大学で名投手として活躍した内村祐之《ゆうし》のおじにあたる内村達三が二二年に県立一中（のち城東中学校と改称、高知追手前高校）の英語教諭として赴任した際に野球の手ほどきをしたのが最初としている。三五年に正式に創部し、翌三六年には高知二中（高知小津高校）と対戦。この年には県外に遠征し、徳島中学、天王寺中学、京都一中、京都一商などと対戦した。しかしやがて野球熱は下火となり、四三年前後には休部してしまった。同校の野球部が復活したのは大正四年のことである。

福岡

九州では、福岡県と熊本県で盛んだった。

福岡県で最初に野球が盛んになったのは中学修猷館（修猷館高校）である。福岡県高等学校野球連盟の『野球史』（一九七九）では、明治二八年に創部し福岡聯隊の鎮魂祭の余興として試合を行ったとあるが、『修猷館二百年史』（一九八五）では、「明治三三年柔道部と共に野球部の設立を見たものらしい」とあり、「併し野球そのものは部として設けられるまでには相当盛んに行われていたものらしい」として、二八年の同窓会（体育部）誕生の際にベースボール部があったことを示している。三五年頃には盛んに紅白戦が行われ、四〇年には福岡商業、四一年には福岡師範と対抗試合を行った。

三〇年には中学明善校（明善高校）を卒業して旧制五高に進学した中山義雄がそこで野球を学び、母校の後輩に伝えたことで、同校でも野球が始まった（『白球の青春　明善球児の一〇〇年』一九九八）。三一年に嘉穂郡飯塚町に東筑中学（東筑高校）が創立されると、さっそく野球が行われたが、まもなく衰退。三五年に折尾村（北九州市）に校舎が転じた際に選手を募集したところ一〇〇名以上が集まって活動を再開した。以後、運動会に野球の紅白戦を行ったほか、学年対抗戦も行われた。四〇年には豊津中学（育徳館高校）とも試合を行っている（『東筑野球史』一九八三）。

以後、三三年に久留米商業、三四年に中学伝習館（伝習館高校）と豊津中学、三五年に嘉穂中学（嘉穂高校）、四五年に八女中学（八女高校）と豊国中学（豊国学園高校）で創部、また、福岡師範でも創部されている。

名門小倉中学（小倉高校）は四一年に仮校舎で開校。翌年に本校舎に移るとさっそく野球が始まり、四三年に運動場が整備されて本格的に始まった。同校ではこの年を創部年としている（『倉高野球一〇〇年の軌跡』二〇一〇）。

熊本

熊本県では、明治初年に熊本洋学校の英語教師リロイ・ジェーンズが野球を伝えたともいわれるほど歴史が古いが、確実に野球が行われたのは二一年頃で、その場所も旧制五高とも熊本英学校ともいわれるほか、水俣という説もある（『くまもと熱球一〇〇年』熊本日日新聞社、一九八七）。二七〜二八年頃には熊本師範で本格的に行われており、三〇年には熊本商業に米国人教師・マーフィーが赴任して野球を教えた。

正式の創部は熊本商業が明治三一年で最も早く、以後三三年に中学済々黌（済々黌高校）と八代中学（八代高校）で創部し、同年中学済々黌と熊本商業が対戦している。中学済々黌は翌三四年には長崎の鎮西学院中学（鎮西学院高校）と対戦した（『多士球児の青春譜』二〇〇二）。三三年、中学済々黌は第一・第二の二校に分かれ、第二は熊本中学（熊本高校）となった。同校でも三四年には創部、さらに三六年に玉名中学（玉名高校）、四四年に九州学院中学（九州学院高校）でも創部された。

この間、三四年には九州日日新聞社の主催で熊本県中等学校連合野球大会が開催されて、中学済々黌、八代中学、熊本中学、熊本師範、熊本商業の五校が参加、中学済々黌が優勝した。当時は中学済々黌と八代中学が二強だった。

北九州

福岡・熊本両県以外でも北九州では早くから行われ、とくに福岡県の影響を受けた佐賀県で盛んだった。

佐賀県で最も早く誕生した野球部は佐賀三中（唐津東高校）とされる。明治三五年には、柳川中学から試合を申し込まれた佐賀中学（佐賀西高校）が寄宿舎でチームを結成、これを機に佐賀中学でも創部した。当時在籍していた下村湖人の日記には佐賀師範と試合したともあり、四一年から佐賀中学と佐賀師範で定期戦が始まっている（『栄城野球部一〇〇周年記念誌』二〇〇三）。その後、四〇年に龍谷中学（龍谷高校）でも創部。また、三六年には鹿島中学（鹿島高校）ＯＢによる藤津倶楽部が誕生、これを母体にして同校にも野球部が誕生、明治末には有田工業にも野球部ができた。

長崎県で初めて野球が行われたのは明治二八年だといわれているが、長崎県高野連の『白球五十年』（一九九八）では二七年に長崎医専で野球が行われていた可能性を紹介しており、はっきりしたことはわからない。また、猶興館中学（猶興館高校）では三〇年を創部年としているほか、三六年には長崎師範の学生が長崎中学（長崎西高校）、鎮西学院中学の生徒達と連合チームを編成して米国の軍艦の乗組員と試合をしたという記録が残っており、この時にはすでに野球が行われていたことがわかる。また、三九年には長崎医専の主催で中学野球大会が開催されている。四一年には大村中学（大村高校）で創部した。さらに、大正二年には長崎高商も中学野球大会を主催している。

大分県高野連の『大分県高校野球史』（一九八九）によると、大分県に野球が伝わったのは明治二一年のことで、大分中学（大分上野丘高校）の英語教師B・W・ウォータスが本国より持ってきた硬球を使って指導した。さらにOBで東京帝大の野球部員だった中山秀之が帰省した際に後輩を指導、三〇年には同校で正式に野球部が創部されている。三五年には初めての対外試合が松山中学との間で行われている。続いて中津中学（中津南高校）でも創部され、三六年大分中学の運動場で、第一回県下中学校体育大会が行われ、野球では大分中学が優勝した。三七年に旧制五高が主催して開かれた第二回全九州中等学校野球大会にも大分中学と中津中学が参加している。この頃から四〇年頃までが大分中学の第一次全盛時代だった（『上野の丘の球児たち』一九九八）。

その後、三六年臼杵中学（臼杵高校）、四四年佐伯中学（佐伯鶴城高校）で創部、さらに大分師範でも創部された。

南九州

南九州での中学野球の始まりはやや遅い。

宮崎県では明治二九年に宮崎中学（宮崎大宮高校）の寄宿舎生が野球を始め、同じ頃宮崎師範でも野球が始まった。そして三一年頃から宮崎中学と宮崎師範との間で対抗戦が行われた。三三年秋に開催された第一回県立学校連合大運動会でも野球が行われ、宮崎中学が宮崎師範を降している。翌三四年の第二回大会には宮崎中学、宮崎師範、延岡中学（延岡高校）、宮崎農業、都城中学（都城泉ヶ丘高校）の五校が参加した（『大宮高校百年史』一九九二）。なお、宮崎県高等学校野球連盟の『野球史』（一九八三）によると、延岡中学の創部は三五年頃、都城中学の創部は三八年となっている。

鹿児島県の初期野球史は不明な部分が多い。各校の創部年もはっきりしないが、鹿児島商業が最も古いとみられる。明治二七年に鹿児島第三区立簡易商業学校として開校した同校は、三一年に鹿児島商業学校となり、三代目校長として赴任してきた有村彦九郎が野球部を創部した（『鹿児島商業高校野球部一〇〇年史』一九九九）。翌三二年に中馬庚《ちゅうまえかのえ》が鹿児島一中（鶴丸高校）に赴任、同校を中心に、鹿児島商業、鹿児島師範などとの間で試合が行われた。さらに、三三年には川辺中学（川辺高校）で創部（『鹿児島県県立旧制川辺中学　野球部の歩み』二〇〇二）、三五年には加治木中学（加治木高校）で紅白戦が開催される（『白球に魅せられて』鹿児島県高等学校野球連盟、一九九四）など、県内各地に広がっていった。

三四年鹿児島に旧制七高造士館が創立され、一期生として愛知一中の投手鵜飼宗平《そうへい》が入学した。鵜飼は愛知一中時代の五年間で四球を出すことわずか三回という名投手で、三六年一月には鵜飼の提唱により、旧制七高が主催して県下中等学校連合野球大会が開催された。この大会には、鹿児島中学本校（のちの鹿児島一中、鶴丸高校）、鹿児島中学分校（のちの鹿児島二中、甲南高校）、鹿児島商業、鹿児島師範、川内中学（川内高校）、川辺中学、加治木中学、鹿屋農業、博約義塾（樟南高校）の九校が参加、加治木中学が優勝した。

なお、博約義塾は翌年以降参加しておらず、正式な創部は戦後のことである。

沖縄

沖縄県で野球が始まったのは明治二七年のことである。この時の状況は『沖縄野球一〇〇年』（琉球新報社、一九九五）に詳しい。この年の五月沖縄中学（のちの沖縄一中、首里高校）は初めて県外に修学旅行に出かけ、京都を訪れた際に旧制三高で初めて野球をみた。そこで旧制三高の学生からルールを習い、野球用具を譲りうけて帰郷した。以後、沖縄中学には野球部が誕生したが、戦う相手もなく、紅白戦を行うのみであった。三六年那覇

表1　主な中等学校の創部状況

校　名	現校名	都道府県	活動開始	正式創部
東奥義塾	東奥義塾高校	青森県	10～11年頃？	大正11年
盛岡中学	盛岡第一高校	岩手県	17年	32年
秋田中学	秋田高校	秋田県	19年	27年
山形中学	山形東高校	山形県	22年頃	26年
安積中学	安積高校	福島県		23年
水戸中学	水戸第一高校	茨城県	22年頃	24年
宇都宮中学	宇都宮高校	栃木県		29年
浦和中学	浦和高校	埼玉県		28年
熊谷中学	熊谷高校	埼玉県		28年
佐倉中学	佐倉高校	千葉県	25年	29年
府立一中	都立日比谷高校	東京都	18～19年	33年
郁文館中学	郁文館高校	東京都	22年頃	27～28年
麻布中学	麻布高校	東京都		28年頃
慶応義塾	慶応高校	東京都	17年頃	25年
青山学院	青山学院高等部	東京都	16年	
明治学院	明治学院高校	東京都		18年
学習院	学習院高校	東京都		22年
東京高師附中	筑波大附属高校	東京都	28年	33年
正則中学	正則高校	東京都	26年	
横浜商業	横浜商業	神奈川県		29年
新潟中学	新潟高校	新潟県		28年
長岡中学	長岡高校	新潟県	22年	32年
高田中学	高田高校	新潟県	25年	30年
富山中学	富山高校	富山県	27年	
松本中学	松本深志高校	長野県	20年頃	29年
岐阜中学	岐阜高校	岐阜県	16～17年頃	
大垣中学	大垣北高校	岐阜県	29年	32年
静岡中学	静岡高校	静岡県	25年	29年
浜松中学	浜松北高校	静岡県	27年	29年
愛知一中	旭丘高校	愛知県		26年

校　名	現校名	都道府県	活動開始	正式創部
愛知二中	岡崎高校	愛知県	29 年	32 年
愛知四中	時習館高	愛知県	28 年	32 年
三重一中	津高校	三重県	19 年	28 年
彦根中学	彦根東高校	滋賀県	24 ～ 25 年頃	27 年
同志社	同志社高校	京都府	10 年代前半	22 年頃
京都一中	洛北高校	京都府	26 ～ 27 年	29 年
京都府商業	西京高校	京都府	20 年代	41 年
北野中学	北野高校	大阪府	20 年頃	26 年
天王寺中学	天王寺高校	大阪府		29 年
堺中学	三国丘高校	大阪府	28 年	35 年
神戸一中	神戸高校	兵庫県		29 年
姫路中学	姫路西高校	兵庫県	24 年	
関西学院中学	関西学院高等部	兵庫県	27 年頃	32 年
鳥取中学	鳥取西高校	鳥取県	22 年	29 年
松江中学	松江北高校	島根県	26 年	31 年
岡山一中	岡山朝日高校	岡山県	18 年頃	32 年
関西中学	関西高校	岡山県		28 年
広島一中	国泰寺高校	広島県	22 年頃	25 年
福山中学	福山誠之館高校	広島県		26 年
山口中学	山口高校	山口県	10 年代	31 年
高松中学	高松高校	香川県	27 年	29 年
松山中学	松山東高校	愛媛県	22 年	25 年
西条中学	西条高校	愛媛県		29 年
高知一中	高知追手前高校	高知県	22 年	35 年
中学修猷館	修猷館高校	福岡県	28 年	33 年
大分中学	大分上野丘高校	大分県	21 年	30 年
宮崎中学	宮崎大宮高校	宮崎県		29 年
沖縄一中	首里高校	沖縄県	27 年	

※師範学校、高等専門学校並びにその前身は除く。元号がないものは明治。

に寄港した米国海軍の軍艦の乗組員が、首里城見学の途中で沖縄中学の野球の練習をみて驚き、試合を申し入れた。試合は米軍チームが勝ったようだが、初の対外試合が国際試合となったのである。

その後もしばらく戦う相手がいなかったが、四三年になって沖縄二中（那覇高校）が誕生し野球部も創部された。また、同じ頃那覇商業にも野球部が誕生し、大正三年からは沖縄一中と二中の間で定期戦が開催されるようになった。

これら、各地で活動した中等学校のうち、明治二九年までに創部または実質的な活動をしていた主な中学校をまとめたのが48～49ページの表である。もちろん、創部年や初期の活動状況がよくわからない学校は多々あり、実際にはもう少し多いと思われるが、この表をみると、明治中期までの日本における中等学校での野球事情がみえてくる。

そもそも野球が最初に伝わったのは東京のため、東京には早くから野球が行われている学校が多いのは当然だが、その周辺地区への伝播はそれほど多くない。明治一〇年代の活動が確認できるのは、東奥義塾、盛岡中学、秋田中学、東京府立一中、慶応義塾、青山学院、明治学院、岐阜中学、三重一中、同志社、岡山一中、山口中学の一二校で、東京の他は、東北・東海・中国地方の学校が多い。二〇年代になると、関西を中心に、東海や四国で次々と活動が始まり、とくに京阪神では山陽や北四国も含めて府県を越えて活発に対抗戦などを戦っていた。このことが、今に続く高校野球は関西が本場、という流れの基礎になっていると思われる。

ただし、初期の野球、とくに明治一〇年代から二〇年代前半頃は、キャッチボールや投手の投げた球を打ち返す、といった程度がほとんどで、いわゆる試合形式の野球が行われていたものは少ないとみられる。チームを編成して紅白試合をする、あるいは他校と対戦するようになるのは、二〇年代半ばから三〇年代にかけてである。

過熱と禁止令

こうした地方エリート達にとって、当時の野球は知的好奇心を揺さぶるものであった。それ以前、日本には複雑でかつ明確なルールを持つスポーツは存在しなかった。そのため、彼らはこの新しいスポーツである野球に関する知識を精力的に吸収した。多くは東京の大学に進学した先輩から学んだものだが、それだけでなく、直接米国の文献にまで手を広げていたのだ。

『松本中学校　松本深志高校　野球部の一世紀』によると、日本で初めてのスクイズは明治三九年のことで、決めたのは松本中学の選手だという。同年一〇月に長野師範で開催された長野県第五回連合大運動会の松本中学と上田中学の試合で、松本中学の大沢選手が試みたスクイズが日本初としている。

〇―〇で迎えた三回表、二死で三塁走者が藤沢選手という場面で、二番打者の大沢選手が三塁前にバントをして一点を先行した。打者の大沢は二塁まで進んでいる。日本初のスクイズは二死という状況で行われた、セーフティスクイズであった。当時、バントは行われていたがスクイズはまったく知られておらず、アメリカから輸入したスポルディング社の『野球年鑑』に載っていた記事を翻訳して知ったものという。

初めてのことなのでうまくいくかどうかわからず、あらかじめ打つ選手と走る選手を決めていた。つまり、一番足の早い藤沢が三塁にいて、バットに当てることのうまい大沢がバッターボックスに入った場合にだけやると決めて、この二人はその練習を続けていたのだ。

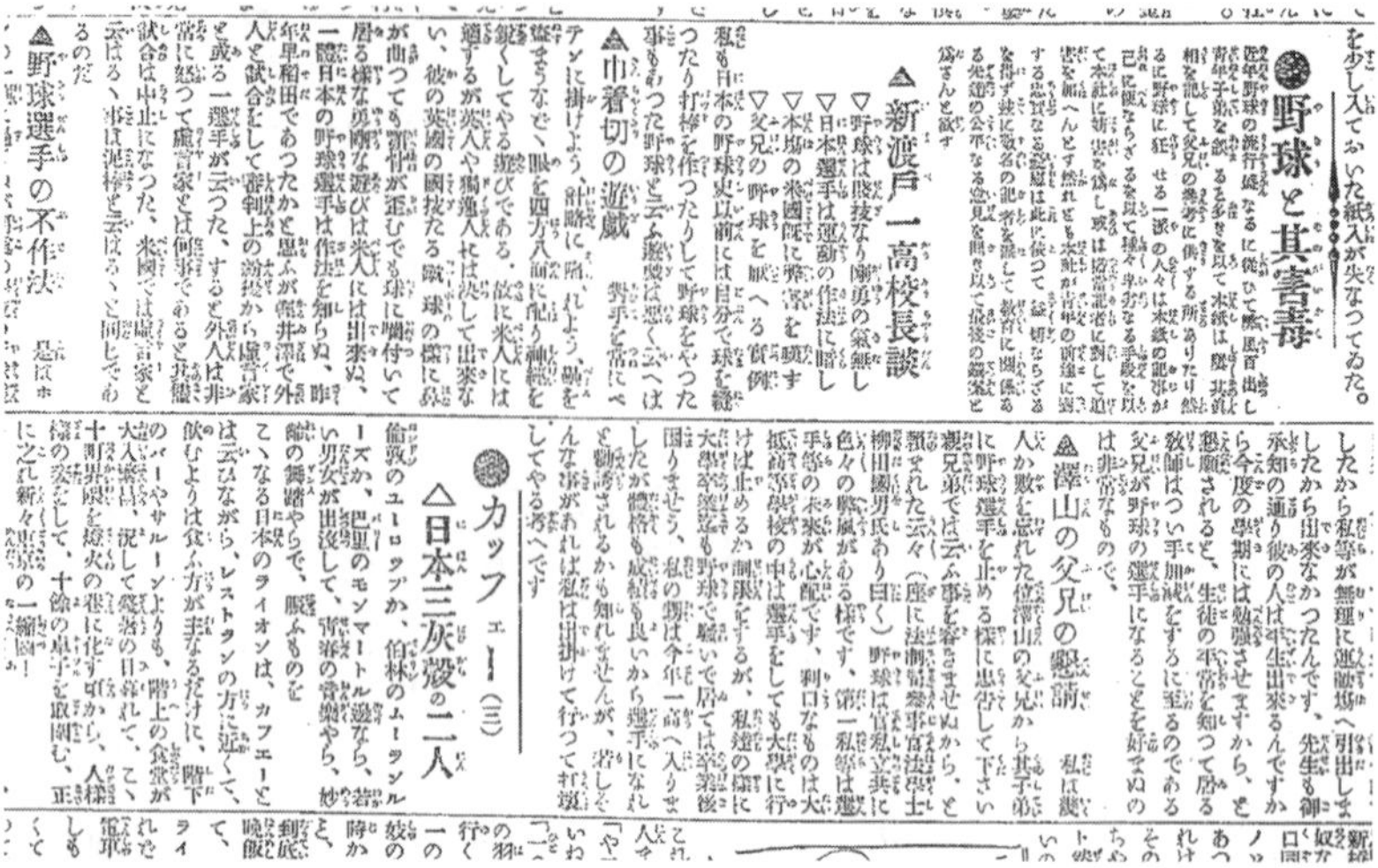
野球と其害毒

新渡戸一高校長談

巾着切の遊戯

野球選手の不作法

澤山の父兄の懇請

カツフエー（三）

日本三灰殻の二人

朝日新聞に掲載された「野球と其毒論」（部分）
（明治44年〔1911〕8月29日付。写真提供：朝日新聞社）

当時の中学校には専任の監督やコーチはいない。部長はいても、まだ目新しい野球のことなどよく知らない。そこで、各学校ともアメリカから雑誌を取り寄せて、翻訳・研究しながら野球技術を磨いていた。松本中学では『野球年鑑』の日本語訳を担当していたマネージャーがいたというから驚きである。

しかし、その一方で野球に対する圧力が強まった。明治四〇年文部省は全国中等学校校長会議に対して「各学校間に行なはるる競技運動の利害及び其弊害を防止する方法如何」を諮問している。そして、四三年からは東京朝日新聞による「野球害毒キャンペーン」が始まった。四三年に「野球の興業化」が掲載され、翌四四年八月二〇日からは「野球界の諸問題」、二九日から早慶両大学の選手をやり玉にあげた「野球と其害毒」という二六回にわたる連載が掲載され、新渡戸稲造ら各界の著名人が「野球は巾着切の遊戯」などとして非難した。さらに、天狗倶楽部の押川春浪にも「選手の虚栄心を扇動し、利用している」と矛先を向けている。当然早慶両大学関係者や天狗倶楽部関係者の反撃を受け、取材拒否や不買運動にあっている。一方、東京日日新聞や讀賣新聞は野球擁護を展開、激しい論争となった。かなりの数の中学校では、このキャンペーンを受けて活動が制限されたが、それでも野球が衰退することはなく、さらに加熱していった。

加熱によるトラブル

野球害毒キャンペーンを乗り越えて隆盛した中学野球だったが、やがて応援団を中心に各地でいろいろなトラブルが発生するようになった。その中でも、大正二年の山陰大会で起きたトラブルは、第一回選手権大会にも影響を与える、大きな事件であった。

明治三九年に始まった山陰大会は四回連続して開かれたあと、三年間の空白をおいて、大正二年に第五回大会が鳥取県の米子中学で開催された。本当は前年に開かれる予定だったが、明治天皇の崩御で中止されていたのである。

四年振りに行われた山陰大会第二日目に行われた島根県の松江中学と、鳥取県の米子中学の試合で事件が起こった。地元の米子中学の応援団が松江中学の応援団を取り囲んで、青竹や木刀、竹刀などを持ち出して暴力を振るったのである。怒った松江中学側は試合を放棄し、警察の手を借りて島根県に帰っていった。ことの発端は、鳥取県の選手だけがスパイクをはいていたことや、鳥取県の学校のコーチが審判をつとめるなど、大会の運営に対する不満があったことのようだが、両県の関係は一挙に悪化した。この事件が尾をひいて、翌年の山陰大会は開催されなかった。そしてその翌年の大正四年の第一回選手権大会の山陰予選の開催場所に影響を与えたのである。

北海道では明治四二年に札幌一中と北海道師範の応援団同士で紛争が起こり、北海道庁によって対抗試合禁止令が出された。この禁止令のため、北海道では大正四年に始まった選手権大会をはじめ、長く大会への出場を閉ざされることになった。

四一年には全九州中等学校野球大会決勝でも事件が起こっている。中学済々黌が8—7で熊本師範を一点リードして迎えた九回裏、無死満塁の場面で打者が三振したことをきっかけに大混乱に陥って収拾がつかなくなり、主催者が大会を中止した。そして、この事件がもとで中等学校の野球大会への出場が全面的に禁止され、九州一の実力を誇った熊本県各校は一切の大会に出場できなくなったのである。

鹿児島の旧制七高が主催して開かれた県下中等学校連合野球大会でも、明治三九年一〇月の第五回大会試合後の喧嘩などが問題となって中止され、以後一三年間にわたって、一切の対抗戦が禁止された。

全国大会への萌芽

各地で旧制中学校から始まった野球は、紅白戦から学校同士の対抗戦となり、さらに近隣の他県の学校に遠征しての試合も増えていった。そしてしだいに県大会のような大会も行われるようになり、ついに県を越えた大会も開催されるようになった。当時、各県のエリート達が集まった旧制中学校は自らを恃むところが大きい。彼らをまとめるためには一段上のレベルが必要で、こうした大会は、各地方に設置された旧制高等学校が主催することが多かった。

最も早く行われた連合大会は、明治三四年に始まった京都の旧制三高が主催する近県連合野球である。この大会には京都だけではなく近畿一円から各校が参加したほか、東は愛知県、西は中国地方や四国地方などからも参加した。トーナメント方式の大会ではなく、各地の強豪校を一堂に集めて一回だけ試合を戦うというもので、この大会に招待されることがすでに名誉なことだったといわれる。そして、この大会が発展して夏の選手権大会となった。

三五年には愛知一中と浜松中学の提唱で、愛知一中の校庭で東海五県連合野球大会が開催された。名古屋の旧制八高はまだ設立されておらず（明治四一年創立）、愛知一中が提唱したとみられる。ここでいう東海五県とは、愛知県をはじめ、静岡・岐阜・三重・滋賀の五県だが、第一回大会には三重県・滋賀県からの参加はなく、愛知県からは愛知一中と愛知四中、静岡県から浜松中学、岐阜県から岐阜中学と大垣中学の五校が参加した。

翌年の第二回大会は浜松中学の校庭で開催され、浜松中学、静岡中学、韮山中学、愛知一中の四校が参加した。以後、大垣中学、岡崎中学、津中学、岐阜中学、四日市商業など各地で開催され、大正二年の第一〇回大会では一三校が参加している。

三六年には熊本の旧制五高の主催で第一回全九州中等学校野球大会が開かれ、中学済々黌が優勝。以後同校と八代中学が県内の二強として活躍すると同時に、九州各県の中でも熊本県が最も実力があったといわれる。

続いて四〇年には岡山の旧制六高が主催して近県中等学校野球大会が開催された。岡山県から岡山中学、金川中学、津山中学、関西中学、高梁中学、広島県から広島中学、福山中学、明道中学の八校が参加、関西中学と広島中学が決勝に進み、広島中学が優勝した。しかし、敗れた関西中学の応援団の殴りこみがある、という噂がながれ、広島中学の選手は六高柔道部の護衛のもと、校歌を歌いながら隊列を組んで宿舎に引き揚げたという（『広島県高校野球五十年史』）。

翌四一年秋も広島中学が決勝で岡山中学を延長一二回4―3で降して連覇した。この年、広島中学は慶応義塾の村上選手からコーチを受けている。四四年には早大二軍と試合をするなど、東京の大学との交流がみられる

（『広島一中国泰寺高百年史』）。

旧制六高の近県中等学校野球大会は、四三年と四四年には呉中学が連覇するなど、広島県勢が強かった。この他にも、広島高等師範が主宰する大会も行われていた。

東北地区では四四年一一月に旧制二高の昆野恒太郎（福岡中学出身）が企画して、東北中等学校連合野球大会が開催された。この大会には、宮城県内から仙台一中、仙台二中、東北中学、古川中学（古川高校）の四校、県外からは岩手県の盛岡中学と一関中学、福島県の相馬中学の七校が参加した。決勝では盛岡中学が仙台一中を降して、下馬評通り優勝している。

翌大正元年の第二回大会には秋田県から秋田中学も参加したが、盛岡中学は圧勝で優勝するなど、当時の東北中学球界は盛岡中学の天下であった。

こうして各地で県を越えた大会が開かれるようになると、必然的に次は全国レベルの大会を開催して、日本一を決められないか、ということになる。しかし、当時の地方では鉄道も未発達で通信手段も少ない。中学校を対象にした全国規模の大会が開催するには問題点も多かった。とはいえ、野球熱の高まりによって、日本一を決めるための大会を開催したい、という萌芽が芽生えてきたのである。

地方エリートに支えられた野球の伝播

さて、こうして各地の状況をみると、米国人の教師などによって日本にもたらされた野球は、その教え子たちが郷里の母校や赴任先の学校に伝えることで地方に広がっていったことがわかる。ただし、当初は野球とはいっても用具もなく、キャッチボールや、ただ投手の投げた球をバットで打ち返す、といった程度だったようだ。それでも、この舶来のスポーツに学生達は熱狂した。やがてグラブやミットなどが普及し始めると、しだいにチーム編成ができるようになった。チームができると、今度は戦うことが始まる。そもそも、この時代までの日本におけるスポーツは、相撲や柔道、剣道といった個人で戦うものが主体だった。これらはすべて一対一でその優劣を競うもので、チームとチームが戦うというのは新鮮なものだった。一対一の対決であれば、絶対的勇者はつねにその頂点に君臨することができる。しかし、チームスポーツでは戦術や戦略といったものが生まれ、各個人がそれぞれの役割を果たす、という従来にない発想のもと、個々の能力では劣っていても、チーム力で相手を倒すことができる。このことが、判官びいきを好む日本人的気質とあいまって、日本に浸透し、やがてベースボールとは異なる「野球」文化を生み出すことになる。

こうした野球の各地方における伝播の中心となったのは、一中や二中といったナンバースクールであった。彼らはすでにその地方におけるエリート予備軍であり、その上位に位置する旧制高校や専門学校が主催する野球大会によって横の結びつきが生まれて、さらに盛んになった。そもそも、野球は余暇に楽しむものである。大多数が小学校を卒業すると実社会に投じられた明治時代において、十代後半に余暇に興じられるというのは恵まれた環境である。実際、彼らの中からは政治家や実業家、学者、学校経営者といった明治・大正の成功者が多数生まれた。そして、彼らが次の世代のエリートに野球を伝える役割を果たしたのだ。

つまり、初期の野球は、旧制高校と各地のナンバースクールという地方エリート同士の緊密な結びつきのもとに隆盛した。そして彼らが本来のエリート階層にたったとき、野球はさらなる広まりをみせることになる。

高校野球年表1

年次	事項
一八七一年（明治四年）	横浜で外国人居留民と米国軍艦コロラド号の間で野球の試合が行われる 平岡凞が渡米、米国で野球を覚える
一八七二年（明治五年）	東京の大学南校に赴任していたホーレス・ウィルソンが学生に野球を伝える
一八七三年（明治六年）	
一八七四年（明治七年）	米国留学から帰国した木戸孝正がボールとバットを持ち帰る
一八七五年（明治八年）	札幌農学校が開校、北海道に野球が伝わる
一八七六年（明治九年）	開成学校と外国人チームが試合を行う 同志社英学校にジェーンズが赴任して野球が伝わる
一八七七年（明治一〇年）	この頃、青森県の東奥義塾に宣教師が野球を伝えたという
一八七八年（明治一一年）	平岡凞が新橋アスレチックス倶楽部を創立
一八七九年（明治一二年）	

一八八〇年（明治一三年）	
一八八一年（明治一四年）	福島師範から東京の体操伝習所に派遣されていた体操教師が、帰郷して同校に野球を伝える
一八八二年（明治一五年）	
一八八三年（明治一六年）	青山学院で野球が始まる
一八八四年（明治一七年）	米国人ストーマーによって慶応義塾に野球が伝わる 盛岡中学に赴任した増嶋文次郎が野球を伝える 岐阜中学の平瀬作五郎が同校で野球を指導
一八八五年（明治一八年）	明治学院で創部 秋田医学校の細井修吾が秋田県に野球を伝える 東京府立尋常中学校にＡＳ会が創立され、野球が行われた 東京帝大から岡山一中に赴任した教師が岡山県に野球を伝える
一八八六年（明治一九年）	秋田中学と秋田医学校が対抗試合を行う 三重一中で米国人宣教師ストラーが野球を伝える
一八八七年（明治二〇年）	松本中学で野球が始まる 大阪府立尋常中学校でゴム鞠を使った野球の原型が始まる
一八八八年（明治二一年）	大分中学校の英語教師ウォータスが大分県に野球を伝える

年次	事項
一八八九年（明治二二年）	学習院で創部 郁文館中学が創立、直後に野球が始まる 松山に帰省した正岡子規が伊予尋常中学校の河東碧梧桐に野球を伝える 新潟県の長岡中学に米国人の英語教師が野球を伝える 鳥取尋常中学校の運動会でベースボールが行われる 広島中学で野球が始まったといわれる 高知一中に赴任した内村達三が高知県に野球を伝える
一八九〇年（明治二三年）	安積中学にベースボール同好会が誕生、校内大会を開催 正岡子規が野球（のぼーる）という号を使い始める 一高と明治学院の試合でインブリー事件が起こる
一八九一年（明治二四年）	福井県知事となった牧野伸顕によって福井県に野球が伝わる 茨城県立中学で野球部が創部 大阪府立尋常中学校、兵庫県尋常中学校で野球が始まる この頃彦根中学で野球が始まる
一八九二年（明治二五年）	慶応義塾で体育会が創設される 千葉県の佐倉修正校で野球が始まる 東京高等師範附属中学から静岡中学に転校した柏原知格によって、同校に野球が伝わる 広島中学、松山中学で野球部が創部
一八九三年（明治二六年）	仙台の旧制二高で野球が始まる 山形中学、愛知一中、福山中学で野球部が創部 大阪府立尋常中学校で創部され、同志社と対抗試合を行う 旧制三高の学生が帰郷した際に島根第一尋常中学に野球を伝える この頃、京都一中でも創部

一八九四年（明治二七年）	中馬庚がベースボールを野球と名づける 福島市の康善寺の住職海野善堯が龍谷大学で覚えた野球を伝える 富山中学の生徒が神通川でベースボールを行う 彦根中学で創部 静岡中学浜松分校、関西学院中学で野球が始まる 香川県尋常中学校の校長が東京から規則や用具を取り寄せて野球が始まる 沖縄中学が修学旅行先の京都で旧制三高から野球を習って帰郷
一八九五年（明治二八年）	『一高野球部史』が刊行 浦和中学、熊谷中学、新潟中学、愛知四中、関西中学、福山中学で野球部が創部 東京高等師範学校附属中学、麻布中学で野球が始まる 中学修猷館が福岡聯隊の鎮魂祭の余興として野球の試合を行う
一八九六年（明治二九年）	横浜で旧制一高と横浜在住の米国人チームが対戦し、一高が勝利 水戸中学と栃木県尋常中学校が宇都宮城址公園で対戦 東京高等師範学校附属中学と学習院の間で定期戦が始まる 横浜商業、松本中学、大阪府立五中、神戸中学、鳥取中学、高松中学、西条中学などで野球部が創部 大垣中学、宮崎中学で野球が始まる
一八九七年（明治三〇年）	郁文館中学が旧制一高を降す 徳島中学に赴任した体操教師が徳島県に野球を伝える
一八九八年（明治三一年）	
一八九九年（明治三二年）	広島商業で創部

年次	事項
一九〇〇年（明治三三年）	京都二中で創部
一九〇一年（明治三四年）	旧制三高主催による近県連合野球大会が開催される 新潟県立中学校連合運動会で野球が行われる 早稲田大学で野球が始まる 高松商業の前身の一つ香川県立商業で創部 九州日日新聞社の主催で熊本県中等学校連合野球大会が開催
一九〇二年（明治三五年）	東海五県連合野球大会が始まる 広島県連合野球大会が開催
一九〇三年（明治三六年）	旧制五高主催の全九州中等学校野球大会が始まる 山口高等学校主催の県下中等学校野球大会が開催される 旧制七高主催の県下中等学校連合野球大会が開催される
一九〇四年（明治三七年）	
一九〇五年（明治三八年）	早稲田実業学校で創部
一九〇六年（明治三九年）	松本中学で初めてスクイズがされた 旧制七高主催の鹿児島県下中等学校連合野球大会の試合後の喧嘩が問題となり、対抗戦が禁止となる 市岡中学で創部
一九〇七年（明治四〇年）	旧制六高主催の近県中等学校野球大会が始まる
一九〇八年（明治四一年）	全九州中等学校野球大会決勝の熊本県勢同士の対戦でトラブルが起こり、大会が中止。熊本県では野球大会への出場が禁止となる

一九〇九年（明治四二年）	札幌一中と北海道師範の応援団同士で紛争が起こり、北海道庁が対抗戦禁止令を出す
一九一〇年（明治四三年）	春の東京都下中学優勝試合が開催
一九一一年（明治四四年）	東京朝日新聞による野球害毒キャンペーンが始まる 秋の都下中学野球争覇戦が開催 旧制二高主催の東北中等学校連合野球大会が始まる 香川県で県下中等学校野球大会が開催される
一九一二年（大正元年）	
一九一三年（大正二年）	山陰大会の松江中学と米子中学の試合で暴力事件が起こる
一九一四年（大正三年）	和歌山中学で創部 三神吾朗が米国の独立チームに入団、日本人初のプロ野球選手となる

第二章　聖地の誕生

全国大会開催の経緯

夏の全国高校野球大会が始まったのは大正四年のことである。今や夏の風物詩となったこの大会も、第一回大会が開催されることになった経緯には諸説あってはっきりしない。

最も有名な説は、京都の旧制三高の学生による持ち込み企画だったという説である。その主役は、京都二中でエースをつとめ、当時無敵だった早大と八回まで1—1の接戦を演じたことで球史に名を残した高山義三と小西作太郎のバッテリーであるという。小西は京都府高校野球連盟の『京都高校野球史』（一九六七）に寄せた文章「京都球界史」の中で、全国大会開催に向けた事情を紹介している。それによると、当時最も権威ある大会とされていた三高主催の近畿中等学校連合野球大会は各校一試合だけの大会にすぎなかったが、三高生の間からこれを権威ある主催者による優勝戦とし、優勝旗を作って授与してはどうかという意見が生まれ、三高の主将だった小西は朝日新聞京都支局に優勝旗の授与の相談を持ち込んだ。これと並行して、京都帝大に在籍していた高山義三らは全国大会の開催を朝日新聞に持ち込んでおり、その結果全国大会が開催されるに至ったという。

高山が全国大会の開催を企画したのは、母校の練習をみて「これは実力的に日本一に違いない」と確信したのが理由だといわれる。中学野球熱の高まりからちょうど全国規模の大会開催を検討していた朝日新聞は、その企画に呼応して第一回全国中等学校優勝野球大会が開かれることになったとされる。

高山は『京都高校野球史』の「野球今昔感」に「全国中等学校野球大会を朝日新聞が主催して開くよう盛んに提唱し運動したものだ。…（中略）…我々の運動が実って第一回の大会が開かれた。」と書いている。

また、東京都高野連の『白球譜』（一九八八）では、高山案の他に中沢良夫・福井松雄も朝日新聞社長村山龍平に話を持ち込み、さらに豊中グラウンドの有効利用を模索していた箕面有馬電気軌道の吉岡重三郎も持ち込んだとし、合わせて三つの案が朝日新聞社にもたらされたとしている。

それでは主催者側の朝日新聞社の見解はどうか。一九九一年に刊行された『朝日新聞社史　大正昭和戦前篇』では、「だれがこの大会を企画し、推進したか、こんにちでは断定が困難」として、その発案者、推進者はわからないという立場をとっている。そのうえで、小西が朝日新聞京都通信部の一花健蔵に相談を持ちかけたが具体化せず、高山義三が改めて京都通信部を通じて朝日新聞に「京津地区の中等学校野球大会を開催してほしい。できれば他県優勝チームとの手合わせもしたいのでその大会も主催してほしい、と申し入れた」とある。

そこで社長ら幹部で検討した結果、とりあえず京津大会を開くことにしたが、ちょうど箕面有馬電気軌道の吉

高山義三
（写真提供：毎日新聞社）

岡重三郎から、「自社で経営する豊中グラウンドの利用策として、大阪中心のかなりの範囲の中等学校野球大会を毎年開催してはどうかという提案がもたらされた」ため、朝日新聞の幹部が全国大会の案を練り、村山社長に案を説いたところ、「村山も全国的な大会を心中で考えていたので、話はすらすらときまった」という。

つまり小西の持ち込んだ案はみのらず、高山が持ち込んだのは京津大会という小さなもの。これに有馬電気軌道がビジネスとして持ち込んだ近畿大会の案を、朝日新聞が全国大会に昇華させたところ、そもそも村山社長は最初から考えていた、ということで、経緯はわからないとしつつも他説を否定して、朝日新聞が全国大会を企画創設したことをほのめかしている。

しかし、この朝日新聞の説には無理がある。そもそも、三高の主催する大会には明治時代から京都・滋賀どころか西日本のかなり広い範囲からの参加があり、すでにかなり権威のある大会に成長していた。それをいまさら、京津大会という小さな規模に縮小した大会を企画する意味がない。朝日新聞に持ち込む以上、それは既存の大会の規模を超えた全国規模の大会でなければ意味がないのだ。また、第一回大会をみてもわかるように、当時の京都と滋賀の中等学校野球のレベルの差は大きく、京都の学校が滋賀県との大会を望むということも考えられない。京津大会の開催を持ち込んだというのは、第一回大会の区割りが京都と滋賀で一大会になったことから生まれた、後付けの説だと思われる。

おそらく、三高主将の小西と京都帝大生の高山はそれぞれ別々に朝日新聞社に案を持ち込んだのだろう。優勝旗の授与という現実的な小西の案と、全国大会を開催という、のちに京都市長として名を馳せる高山らしいスケールの大きな案の二つである。朝日新聞社は高山案には心を動かされたが、ビジネスである以上成算が必要である。そこに、有馬電気軌道から豊中グラウンドの利用案が持ち込まれ、それらを総合的に勘案して、ビジネス的に成り立つという判断があったに違いない。

そういう意味で、短期間の間に全国大会を実現したのは朝日新聞社であることは間違いないが、その発端は三高の学生や京都帝大生にあった、と考えるのが妥当だろう。

第一回全国中等学校優勝野球大会

さて、「来る八月中旬豊中に於て挙行」で始まる第一回大会の開催の社告は大正四年七月一日付の大阪朝日新聞の一面に発表された。しかも、以後四日間連続で掲載という破格の扱いであった。内容は、

一　参加校の資格はその地方を代表せる各府県連合大会に於ける優勝校たる事
一　優勝校は本年大会に於て優勝権を得たるものたる事
一　選手の往復汽車又は汽船賃は主催者側に於て負担する事

の三つである。すなわち、府県連合大会の優勝校であることが参加の条件だが、今年の優勝校であればよい、としている。つまり、この大会のためにこれから大会を開催しなくてもよいということだ。主催する朝日新聞社も、さすがに日程的に厳しいことを勘案したものと思われる。実際、急なことで予選の開催が間に

第１回全国優勝野球大会社告
（大正４年〔1915〕７月１日付。写真提供：朝日新聞社）

合わず、別の大会で代替したり、第一回大会には代表を送ることができなかった地域もあった。

関東では予選は行われず、三月下旬に行われた東京大会で優勝した早実が代表校となったため、関東地区の他の県の学校はまったく参加できなかった。

北陸では八月下旬に北陸大会を開催することが決まっていたため、第一回大会には間に合わずに参加を見送っており、北海道では対外試合が禁止されていたため、予選を開くことができなかった。

こうして、かなりの地区の学校が参加することができなかったが、それでも予選には全国で七三校が参加した。全国大会には、地元の兵庫県が一県一代表で、残りの地区は東海、九州といった大きな地域で一代表を送り出している。

予選の地域割りと参加校

【東北】（三校）
秋田中学・横手中学・秋田農業
【関東】（八校）
早稲田実業・荏原中学・日本中学・早稲田中学・慶応普通部・麻布中学・立教中学・成城中学
【東海】（六校）
愛知一中・愛知四中・岐阜中学・斐太中学・三重二中・三重四中
【京津】（一一校）
同志社中学・京都二中・京都一商・京都五中・京都師範・京都美工・京都一中・立命館中学・八幡商業・滋賀

師範・坂本中学

【関西】（八校）
市岡中学・明星商業・市大阪工業・大阪商業・八尾中学・和歌山中学・高野山中学・耐久中学

【兵庫】（七校）
神戸一中・神戸二中・関西学院中学・御影師範・伊丹中学・姫路師範・神戸商業

【山陰】（六校）
鳥取中学・鳥取師範・米子中学・倉吉中学・杵築中学・松江中学

【山陽】（六校）
広島中学・広島商業・修道中学・福山中学・明道中学・関西中学

【四国】（一〇校）
徳島中学・徳島商業・徳島工業・徳島師範・撫養中学・高松中学・香川商業・大川中学・丸亀中学・三豊中学

【九州】（八校）
久留米商業・豊国中学・中学修猷館・八女中学・嘉穂中学・福岡師範・中学伝習館・東山学院

第一回大会予選に参加した七三校のうち、岐阜中学、愛知一中、愛知四中、京都一商、京都五中、同志社中学、市岡中学、神戸一中、神戸二中、関西学院中学、和歌山中学、鳥取中学、米子中学、杵築中学、松江中学の一五校は、以後の九六回大会すべての予選に出場している。平成一〇年夏の第八〇回の記念大会で、これらの一五校の主将が甲子園に招待され、参加五五校の先頭を切って入場行進をした。

一方、明道中学と東山学院はのちに廃校となり、斐太中学は戦後しばらく廃部となっていた。また師範学校は戦後の学制改革で大学に昇格して出場資格を失っている。

各地の予選の状況は次の通りである。

東北大会

突然の全国大会開催のため、満足に予選を行えた地区はなかったが、後々まで遺恨を残したのは東北大会のみである。

東北地区では、朝日新聞社から秋田中学に全国大会開催の連絡が入ったが、東北予選を開催するための要請もなかったため、秋田中学は招待されたと思い、そのまま東北代表として全国大会に出場しようとした。すると大会本部から、出場するには予選が必要といわれたのである。そのため、秋田中学は県内の横手中学（横手高校）と秋田農業の二校に声をかけて形だけの予選を開いた。両校ともに実力では及ぶべくもなく、秋田中学は、秋田農業を23―0、横手中学を18―5という一方的な大差で降して、東北予選の優勝校として参加した。

当時の東北地方は、全国的にみてもかなり野球の盛んな地域であった。その中で覇を争っていたのが、秋田中学を筆頭とする秋田県勢と、盛岡中学を筆頭とする岩手県勢で、どちらかというと、岩手県勢のほうが強かったと思われる。しかし、秋田中学が岩手県勢に声をかけないまま全国大会に出場して準優勝したため、両県の中等学校球界は犬猿の仲となった。このことは、戦後に出された両県高野連の連盟史でもうかがうことができる。

『岩手県高等学校野球連盟二〇周年記念誌』の「あれは秋田中学の陰謀だ」に対して、平成三年に刊行された秋田県高野連の連盟史『翔球』では、「この際、秋田中学が選抜された経緯を記して、事実を正確にしたい」と、二頁にわたって岩手県高野連に詳細に反論している。

そもそも七月一日に社告として掲載された全国大会の開催が秋田に伝わるまでに三～四日を擁している。通信手段も交通手段も未発達な当時、日程的に東北予選を行って八月一〇日頃までに代表を送り込むのは事実上困難であり、この前年に秋田中学は東京に遠征して好成績を収めていたため、主宰の朝日新聞社が、秋田県をもって東北の代表とすることに疑問を持たなかったのが原因、と結論づけている。実際、第一回大会は開催の発表が直前だったことから予選に参加できない県も多く、東北予選に秋田県しか参加していないことは、とくに不思議なことではなかった。

なお、平成一三年に岩手県高野連が刊行した『熱球　岩手の高校野球のあゆみ五〇年史』では、「岩手県は第二回大会から出場した」と簡単に記すのみで、この問題には触れずに、さらっと流している。

関東大会

むりやり予選を開催した東北地区に対し、関東地区では予選そのものを開催しなかった。三月二七日から三日間にわたって行われた東京大会を予選の代わりとしたのだ。そのため、東京を除く関東各県は参加していない。

そもそも、東京朝日新聞では明治四三年から四四年にかけて野球害毒キャンペーンを行っており、関東地区の球界から反発を買っていたことから、朝日新聞が予選を開催することができなかった。そこで、雑誌『武侠世界』と交渉して同誌が主催した東京府下野球大会を予選とみなして、その優勝校を全国大会に送り込むことでしのいだ（『朝日新聞社史』）。したがって、第一回大会の予選には東京以外の学校は参加していないことになっている。

この東京大会に参加したのは、早稲田実業、荏原中学、日本中学、早稲田中学、慶応普通部、麻布中学、立教中学、成城中学の八校。決勝で荏原中学を8―5で降した早稲田実業が代表として全国大会に参加することになった。

東海大会

東海地方では、八月一〇日から第一二回東海五県連合野球大会が、第一回大会の予選と兼ねて行われた。参加したのは、愛知県から愛知一中と愛知四中、岐阜県から岐阜中学と斐太中学、三重県から三重二中と三重四中の計六校が参加した。

『全国高等学校野球選手権大会史』（一九五八）など、各大会史では三重二中を富田中学、三重四中を山田中学としているが、両校が山田中学・富田中学と改称したのは大正八年のため、当時の名称としては三重二中・三重四中が正しい。

この六校は三重二中のグランドでリーグ戦を行い、初戦で強豪愛知一中を九回裏のサヨナラで降した愛知四中と、三重四中の両校が二勝して決勝に進んだ。決勝戦は三重四中が先行、5―1で迎えた九回表に愛知四中が三点をあげたが一点及ばず、5―4で三重四中が愛知四中を降して全国大会に駒を進めた。

京津大会

京都府は滋賀県と予選を争うことになり、京津大会という名目で開催された。

三高で開催された予選に参加したのは、京都府から同志社中学、京都二中、京都一商、京都五中（山城高校）、京都師範、京都市立美術工芸学校（銅駝美術工芸高校）、京都一中、立命館中学の八校。一方、滋賀県からは八幡

コラム2―1　京都二中と鳥羽高校の関係

中等学校優勝野球大会が始まるきっかけの一つをつくった京都二中は明治三三年に設立された名門だったが、昭和二三年の学制改革の際に廃校。同校に併設されていた夜間中学校の上鳥羽中学校だけが存続して、定時制の新制高校・府立鳥羽高校となった。しかし、半年後にはこの学校も府立朱雀高校に吸収されて同校の鳥羽分校となってしまった。したがって、二四年以降京都二中は完全に消滅したという扱いになっていたのである。

ところが、三〇年以上たった昭和五九年になって、京都府が府立高校を新設する際にこの鳥羽分校を独立させて、府立鳥羽高校を創立した。しかも、かつての京都二中があったのと同じ場所に校舎をつくり、「京都二中の流れを汲む学校」として新設・鳥羽高校を創立したのである。このため、京都二中と鳥羽高校は同じ高校なのか、違う高校なのかわからないという、ややこしい事態となってしまった。新設高校であることは間違いないが、「流れを汲む」という表現が抽象的なため、解釈が分かれたのである。厳密にいえば直接の前身―後身の関係とはいえない。しかし、同じ場所にあり、「流れを汲む」と明言しているので、京都二中の復活と考える人もたくさんいた。大正四年の第一回大会で優勝し、戦後第一回の昭和二一年夏には準優勝という中等学校野球界の名門校であっただけに、同校の廃校を惜しむ野球関係者は多かったのである。

復活した鳥羽高校も野球に力を入れ、平成九年には北嵯峨高校を甲子園に導いた卯滝監督を招聘。一一年春には選抜に出場することが決まった。このとき鳥羽高校は京都二中と同じ学校かどうかが再び問題となり、高野連では特別に「鳥羽高校は京都二中の後身校と考える」という見解を発表した。現在では鳥羽高校と京都二中は同窓会名簿も統一し、長い中断をはさんだ再興と位置づけている。

商業、滋賀師範、坂本中学の三校が参加し、計一一校で争われた。この一一校参加というのは、全国一〇地区の最多であった。

滋賀から参加した三校はいずれも初戦で敗退した。一方、京都一中と京都二中の試合は、公式記録では京都一中の棄権による9―0で京都二中の勝利となっている。夏の大会初の棄権だが、その事情には諸説ある。

『京都高等学校野球史』では、七回表に京都一中の香川捕手が二塁盗塁を試みて刺された際に倒れ、両校協議のうえ中断してサスペンデッドゲームとし、翌日再開することにした。しかし、翌日になっても香川選手は回復せず、代わりの選手もいないことから京都一中から棄権を申し入れた、と朝日新聞の記事を引用して説明している。

しかし、『京一中洛北高校百年史』によると事情はかなり違う。同書では、七回で中断した理由は日没によるもので、京都一中側はこの試合は中止として翌日再試合で一回からやり直すと思っていた。ところが主催者側が七回から再開するサスペンデッドを提示したことから、一中は棄権して二中に勝ちを譲ったという。

結局、予選を圧勝で勝ち進んできた京都二中と同志社中学が決勝で対戦し、予想通り京都二中が制して全国大会に出場した。

関西大会

京都・滋賀を除く関西地区は、大阪・奈良・和歌山の三府県で開催される第三回関西学生連合野球大会の優勝校が出場することになった。

この大会には大阪から市岡中学、八尾中学、明星商業、大阪商業、大阪市立工業の五校、和歌山から和歌山中学、高野山中学、耐久中学の三校で、計八校が出場、大阪の名門北野中学と天王寺中学は参加しなかった。

この中から和歌山中学と市岡中学が決勝まで進んだが、決勝で和歌山中学が2―1で市岡中学を降したため、第一回大会には大阪府からは出場することができなかった。

兵庫大会

第一回大会の際に予選地区として単独の府県だったのは兵庫県だけである。

この予選には、神戸一中、神戸二中、伊丹中学（伊丹高校）、関西学院中学、神戸商業、姫路師範、御影師範の七校が参加した。

決勝戦では神戸二中と関西学院中学が対戦、関西学院中学が強いとみられていたが、予想外の展開で神戸二中が優勝した。試合は予想通り、九回まで関西学院中が2―0とリード。しかし九回裏に神戸二中が二点をあげて同点としたあと、一死二塁から五番橋本のショートゴロで一塁に送球して二死となったが、一塁手がアウトカウントを勘違いしたのか、まったく動かない間に二塁走者が長駆生還して一挙に逆転サヨナラ勝ちした（『神戸二中長田高校野球部部史』）。

山陰大会

山陰地区は、鳥取県と島根県で山陰予選を行うことになった。他の地区では、関東、九州といった大きな地域で予選が開催されていることから考えると、当時の山陰地区は全国的にその実力が認知されていたことがうかがえる。ところが山陰地区では、二年前の山陰大会の松江中学と米子中学の試合で、米子中学の応援団が松江中学の応援団に暴行を振るうという事件があっただけに、両県の対戦は難しく、結局、鳥取・島根両県で別々に優勝校を決め、両校が本大会の行われる豊中グラウンドで戦って代表を決める、ということに落ち着いた。

しかし、鳥取予選には鳥取中学、鳥取師範、米子中学、倉吉中学と四校が参加したものの、島根予選には松江中学と杵築中学しか参加せず、両県の予選を勝ち進んだ鳥取中学と杵築中学が山陰代表をかけて戦うことになった。

この決勝戦は再予選という名目で行われた。両校とも八月一二日の夜行列車で大阪に向かい、一五日に豊中グラウンドで山陰代表をかけて対戦した。試合は鳥取中学の鹿田一郎投手が杵築中学を無安打に抑えて勝利、山陰代表として全国大会に出場することになった。杵築中学の千家尊宣投手は出雲大社の大宮司家の息子で、投球の旅に出雲大社に向かって祈ったという。

『大社高等学校野球部史』によると、選手達は大阪の街角で見たイチゴやレモンをかけた氷水を食べ、さらに試合当日の朝には武運長久として端午の節句につくったカビだらけの餅を食べさせられたため、全員下痢をしていたのが敗因という。

山陽大会

山陽大会は広島高等師範で行われ、広島県からは広島中学、広島商業、福山中学、明道中学、修道中学の五校、岡山県から関西中学の計六校が参加した。

関西中学は初戦で敗退し、準決勝には広島県勢四校が進出。決勝には広島中学と広島商業が進み、広島中学が一―一の同点で迎えた八回、二死満塁から一番小田の二塁打で3―1として広島商業を降し、全国大会に進んだ。

このグランドにはレフトライン際にアカシアの木があり、幹はファウルグランドに、枝はフェアグランドに広がっていた。そこで、木に当たった場合は、当たった場所によって二塁打、三塁打などとした特別ルールを採用していたところ、小田の当たりは通常なら平凡なレフトフライとなるところ、アカシアの木に当たって二塁打となったことから、広島商業ナインは地団駄を踏んで悔しがった（『広島一中国泰寺高百年史』）。

広島中学は前年に慶応義塾の三宅主将と腰本選手を迎えて近代野球を学び、さらに来日したハワイハイスクールチームとに9―7で勝つなど、優勝は実力通りであった。

四国大会

四国大会の開催には高松中学の竜戦団という組織の活躍があった。竜戦団とは、明治四一年に鈴木義伸らを中心として結成された野球部とは別のクラブチームで、慶応義塾から三宅大輔をコーチとして招く傍ら、自ら野球に関する原書を取り寄せて研究するなど、近代野球の導入に尽力していた。

旧制三高生だった高松中学OB鈴木義伸は、大正四年帰省中に朝日新聞社による第一回全国大会の開催が決まり、四国と山陽地区が同じ地区割りとなっていたことを知ると、朝日新聞社と交渉して四国地区の独立を勝ち取った。『香川県立高松高等学校野球部史』によると、鈴木自らが主宰して四国予選を開催することが条件であったという。そこで、鈴木は竜戦団のメンバーを中核として高松体育会を設立、四国予選を開催した。愛媛県からは松山中学が参加しようとしたが許可されず、この大会には愛媛県勢は一校も参加できなかった。

徳島県からは徳島中学、徳島商業、徳島工業、撫養中学、徳島師範の五校が参加した。当時四国の交通事情は悪く、徳島県勢は四国大会の前に徳島予選を開いて、徳島商業、撫養中学、徳島師範の三校が香川県で開催された四国大会に参加した。この大会には大阪でさえ六校しか予選に参加していないことを考えれば、徳島の五校参加というのは非常に多いといえる。

香川県でも、高松市立商業と香川県立商業が合併して誕生したばかりの香川商業（高松商業）では環境が整わず、実力もないことから予選への参加を辞退した。すると鈴木は自らコーチとなって香川商業を指導、予選に出場させた。

こうして、香川県からは五校、徳島県からは予選を勝ち抜いた三校の計八校で四国大会が開催された。徳島県勢はすべて初戦で敗退、優勝候補の高松中学と、鈴木のコーチで力をつけた香川商業が決勝に勝ち進んだ。実力的には高松中学のほうが上とみられていたが、9—9の同点で延長となり、延長一〇回に両チーム二点ずつ取り合ったところで、香川商業が試合を放棄して決着がついた。

しかし、この放棄については両校言い分が違う。高松中学側は、一〇回裏の同校の攻撃中に打者の死球や走者の守備妨害をめぐって抗議が続き、香川商業側が不公平だと怒って引き上げたために放棄試合になったと、新聞記事を引用して説明している。一方『高松商業高等学校野球部史』では、高松中学の選手がユニフォームの前を膨らませてベースにかぶさって故意に死球となり、高松中学ＯＢの審判が抗議を受け付けないので、あまりの横暴に泣く泣く寄宿舎に引き揚げたとある。

以後、高松中学と香川商業は香川県中等学校球界を二分するライバルとなり、盟主の座を争うことになった。こうしてなんとか四国予選が行われ、第一回全国大会には四国代表として高松中学が参加することができたのである。

九州大会

福岡商業で行われた九州大会には八校が参加、うち七校が福岡県の学校だった。福岡県と並んで実力のあった熊本県では、明治四一年に起きた全九州中等学校野球大会でのトラブルの影響で参加することができず、福岡県以外から参加したのは、長崎県の東山学院のみであった。東山学院は明治一九年長崎市に設立されたミッションスクールで、昭和七年に東京の明治学院に統合され、閉校となった。

この大会の日程はわずかに二日。決勝には久留米商業と豊国中学（豊国学園高校）が進んだが、豊国中学はこの日すでに二試合を戦っていたことから、三試合目となる決勝戦を棄権し、久留米商業が全国大会に出場した。

全国大会出場一〇校

地域	学校名	現校名	県名
東北	秋田中学	秋田高校	秋田県
関東	早稲田実業	早稲田実業	東京都
東海	三重四中	宇治山田高校	三重県
京津	京都二中	鳥羽高校	京都府
関西	和歌山中学	桐蔭高校	和歌山県
兵庫	神戸二中	兵庫高校	兵庫県
山陰	鳥取中学	鳥取西高校	鳥取県
山陽	広島中学	国泰寺高校	広島県

四　国	高松中学	高松高校	香川県
九　州	久留米商業	久留米商業	福岡県

全国大会に出場した一〇校のうち、実業学校は早稲田実業と久留米商業のみで、残りの八校が中学校である。それも各府県を代表するエリート中学校で、現在ではいずれも進学校として認知されている。広島中学と三重四中はこれ以降、春夏通じて一度も甲子園に出場することができず、高松中学も戦後は特別枠である選抜大会の二一世紀枠代表のみ。第一回の大会はエリート中学生達による大会であった。

豊中グラウンド

大正四年当時甲子園球場はまだなく、第一回大会は大阪府豊中市にある豊中グラウンドで開催された。豊中グラウンドが完成したのは、大会二年前の大正二年。総面積二万平米というと広そうに聞こえるが、東西一五〇メートル南北一四〇メートルというのは、中学校のグラウンドよりやや広いくらいでしかない。また、もともと野球場ではなく一周四〇〇メートルのトラックを持つ運動場だったため、形も長方形で右翼方面が狭くなっていた。

当時、常設の観客席はなく、大会が始まると一塁と三塁の後ろに木製のスタンドを設け、よしず張りの屋根を配した。また、本塁の後ろ（現在のバックネット裏）は特別席として、婦人専用席などもつくられていたという。

一方、外野にはフェンスはなくロープを張って境界とし、このロープをノーバウンドで越すとホームランと決めていた。ホームからの距離は一番深いセンターでも一〇〇メートル程度だったらしい。それでも、この大会でのホームランは、広島中学の中村隆元選手が鳥取中学の鹿田一郎投手から打ったランニングホームラン一本のみであった（翌年には一挙に四本のホームランが出ている）。

翌年の第二回大会も豊中球場で開催されたが、ビジネスとして大会を運営するには、もっと参加校を増やす必要があった。一方、豊中グラウンドへの足となる箕面有馬電鉄は電車の本数も少なく、これ以上観客を運びきれない、という問題点も生じたため、第三回大会からは開催地が鳴尾球場に変更されることになった。

豊中グラウンド自体も、大正一一年の宝塚運動場の開設と同時に閉鎖されている。現在、跡地一帯は住宅地となり、昭和六三年に全国高校野球選手権大会が七〇回を迎えたのを記念して、跡地横に朝日新聞社、日本高校野球連盟、豊中市によって「高校野球メモリアルパーク」が建設されている。

第一回大会

組み合わせの抽選は八月一五日に行われ、一七日夕方には大阪ホテルで全選手を招待して茶話会が開かれた。この時、試合前にホームベースを挟んで両チームが挨拶をすることが指示されている。

開幕日、一八日の朝日新聞朝刊は四ページ増の一四ページもあり、社説には長谷川如是閑執筆といわれる「全国優勝野球大会に就て」が掲載された。さらに全チームの選手の紹介や、「初めて野球を見る人の為に」という長い解説文が載るなど、力の入った紙面構成であった。その一方、代表となった秋田中学では、「父兄の中に大阪へ野球をやりに行く、というだけで親不孝者と息子の大阪行きを禁止した人が幾人か」（秋田県高野連『翔球』）いたという時代でもあった。

さて、記念すべき最初の試合は鳥取中学と広島中学の対戦となった。この試合の様子は『鳥取西高等学校野球

第１回全国中等学校優勝野球大会開幕の始球式
（投球する村山龍平朝日新聞社長。審判長・荒木寅三郎京大総長、副審判長・平岡寅之助、鳥取中の鹿田一郎投手。写真提供：朝日新聞社）

部史』に詳しい。

八月一八日、薄曇りのなか八時二五分に両軍選手がバッターボックスを挟んで相対し礼をした。この挨拶の仕方は初の全国大会のために工夫されたものだという。続いて、羽織袴姿の村山龍平朝日新聞社社長が始球式をした。この時に投じられた球はなぜか打者に対する初球とカウントされている。その後鳥取中学の鹿田一郎投手が第一球を投じて以後百年に及ぶ中等学校・高等学校野球が開幕した。鹿田一朗は『全国高等学校野球選手権大会史』にこの時の様子を「たしかストライクだったと思います。とてもカーブを投げられなかったので、直球をド真中に決めたように覚えています」と手記を寄せている。

この試合は、一回表に広島中学がエラーなどで二点を先行すると、その裏には鳥取中学もエラーと暴投で一点を返し、さらに広島中学・田部捕手の故障欠場に乗じて二点をあげて逆転した。以後、両校点を取り合ったのち、鳥取中学が八回裏に一挙七点をあげて試合を決め、九回表の広島中学の攻撃を四点に抑えて14―7で全国大会の第一勝をあげた。この試合で広島中学の中村隆元選手が大会第一号のホームランを放っている。ただし、さく越えではなく外野の草むらに入った球を探しているうちにホームインしたランニングホームランであった。

試合前の下馬評では広島中学が圧倒的に有利とみられていたが、結果は鳥取中学の大勝に終わった。高校野球はその開幕から予想を覆す結果で始まったのだ。ちなみに、朝日新聞に掲載された概評では、広島中学が相手をなめて油断していたことに加えて、一回に攻守の要である田部捕手を欠いたことなどが敗因としてあげられている。

なお、試合経過は以下の通りである。

広島中学	2	0	0	0	1	0	0	0	4	―7
鳥取中学	3	1	0	0	0	2	1	7	×	―14

広島中学	打安点	鳥取中学	打安点
(二) 小田	510	(左) 上田	410
(遊) 広藤	401	(遊) 竹岡	301
(中) 林田	510	(二) 岩田	310
(一) 中村	311	(投) 鹿田	300
(捕) 田部	000	(三) 田村	531
(捕) 増岡	510	(捕) 松田	431
(右) 植村	201	(一) 松木	402

第1回、第2回大会の会場となった豊中グラウンド
（大正16年の第2回大会。写真提供：朝日新聞社）

（三）倉本411　（右）小谷400
（左）菅　300　（中）中村100
（投）岸　300

記念すべき試合に登場した広島中学だが、野球部は以後苦難の道をたどった。『広島中学国泰寺高百年史』によると、同年一〇月同校グランドで練習中、打球が一塁付近で見物していた一年生の右耳後ろに当たり、医師を呼んで応急手当をしたものの死去してしまった。さらに六年には田辺選手が野球のうわ言をいいながら死去、森選手は無理なスライディングでけがをして一年間休学するなどの不幸な事故が相次ぎ、七年弘瀬校長の命で一部の対外試合が禁止された。ただし、これは新聞社の関係する大会に限られたようで、野球部は存続していくつかの大会には参加している。しかし、全国大会への出場の道が閉ざされたことから、名門広島中学の野球部は沈滞した。中等学校優勝野球大会の山陽大会に復活できたのは昭和二年のことである。

さて、大会開幕翌日の一九日付の朝日新聞によると、観客席では氷付きサイダーが一〇銭、ハンカチ付きカチワリが五銭で売られていたとあり、夏の甲子園名物カチワリは第一回大会から登場していたことがわかる。

開幕試合に勝った鳥取中学は二回戦で和歌山中学と対戦、八回まで1―0とリードしていたが、九回表に一挙七点を奪われて敗れた。京都二中は初戦で高松中学に15―0と圧勝、準決勝では和歌山中学を9―5で降して決勝に進出した。

準決勝のもう一試合は秋田中学と早稲田実業が対戦した。早稲田実業は優勝候補にあげられており、初戦で同じく強いとみられていた神戸二中を降したことから、試合終了後宿舎には卒業生が駆けつけ、夜中まで祝宴が張られた。しかし、翌日の試合ではエラーで失点、秋田中学の長崎投手には四安打に抑えられて1―3で敗れた。これは選手も秋田中学をなめてしまったのが敗因という（『早実野球部史』）。こうして、決勝の対戦は東北の秋田中学と近畿の京都二中の対戦となった。

現在の豊中グラウンド跡地

決勝戦は八月二三日午後二時から始まった。試合は、京都二中は技巧派の藤田、秋田中学は本格派の長崎の先発で、六回までは両校0点だったが、終盤に試合が動いた。

七回表に京都二中のバント処理のミスから秋田中学が一点を先行すると、八回裏には長崎の高めの球を捕手がはじく間（記録上は暴投）に、京都二中の三塁走者が生還して同点。そのまま1―1で延長戦となり、一三回裏一死三塁でセカンドゴロの間に三塁走者がホームに突入、一塁手がバックホームしたが間に合わず、京都二中のサヨナラ勝ちとなった。

翌日の朝日新聞の小西作太郎の講評は「秋田功急ぎ失敗、京二の打

本社主催 第一回 全國優勝野球大會（最終日）
最優勝戰 ＝京都二中對秋田中學＝
優勝試合 京都二中對秋田中學
戰勝後我社を訪問せる京都二中選手

最終日の結果を伝える朝日新聞紙面
（大正4年〔1915〕8月24日付。写真提供：朝日新聞社）

棒に屈す」とあり、秋田中学の善戦と評している。

秋田中学　０００００００１０００００―１
京都二中　００００００００１００００１×―２

京都二中は当時明治大学の藤枝選手が監督をつとめていたが、大会直前に明治大学がハワイに遠征することになり、急きょOBで三高に進学していた能勢荘吉《そうきち》が監督となった。戦前では通常、部長が指導するものの、大会の際にはOBなどが監督をつとめることがあった。『京二中創立八十周年記念誌』（一九七九）に寄せた能勢の手記によると、秋田中学の試合を偵察した能勢が、同校がカーブに弱いことを見抜き、藤田投手に対してカーブを連投する指示を出したことが勝因だという。

朝日新聞社は優勝校には持ちまわりの深紅の大優勝旗と、選手に銀製の優勝メダルを一個ずつ、さらに参加全選手に銅製の参加章を贈る予定であった。しかし、遠来の選手に対してメダル一個では気の毒という話になり、商品の贈呈を申し出る会社が続出した。その結果、優勝校の京都二中には、朝日新聞社からスタンダードの大辞典一冊、箕面有馬電気軌道から五〇円の読書切手(図書券)、村山龍平から各選手に腕時計が贈られた。さらに、準優勝の秋田中学の選手には英和中辞林が各一冊ずつ贈られたほか、初戦を突破したチームの選手には万年筆が贈られた。

しかし、学生スポーツの見地から翌年の第二回大会からはこうした商品を出すのは中止され、メダルと参加章に大阪土産として岩おこしを贈るにとどめている。

試行錯誤の第二回大会

突然の開催だった第一回大会の反省から、第二回大会は早くから準備がされた。前年代表を送り込めなかった大阪府が関西地区から独立して単独地区となり、残った和歌山県と奈良県で紀和大会が開催された。この結果、関西からは四代表を出すことになる。

第一回大会で秋田県しか参加できずトラブルとなった東北大会は、仙台の旧制二高で開催された。この大会には、岩手県から盛岡中学と一関中学の二校、宮城県から仙台一中、仙台二中、佐沼中学、築館中学の四校、福島県から福島師範と会津中学の二校が参加、さらに予選の行われない北海道から函館商業が加わり、計九校が参加したが、秋田県からの参加はなかった(翌年復帰)。秋田県勢がいなかったこともあって、岩手県勢二校が圧勝で勝ち上がり、決勝では一関中学が4—1で盛岡中学を降して代表となった。

東京大会を関東予選に振り替えていた関東地区も、神奈川県から神奈川一中と神奈川師範、茨城県から竜ヶ崎中学が出場して文字通り関東大会となり、一六校が参加した。準決勝に進んだのは、慶応普通部、早稲田実業、早稲田中学、青山学院という大学系列の四校で、慶応普通部が決勝で早稲田実業を13―9で降した。

北陸大会は金沢の旧制四高で開催された。前年は予選を開くことができず不参加だったが、この大会には新潟県・長野県・富山県・石川県から一二校が参加した。長野師範が四試合で五〇得点という圧勝で、決勝でも金沢二中を13―1で降して全国大会に進んだ。

東海大会には前年不参加だった静岡県からも浜松中学が参加、リーグ戦を行って愛知一中と豊橋中学が決勝に進み、5―4で勝った豊橋中学が全国大会に出場した。

京津大会は一四校が参加、四校出場した滋賀県勢はすべて初戦で敗退し、京都二中が5―4で京都一中を降して二年連続で代表となった。

新たに独立した大阪大会には一〇校が参加、前年不参加だった名門北野中学も出場した。二〇得点以上の試合が四試合も出たが、桃山中学と成器商業の試合は39―0というスコアになった。実は成器商業は学校に内緒で出場したもので、桃山中学を二時間半も待たせて選手を寄せ集めての出場だった。試合内容も四球が二二個、失策が二四個と散々な結果だった（『全国高等学校野球選手権大会五〇年史』）。決勝では市岡中学が九回裏の逆転サヨナラで桃山中学を降し、大阪初の代表となった。

大阪の抜けた関西は、奈良県と和歌山県で紀和大会を開催した。しかし、和歌山中学で開催されたこの大会には奈良県からの参加はなく、和歌山中学、和歌山師範、耐久中学、高野山中学、田辺中学（田辺高校）の和歌山県勢のみ五校が参加、和歌山中学が19―4で高野山中学を降して出場した。

兵庫大会には八校が参加、前年代表の神戸二中を準決勝で降した関西学院中学が、決勝では神戸商業を16―2の大差で破って代表となった。

山陽大会には山口県から岩国中学と周陽中学が参加して文字通りの山陽大会となったが、決勝には前年に続いて広島中学と広島商業が勝ち上がり、広島商業が5―4で雪辱した。

山陰大会も参加校は鳥取県・島根県四校ずつの八校に増えた。決勝に進んだのは鳥取中学と米子中学の鳥取県勢で、鳥取中学が13―1と米子中学に圧勝している。

四国大会にも前年不参加だった愛媛県から松山中学が参加し、一〇校で戦われた。決勝には前年と同じ高松中学と香川商業が進み、前年敗れた香川商業が11―1と大勝した。

九州大会には前年より二校多い一〇校が参加したが、東山学院の参加がなく、すべて福岡県の学校となった。決勝に進んだのは中学明善と福岡工業で、中学明善が全国大会に進んだ。

こうして、北海道と九州南部をのぞいてほぼ全国に広がり、予選参加校は一一五校と一挙に増加、全国大会に出場したのも二校増えて一二校となった。この大会ではトーナメント表がうまく組めなかったためか、敗者復活を行っている。一回戦で一二校が対戦、勝ち残った六校が二回戦で対戦すると、勝者は三校となる。これでは準決勝が行えないため、初戦で敗れた鳥取中学と中学明善を敗者復活として対戦させた。この試合は三時半に始まり、六回で日没となったがそのまま続行、終わったのは八時頃だったという(『鳥取西高等学校野球部史』)。試合時間は四時間以上におよび、照明がないため無照明で戦った。結局鳥取中学が9―6で中学明善を降して準決勝に進んでいる。

鳥取中学は準決勝で市岡中学に延長戦の末に惜敗。勝った市岡中学と、準決勝で和歌山中学を降した慶応普通部が決勝に進んだ。決勝では山口投手が市岡中学を三安打に抑えて6―2で降し、深紅の大優勝旗を東京にもたらした。

実はこの大会で優勝した慶応普通部は、慶応普通部と慶応商工の合同チームだった。主将で三番を打った山口昇投手も慶応商工の選手で、しかも当時すでに全慶応の一員に選ばれていた。そして、慶明戦や慶法戦といった大学生の試合にも、ライトや投手として出場していたのだ。また、このチームではエース山口の他にも、ライトの新田恭一や、控えの河野元彦も投手として登板した。当時の中学野球では二番手投手がいることも珍しく、三人の投手を有するという層の厚さはぬきんでていたといえる。なお、一塁手は米国人のジョン・ダン選手で、カタカナ名の選手が全国大会に登場した嚆矢である。ジョン・ダンはのちに帰国、第二次大戦中は日本通として活躍したという。

敗者復活からの優勝

第二回大会で取り入れられた敗者復活制度は、第三回大会では二試合に増やされた。これは、敗者復活で一勝しただけで準決勝に進出するのは不公平なので、四校から勝ち残った一校だけが準決勝に進むことで、公平性を期したらしい。

鳴尾球場で行われたこの大会、愛知一中は優勝候補の一つと目されていた。『愛知一中野球部史』によると、初戦が行われる日は朝から雨が降っていたことから中止だと思いこみ、道頓堀に遊びに出かけていたという。ところが試合は行われることになったため、急きょ鳴尾に駆けつけ、練習する暇もなく長野師範と対戦して3―4で敗れてしまった。

第3回 トーナメント表

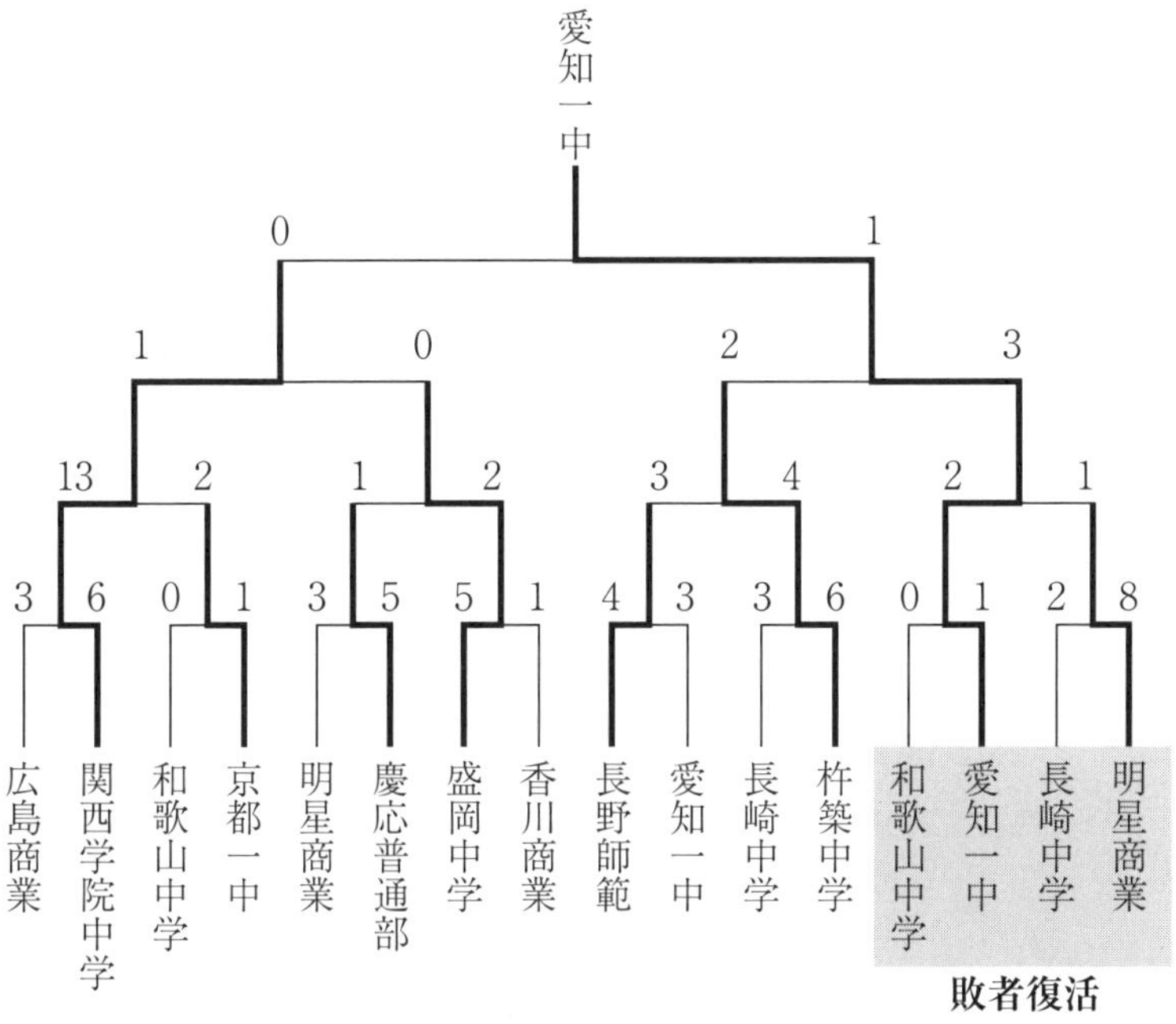

一回戦終了後、初戦で敗れたチームの中から抽選で四校が敗者復活に進んだ。愛知一中もこの四校に選ばれると、翌日の午前中に和歌山中学を1―0、午後には明星商業を2―1で降して、準決勝に駒を進めた。そして、準決勝で杵築中学を3―2で破って決勝に進出したのだ。

決勝は愛知一中と関西学院中学の対戦となった。愛知一中・長谷川武治、関西学院中学・内海寛の投手戦は、六回に内海のセカンドゴロで関西学院中学が一点をリードした。しかし、その裏に二死から激しい夕立となって引き分け、翌日再試合となった。再試合も再び長谷川・内海の好投で0―0のまま延長戦となり、延長一四回表に愛知一中が、二死二三塁から小島の当たりそこねの三塁ゴロが内野安打となって1―0で勝ち、優勝した。

しかし、初戦で一度負けた学校が優勝とい

うのは違和感があり、敗者復活制度はこの年を最後に中止となった。

米騒動で中止となった第四回大会

大正七年の第四回大会は、各代表が大阪入りしたところで、米騒動のため中止された。戦争以外の理由で中止となったのは、この時だけである。

第一次世界大戦後、好景気によってインフレとなり、米の価格が一挙に暴騰した。大正七年七月富山県魚津町の漁民の妻が、県外に輸送する米の積み込み作業を拒否したことに端を発して、住民が米商人や町役場などに米価の引き下げを要求した。この動きはまたたく間に全国に広がり、これを鎮圧するために、政府は軍隊まで導入するはめになったのである。結局九月中旬にはおさまったが、数万人が検挙され、起訴された人だけでも七七〇〇人という大騒動となり、時の寺内内閣は総辞職した。

この年、夏の全国大会の予選は通常通り行われた。関東から分離した京浜地区（東京・神奈川）を皮切りに続々代表が決まり、八月九日の紀和代表で全代表が決定した。そして代表一四校は大阪入りした。

ところが、その後米騒動はさらに激しくなり、神戸でも総合商社の鈴木商店が焼き討ちされるなど、無警察状態となったのである。朝日新聞社は一四日の夕刊の社告で「大会延期」を発表し、とりあえず大阪の本社で選手を集めて茶話会を開いた。そして、一六日に各校の監督・主将を招き、上野精一副社長が大会中止を伝え、一七日の紙面に中止の社告を掲載した。当時、選手の滞在費は自前だったが、朝日新聞社では一三日から一六日までの滞在費を負担している。

この大会で代表となりながら試合ができなかった幻の代表校は以下の一四校である。

東北　一関中学
関東　竜ケ崎中学
京浜　慶応普通部
甲信　長野師範
東海　愛知一中
北陸　長岡中学
京津　京都二中
紀和　和歌山中学
大阪　市岡中学
兵庫　関西学院中学
山陽　広島商業
山陰　鳥取中学
四国　今治中学
九州　中学明善

これらの学校は、この年の分も出場回数に数えるため、実際の出場回数よりも一回分だけ多くなってしまう。

愛媛県の今治西高校は昭和三八年夏に甲子園に出場した時、四五年振り二度目の出場とされたが、実質的には初出場であった。また、中学明善校は、この時二回目の出場だったが試合ができず、以後一度も甲子園に出場していない。

コラム2—2　グランド一周を拒否した学校

大正八年夏、鳴尾球場で開かれた第五回大会では、初出場の神戸一中（神戸高校）が優勝した。兵庫予選の直前に三塁手から投手に転向したばかりの山口弘投手が好投して全国大会初出場を果たすと、初戦で和歌山中学に3—1と逆転勝利。二回戦では山口投手が慶応普通部を三安打に抑える好投をみせて強豪に連勝した。準決勝も山口が盛岡中学を三安打で連続完封し、決勝では長野師範と対戦した。この試合は打撃戦となり、2—2の同点で迎えた八回裏に五点をあげた神戸一中が、九回表の長野師範の反撃を二点でとどめて七—四で勝ち、初出場で優勝した。

当時すでに、閉会式では優勝チームが優勝旗を先頭に場内一周することが恒例となっていたが、神戸一中はこの場内一周を、「われわれはみせものではない。母校の名誉のためにがんばっただけだ」として断っている。当時の来田信朗主将は、のちに「ただ母校のためにやっただけなのだ、という気概を示したのだが、まあ、若かったのですね」と述懐している（『全国高等学校野球選手権大会五〇年史』）。

当時の神戸一中は、高等学校への進学数が全国一という屈指の進学校でもあり、文武両道として各方面から称賛された。捕手で六番を打った石関信助は、卒業後七高から京大に進んで投手として活躍している。閉会式後のこのセレモニーを拒否した学校は、あとにも先にも他にはない。

中止が決まったあと、鳥取中学のOBは選手の心情を思いやって東奔西走し、本大会の行われる予定だった鳴尾球場で優勝候補ともいわれた関西学院中学との試合をセットした。この試合を3―1で勝つと、翌日には長岡中学にも4―1で勝った。すると、中学明善校、市岡中学からも試合の申し入れがあったが、これ以上の滞在ができず意気揚々と引き上げた（『鳥取西高等学校野球部史』）。

第３回大会以降の会場となった鳴尾球場
（写真は第９回全国中等学校優勝野球大会。写真提供：朝日新聞社）

名実ともに全国規模の大会に

大正九年の第六回大会は、中等学校野球において一つのエポックメイキングな大会であった。それは、この年初めて北海道でも予選が開催され、選手権大会は文字通りの全国大会となったのだ。九州南部からの参加はあいかわらずなかったが、大会としては北海道から九州まですべて揃い、どの府県からも大会に参加する環境が整ったことになる。

北海道では、明治四一年から四二年にかけて札幌一中と北海道師範の応援団同士で紛争が起こり、北海道庁によって対抗試合禁止令が出された。この禁止令のため、大正四年に始まった選手権大会に参加することもできなかった。

そうしたなかでも、函館商業や小樽中学（小樽潮陵高校）などは仙台に遠征して対外試合を行ったほか、大正五年には函館商業が東北予選に参加するなど、野球熱は衰えることはなかった。そして九年になって、選手権大会を主催する大阪朝日新聞社が代議士や北海道長官に働きかけるなどの努力のかいもあって、ついに第六回大会の北海道予選が開催された。

札幌の北大グランドで開催された初めての北海道大会は、樺太も含む地域だったが実際には樺太からの参加はなく、北海中学、函館中学、函館商業、小樽中学、小樽商業、根室商業の六校が参加、札幌一中、札幌二中（札幌西高校）などは参加しなかった。

大会は、札幌農学校初代野球部長でもあった昆虫学者の松村正年北海道帝国大学教授の始球式によって開幕、初戦で延長戦の末に小樽中学を降した北海中学が、初の予選を制して全国大会に出場した。この時のメンバーにはのちの名指導者飛沢栄三の名が、二番右翼としてみえる（『北海野球部百年物語』）。

翌年からは札幌一中、札幌工業、札幌師範、函館師範に加えて、上川地区から旭川中学（旭川東高校）も参加している。

また、この大会では、前年に大学チームで登板していた選手が出場して問題となった。九州代表の福岡県の豊国中学に、前年に法政大学で登板していた小方二十世《はたよ》がいたことから「逆戻り」として問題となったのである。

大学チームで出場した選手が中学野球の大会に出場するのは、第二回大会の慶応普通部の山口昇もそうだが、山口は中学生がその実力を買われて大学生チームに交じって出場していたのに対し、小方は大学から中学に転校しての出場だったため、全国大会に出場するための引き抜きとみなされたのだ。

当時、小方が大学から中学に逆戻りした理由は明らかではなかったが、小方が満一〇〇歳を迎えた平成一三年、地域雑誌『川崎評論』第一五号（川崎区文化協会、二〇〇一）の新世紀インタビューに元気に応じて、事の真相を語っている。

小方は、青山学院の創立者小方仙之助の子で、青山学院中等部時代に野球を始めたが、校舎建設のためにグランドがなくなり、やむなく法政大学で練習を続けていた。その練習をみていた法政大学の関係者から声をかけられて転校し、中学生ながら四大学リーグ（明大・早大・慶大・法大、現在の東京六大学リーグ）で登板したのである（このあたりの事情は山口昇と似ている）。

しかし、中学を卒業していないと徴兵免除とならないため、卒業資格を得るために一年間だけという限定で福岡県門司の豊国中学に転校した。全国大会出場を目指していた豊国中学が、法政大学チームで投げていた小方を見逃すはずはなく、夏の予選でエースとして起用、九州大会を制して鳴尾球場で行われた全国大会に出場したものだった。

当時は高等小学校を経由して中学校に進む選手も多く、満一九歳という年齢自体はとくに問題ではなかったが、前年に法政大学で登板していたことと、転校直後であることが問題となった。山口の場合は慶応の生徒だったが、小方は転校していたことから、甲子園に出場するための引き抜き、と受け取られたのだ。規則上は校長が許可すれば主催者側は従う、となっていたため、小方の出場は有効で、翌年からは転校後一年間は大会に出場できないように規約が改められた。

本大会では初戦で鳥取中学と対戦した。小方投手を擁する豊国中学は強豪とみられ、同校も全国優勝を狙っていたというが、小方が直前に熱を出したこともあってノックアウトされて途中で降板、試合も6―2で鳥取中学が勝利している。

小方は豊国中学を卒業すると無事法政大学に戻って法学部を卒業。さらに日本大学を卒業して国民新聞記者となり、出版社の経営なども手がけた。戦後は宗教ジャーナリストとして活躍している。なお、二十世という珍しい名前は、ちょうど二十世紀となった一九〇一年生まれであることに由来している。

翌一〇年の第七回大会では、和歌山中学の猛打があった。和歌山中学は第一回大会から第一四回大会まで一四年連続出場という空前の記録を持ち、戦前だけで優勝三回、準優勝二回を数える強豪だが、なかでもこの大会の和歌山中学の強さは語り草になっている。好投手北島好次を擁し、主砲井口新次郎（毎日新聞社、殿堂入り）を中心とした強力打線で、県予選では初戦の海草中学を32―0、和歌山工業を39―0という大差で降し、紀和大会でも郡山中学を11―0で破って甲子園に進んだ。

甲子園でも神戸一中を20―0、釜山商業を21―1、豊国中学を18―2とまったく問題にせずに大勝し、決勝の京都一商戦も16―4という大差で破って優勝した。四試合戦ってすべて一六点以上を取り、ホームラン三本を含めてチーム打率は三割五分八厘という高打率で、これは昭和二五年夏に鳴門高校に破られるまで大会記録であった。戦前は用具の関係であまりボールがとばず、投手優位の時代だったため、ホームラン三本というだけでも驚異的なチームといえる。

四試合であげた総得点は七五点、失点はわずか七で、得失点差は六八点にものぼり、圧倒的な最高記録である。夏の大会でこれに次ぐ記録は、昭和一一年に岐阜商業がマークした四三点差（四七得点、四失点）だから、和歌山中学がいかに桁外れに強かったかがわかる。

和歌山中学は翌年の第八回大会でもエース井口新次郎の好投で二連覇を達成した。大会後、同校はＯＢを含めて中国の青島に遠征。帰国すると、一二月には天覧試合が開催された。四国で開催された大演習に参加した皇太子（のちの昭和天皇）が和歌山中学を訪れ、現役―ＯＢの試合を観戦したのだ。さらに、翌年には和歌山高女、橋本高女、粉河高女などで女子野球が始まるなど、和中ブームは野球の新しい広がりをみせた。

外地の参加

中学野球は内地だけではなく、外地にも広がった。

明治二八年日清戦争に勝利した日本は、清から台湾を割譲され、三七年の日露戦争では満洲における権益を手に入れた。さらに四三年に韓国を併合。これらの地は外地と呼ばれ、移住した日本人によって野球が広がった。これら外地の野球史は、西脇良朋の『台灣中等学校野球史』（一九九六）『満州関東州華北中等学校野球史』（一九九九）『朝鮮中等学校野球史』（二〇〇〇）の三部作に詳しい。

まず、大正一〇年の第七回大会に朝鮮・満州の二地区で予選が開催された。朝鮮では大正二年にはすでに京城日報社によって全鮮野球大会が開催されており、実業団に交じって総督府中学（のちの京城中学）も参加している。竜山で開催された朝鮮大会には、釜山商業、京城中学、仁川商業、竜山中学の四校が参加、釜山商業が優勝した。

満州地区では、南満工業と大連商業で大正初年から野球が行われていた。大正五年には第一回関東州野球大会が開かれ、両校ともに参加している。大連で行われた満州大会には旅順中学、南満工業、大連商業の三校が参加、一回戦では旅順中学と大連商業がともに南満工業を降し、両校が三回戦制の決勝を戦った。そして、一勝一敗で迎えた三戦目で大連商業が1―0で旅順中学を降して優勝した。

鳴尾球場で行われた全国大会には、釜山商業、大連商業の両校が参加。ともに初戦を突破し、大連商業は準決勝まで進んでいる。

第九回大会では台湾大会も創設された。台湾の野球史は古く、明治三九年には総督府中学（のちの台北一中）

で創部されていた。その後、台北や台南で野球大会が開催されていたが、大正一二年に全国大会に出場するための台湾予選として、第一回全島中等学校野球大会が開催された。台北の円山球場で開催された大会には、台北一中、台北商業、台北工業、台南一中の四校が参加し、トーナメント戦の結果、決勝で台北一中が12—7で台南一中を降して全国大会に出場している。

以後、この外地三地区からは戦争によって中断するまで代表を送り出した。そして、大正一五年夏に大連商業、昭和六年夏に嘉義農林が準優勝を果たすなど、外地三地区は強豪となっていった。

野球ブーム

外地の参加が始まった大正一〇年の第七回大会は、『全国高等学校野球選手権大会史』では「野球ブーム第一期」と記している。全国大会参加校が一七校となったことから、準々決勝の前に二回戦が行われるようになり、一回戦から戦うと優勝までは五試合となった。翌八年の大会では、午前八時にはスタンドだけではなく外野の背後まで観衆でぎっしりと埋まる、という盛況をみせている。

さらに各地で予選をめぐるトラブルも発生した。東海大会では三回戦で対戦した愛知一中と静岡中学が審判をめぐってもめ、結論が出ないまま日没ドロー。両校のファンの穏やかならぬ雰囲気に、大会会長の八高校長が両校に棄権を要求、両校ともにのんだものの、愛知一中側はそんな規則はないとして激しく抗議した。

満州大会では一一年の決勝の大連商業と南満工業の試合で、大連商業は本塁でアウトとなったプレーに対して、審判の誤審であると抗議した。

この他、松江や松山でも予選開催地の地元チームに対する贔屓や、遠征チームに対する応援団の横暴があるという抗議が寄せられるなど、野球熱は加熱していった。

新潟商業の棄権

大正一一年の第八回大会では、地区大会優勝校が本大会を棄権する、ということも起こっている。

この年の北陸大会では新潟商業が主将でエースで四番をつとめる加藤昌助《まさすけ》の活躍で勝ち抜き、全国大会に初出場を決めた。ところが、出発直前になって加藤は四〇度を超える高熱と激しい下痢に襲われ、全国大会に出場することができなくなってしまったのである。見舞いに来た松田校長に対して、加藤は、朦朧とする意識の中で、自分を除く一〇人のメンバーで出場するように要請した。しかし、松田校長はチームの出場を認めなかった。加藤を欠いて全国大会に臨めば、惨めな結果になることは明白、と考えたからといわれる（「朝日新聞」新潟版　昭和五三年六月二一日）。

結局、松田校長が大会本部に棄権と通告、史上唯一の選手の病気による不出場となった。なお、同校は翌年も北陸大会を制して甲子園に出場している。

全國選拔中等學校野球大會

期日　四月一、二、三日—名古屋市外山本球場

參加學校　市岡中學、立命館中學、和歌山中學、高松商業、松山商業、愛知一中、横濱商業、早稻田實業

選拔方法に就いて

主催　大阪毎日新聞名古屋支局

全国選抜中学校野球大会社告
（大正 13 年〔1924〕3 月 22 日付。写真提供：毎日新聞社）

選抜大会の開始

和歌山中学の活躍は、夏の選手権大会に加えて、もう一つ新しい全国大会を開催しようという動きになっ

た。選手権大会が朝日新聞主宰で行われていることもあり、毎日新聞が大毎野球団などの協力を得て、全国から地域にこだわらず強豪八校を選び、名古屋の八事球場に集めて野球大会を開催することになった。開催地を名古屋にしたのは、朝日新聞の主催する選手権大会が大阪開催のためぶつけることができない、という判断と、毎日新聞が新たに東海版を創設したことが重なって名古屋開催に決まったという（『選抜高等学校野球会大会六〇年史』一九八九）。

八事球場は大正一一年に山本権十郎によって作られた球場で、山本球場ともいわれた。戦後、国鉄名古屋鉄道管理局が買収して国鉄八事球場となり、国鉄の民営化後はＪＲ東海八事球場として同チームの練習場として使われていたが、老朽化により平成二年に撤去された。跡地はマンションとなっているが、同四年かつての本塁付近に「八事球場メモリアルパーク」が設置された。

当時は地区によるレベルの格差が大きかった。したがって全国的なレベルの実力を有していても、強豪校の揃う地区ではなかなか全国大会に出場することができない。また地方大会はトーナメントの一発勝負のため、強豪が地方大会で敗れてしまうことも珍しくはなかった。そこで、地域の枠にあまりとらわれず、本当に実力の高いチームだけを選考委員が選ぶ、という形式で選抜大会が誕生した。そして、各校の実力の把握には、全国を巡回している大毎野球団が大きく関わったという。

大正九年に発足した大毎野球団は大阪毎日新聞を母体としたチームで、全国各地を転戦し地元チームのコーチも行った。当時最強の和歌山中学はしばしば大毎球団と対戦し、実力をつけていた。

さて、第一回選抜大会は、大正一三年四月一日に名古屋の八事球場で開催された。選抜されたのは、関東から早稲田実業と横浜商業、東海から愛知一中、関西から立命館中学、市岡中学、和歌山中学、四国から高松商業と松山商業の八校。選手権大会では一校しか代表を出せない四国から二校が参加する一方、東北や北陸・中国・九州などからは選ばれていない。また、第一回大会の八校はすべて都道府県が違うが、以後は同じ県から複数の学校を選ぶことも珍しくなく、愛知や大阪・兵庫といった府県では三校が出場することも珍しくなかった。昭和八年の和歌山県からは海南中学、海草中学、和歌山商業、和歌山中学の四校が、一二年の愛知県からは中京商業、享栄商業、愛知商業、東邦商業の四校が選抜されている。

第１回全国選抜中学校野球大会の開かれた八事球場
（大正 13 年〔1924〕4 月 1 日付。写真提供：毎日新聞社）

当時、高松商業は高い実力を持ちながら、同じ四国地区に松山商業があったため、同校に阻まれて夏の選手権大会には出場できなかった。しかし、地区割りにとらわれない選抜方式のおかげで、選抜大会には松山商業とともに出場することができた。同校の出場を推薦したのは大毎野球団だったという。

四月一日に開幕した選抜大会は、初戦で高松商業が当事無敵ともいわれた和歌山中学と対戦した。この試合、高松商業は4—6で迎えた九回裏無死一二塁から、二塁打とセカンドゴロエラーで一挙三点をあげて逆転、選抜大会は九回裏の逆転サヨナラで幕を開けた。

和歌山中学　０１２０２０１００—６

高松商業　１０１００１１０３×―７

開幕試合を大逆転でものにした高松商業は、準決勝で愛知一中を７―１と一方的に降し、決勝で早稲田実業と対戦した。そして、松本投手が早実を五安打で完封して選抜大会の初代優勝校となった。地域割りにこだわらない代表選抜、という方針は第一回大会から見事に実を結んだのだ。現在の選抜大会では地域割りもかなり加味されているが、同一県からの複数参加も珍しくないのは、この選抜大会創立の趣旨が今に生きているからだ。

なお、この八事球場は外野が狭く、外野の頭を越す当たりはホームランになった。そのため、八試合で一二本ものホームランが出て、この大会で出たホームランはしばらく公式記録では認められていなかった（現在では認められている）。

優勝した高松商業は、翌日大阪商船の「紫丸」で帰郷した。『香川県立高松商業高等学校野球史』によると、「折からの雨にもめげず高松埠頭は提灯と傘の大行列をつくった。煙火は巷に打ち上げらる。午後八時五十分優勝旗は福家氏の手に捧げられナインは雄姿をみせると万才の声は期せずして起こる」とあり、その興奮が伝わってくる。

甲子園球場建設へ

全国大会は鳴尾球場で行われていたが、大正一〇年の第七回大会に朝鮮・満洲、第九回大会には台湾といった外地も参加する一方、国内でも神静大会が創立されるなど、代表校は一九校に増加した。

また、観客の数も増加したが、鳴尾球場は競馬場内のグランドだったため、観覧席を増設することができなかっ

コラム2—3　名指導者・芝田茂雄

沖縄勢や北海道勢の全国優勝に続いて、青森県の光星学院高校（八戸学院光星高校）が三季連続して甲子園の決勝に進出するなど、近年地域による実力の格差がなくなってきている高校野球だが、その流れにうまく乗れていないのが山陰地区である。鳥取・島根両県ともに、夏の大会はまだ決勝に進んだこともない。しかし、第一章にも記したように明治から大正にかけては、山陰地区は全国でも有数の強豪地区だった。当時の山陰中学球界をリードしていたのが鳥取県の鳥取一中（鳥取西高校）で、その陰には同校の黄金時代を築いた夭折の名指導者・芝田茂雄がいた。芝田は鳥取一中と改称する前の鳥取中学に進学して野球部に入部したが、リューマチの持病があったために選手を断念し指導者を目指した。大正五年の第二回全国中等学校優勝野球大会には、在校生のまま監督として出場している。七年に卒業後も後輩を指導、九年には「鳥取県運動年鑑」に「ゴロとフライ」という論文を発表するなど、独学で野球理論を築いた。当時の地方における野球知識は東京や京都の大学に進んだＯＢが帰郷の際にもたらす、というのが一般的だった。こういった先進地域で学ぶことなく、独学で野球理論を構築したというのは驚異に値する。

一一年に母校の英語科の教員となると、本格的に指導を始めた。一二年には早大の冬季合宿にバッテリーを派遣させるなど強化につとめ、翌一三年には甲子園で準決勝まで進出。昭和四年に監督を退くまでに実に一〇回も甲子園出場を果たした。この時期にすでに甲子園出場一〇回という同校は、全国を代表する強豪校の一つであった。

しかし、昭和七年一月一〇日わずか三二歳で夭折。実際に指導した十年余の間に全国大会で一三勝を記録。現在ではまったく無名だが、当時を代表する名指導者である。

た。そもそも専用の観覧席ではなく仕切っただけだったため、観客がグランド部分に入り込み試合が中断することもあった。そして、大正一二年の第九回大会では電柱によじ登って観戦するファンが出たほか、準決勝第一試合の甲陽中学と立命館中学の試合では観客が押し出されて外野に入り込み、試合が一時中断するという事態になった。主宰者は、急きょ準決勝の第二試合を別のグランドで並行して行い、観客を分散させて凌いだが、もはや鳴尾球場での大会開催は困難として新球場を建設することになった。

大正一一年秋、阪神電鉄は武庫川の改修によって生まれた土地の払い下げを受け、周辺の土地と合わせて広大な土地を手中にした。そして、上流側を住宅地にする一方、下流側には野球場を建設すると発表した。一二年には米国ニューヨークにヤンキースタジアムが完成しており、それに匹敵する大球場を作るように、という命令が出ていたという。また、陸上競技やラグビーなども行える設計だったため、グランド部分は野球場としてはかなり広かった。

球場の建設に実際に着手したのは大正一三年の三月一一日。選手権大会の開催日はすでに八月一三日と決まっていたため、東洋一の大球場といいながら、工事期間はわずか五ヶ月という突貫工事だった。そして、実際にオープンしたのは八月一日。訪れた人はみなその巨大な姿に驚いたという。八月一二日には、この年が干支で「甲子」の年だったことから周辺一帯が甲子園と名づけられ、球場は甲子園大運動場（のちに甲子園球場と改称）と命名された。観客六万人を収容することができるという、当時としては画期的な大球場であった。

甲子園球場が会場に

大正一三年八月一三日、夏の選手権大会が甲子園球場で始まった。記念すべき第一戦は静岡中学と北海中学の対戦となった。初球を投じたのは、後攻の北海中学のエース手島義美。気持ちを落ち着かせるため、初球はあえてバックネットに直接ぶつけるボールだった（『北海野球部百年物語』）。五回表、満塁から静岡中学の田中一郎太が左中間を破る当たりを放つと、球が外野を転々とする間にホームイン。甲子園球場の第一号ホームランはランニングホームランで満塁ホームランだった。左中間や右中間はホームから四二〇フィート（約一二八メートル）もあり、外野手の間を抜くと、追いつくのは大変だった。試合は八回裏に北海中学が同点に追いつき、延長戦の末一二回裏に一死三塁から四番小林駒次郎のショートゴロを遊撃手が失策、三塁から高瀬直利がホームインして5―4で北海中学がサヨナラ勝ち、甲子園球場初勝利をあげた。

静岡中学　000040000000―4
北海中学　00001003001×―5

建設当初は、この巨大な球場が観客でいっぱいになることはないのではないか、とも思われていたが、三日目の八月一五日には土曜日でお盆と重なったこともあって満員札止となり、翌一六日も満員となった。球場前には一〇〇〇人が泊まり込んだという。また、この大会から七日間通しで五円という有料の指定席券を販売したが、中学生の競技で入場料を取るのは、当時としては異例のことだった。『全国高等学校野球大会五〇年史』に面白い話が掲載されている。満員となった一六日、大富豪として知られた大阪丸紅の伊藤忠兵衛社長が購入していた入場券を失くしたが札止で再購入できず、懇意にしていた阪神電鉄社長に頼んで人夫の監督として無報酬で雇ってもらい、試合をみたという。

決勝は広島商業と松本商業の対戦となった。この年の広島商業は逆転の連続だった。初戦の和歌山中学戦では七回裏に三点をあげて4―2で逆転勝ち。準々決勝で事実上の決勝戦といわれた第一神港商戦では、6―10から八回表に四点をあげて10―10の同点に追いつき、延長一〇回表に三点をとって勝利。準決勝の大連商業戦も九回二死から同点に追いつき、一二回裏に相手失策でサヨナラ勝ち。決勝では0―0で迎えた八回裏に相手の守備の乱れをついた広島商業が三点をあげて3―0で松本商業を降し、甲子園球場で初優勝を果たした。また、中国地方以西の学校の優勝も、商業学校の優勝も初めてのことだった。

広島商業の監督は、以後名監督として名を馳せた石本秀一。広島商業監督としては六回出場してうち四回優勝という驚異的な成績を収めた。戦後はプロの広島球団初代監督などをつとめている。甲子園から帰郷すると、広島の西練兵場から提灯行列が出発、一万人の市民が参加して夜遅くまで練り歩いたという。

翌年からは選抜大会も八事球場から甲子園球場に移って開催され、以後甲子園は高校野球の代名詞となる。

コラム2—4　甲子園初のノーヒットノーラン

夏の大会のノーヒットノーランは、平成二六年の九六回大会まで二二人が達成した。うち、昭和一四年の海草中学の嶋清一は二試合連続で達成しているため、回数では二三回となる。最初に記録されたのは大正五年の第二回大会で、達成したのは市岡中学（市岡高校）の松本終吉である。

市岡高校の野球部史『青春の三本線』をみると、明治四五年のメンバーにライトで九番を打つ松本（名前なし）の名がみえる。おそらく入学まもない松本終吉であろう。翌大正二年から四年にかけては捕手として中島駒次郎（早大—天理高監督）とバッテリーを組み、当時早大生だったOBの佐伯達夫の指導を受けた。

最上級生となった五年、中島の卒業でエースとなると、四番も打って夏の選手権大会に出場。初戦で長野師範を三安打に抑えると、続く一関中学（一関一高）戦では史上初のノーヒットノーランを達成した。準決勝でも鳥取中学（鳥取西高校）を降したが、決勝戦では肩を痛めたために登板せずレフトの守備に入っている。

松本は翌年市岡中学を卒業したが、なんと野球を続けたい、という理由で関西学院中等部に転校している。そして七年夏の大会では兵庫県代表として選手権大会出場を決めたが、米騒動のために大会が中止となり、登板することはなかった。

八年早大に進学して一年生から公式戦に登板。一〇年には米国遠征のメンバーにも入っている。その後は内野手に転向、一二年には主将をつとめた。

高校野球年表2

年次	全国大会	優勝校	事項
一九一五年（大正四年）	第一回	京都二中	七月一日大阪朝日新聞に第一回全国大会の社告が出される 八月豊中グラウンドにて第一回中等学校優勝野球大会が開催、一〇地区から代表校が参加
一九一六年（大正五年）	第二回	慶応普通部	北陸大会が開始、関西大会が大阪大会と紀和大会に分かれる 敗者復活制度を採用
一九一七年（大正六年）	第三回	愛知一中	大会会場が鳴尾球場になる 敗者復活した愛知一中が優勝し、この年限りで敗者復活を廃止
一九一八年（大正七年）	第四回	（中止）	米騒動が勃発し、全国大会が中止
一九一九年（大正八年）	第五回	神戸一中	優勝した神戸一中が場内一周を拒否
一九二〇年（大正九年）	第六回	関西学院中学	北海道大会が始まり、文字通りの全国大会に 法政大学に在籍していた小方二十世投手が豊国中学から出場 日本初のプロ球団「日本運動協会」（芝浦協会）が設立される
一九二一年（大正一〇年）	第七回	和歌山中学	大会予選に朝鮮と満洲が参加 和歌山中学が記録的な猛打で優勝
一九二二年（大正一一年）	第八回	和歌山中学	新潟商業がエースの病気で全国大会を辞退 和歌山中学が二連覇。中国に遠征し、帰国後は天覧試合を行う

一九二三年（大正一二年）		第九回	甲陽中学	大会予選に台湾が参加 中京商業が創立され、同時に創部
一九二四年（大正一三年）	春	第一回	高松商業	八事球場で第一回選抜大会が開催される
	夏	第一〇回	広島商業	甲子園球場が完成

第三章 中等学校野球の拡大と戦火による中断

ラジオ放送の開始

甲子園二年目の大正一四年には、東北と九州が南北に分割され、代表校は二一校となった。この二地域が分割されるということは、それだけ野球が日本の隅々まで浸透していったことを物語っている。また、欧米スポーツ界を視察した朝日新聞運動部長の提案により、この大会からは開会式で各校主将による国旗と大会旗の掲揚が行われるようになった。さらに、この年はラジオ放送が開始した年でもあった。大阪放送局が午前六回、午後一〇回、時間を決めて試合経過を放送したのだ。

この年のラジオ放送はスポットにすぎなかったが、昭和二年には甲子園球場にマイクを据えた中継放送が始まった。このラジオ放送によって地方のファンは同時進行で試合の様子を知ることができるようになり、中学野球はさらに加熱していくことになる。

「こちらはＪＯＢＫ甲子園出張所であります」という佐藤アナウンサーの第一声で日本初の野球実況中継が始まった。続いて開幕試合を魚谷忠アナウンサーが中継した。青森県から初出場した青森師範と、北海道の札幌一中という北国勢同士の対戦で、試合は青森師範が四回に一点を先制したが、六回に追いつかれ、延長戦で敗れて

ラジオで野球の実況放送するＢＫの魚谷忠アナウンサー（中央）と佐藤アナ(右)。
（写真提供：朝日新聞社）

初勝利をあげることはできなかった。

この大会で決勝に進んだのは、高松商業と広陵中学。前日の準決勝で延長一四回を戦った広陵中学は選手に疲労の色が濃く、高松商業が5―1で降して優勝した。その直後、写真と試合経過を載せた朝日新聞の号外は、自動車で堺市に運ばれると、水上飛行機で高松港に輸送され、高松市内各所で配布された。ラジオ中継と号外によって、地方でも同日中に試合の結果だけではなく詳細をも知ることができるようになった。

野球留学の始まり

この頃から球界に新たな動きがみられるようになった。それが、全国大会で活躍するための野球留学生の採用である。一般的に昭和の後半に始まり、平成になって盛んになったと思われている野球留学だが、実は昭和の初めにはすでに行われていた。

大正以前は中学校の数は少なく、遠方、とくに都会の中学校に地方から進学することは珍しくなかった。たとえば、第二回大会で優勝した慶応普通部（実際には慶応商工）の山口昇は愛知県の出身である。しかし、山口は野球のために慶応に進学したわけではなく、あくまで進学先の慶応義塾で野球をしていたにすぎない。しかし、この時代になると野球を目的に生徒を受け入れる学校が登場したのだ。

明治四一年に正式に創部した京都の平安中学（龍谷大平安高校）は、大正五年から夏の予選に参加したものの、強豪揃いの京津地区を勝ちぬくことができず、一五年秋に台湾からの留学生を受け入れた。『平安野球部史』（一九八五）にその事情が詳しく記されている。大正一四年台湾東岸の花蓮港の野球チームが京都や大阪などに遠征、強豪八尾中学と互角の対戦をしたという。当時花蓮港の西本願寺別院住職だった平安中学ＯＢの武田善俊は、このチームでプレーしていたロードフ遊撃手、アセン二塁手、キサ捕手の３人のアミ族を留学生として平安中学に入学させた。アミ族とは、台湾東部に広がる先住民で、スポーツ選手や芸能人を輩出していることでも知られる。

武田は三人の留学生に、伊藤次郎（ロードフ）、稲田照夫（アセン）、西村喜章（キサ）という日本名をつけて日本に送り出した。平安中学の佐藤秀吉監督は伊藤次郎（法政大―セネタース）を投手に抜擢、彼らを中心として平安中学は一躍強豪校となっていった。昭和二年夏にはエース伊藤、二塁稲田で甲子園に初出場、以来七年春まで一〇季連続して出場した。伊藤は五年夏まで実に七回甲子園に出場している。

国内では、兵庫県の育英商業（育英高校）の佐藤平七が嚆矢とされる。育英商業は明治二八年に神戸市中山手に数英漢学会として創立した学校で、三五年神戸育英義塾を経て、大正四年に甲種育英商業学校となっていた。第一回全国大会の始まったこの年、同校でも野球好きの生徒が集まって声をかけ、予科の生徒も含めて湊川公園で初練習をした。翌年には正式に創部し、六年からは夏の兵庫県大会にも参加したが、強豪ぞろいの兵庫県では勝ち抜くことができず、大正時代末期には部員不足で予選に参加できないこともしばしばあった。そうした状況下で同校にスカウトされたのが佐藤平七である。

大正六年北海道函館市に生まれた佐藤は、函館の弥生尋常高小（現・弥生小）でアンダーハンドの投手として活躍していた。これをみた育英商業のOBが柏木庄次監督に連絡、監督が函館に出向いて家族を説得し、監督の自宅に預かって同校に野球留学させた（『闘魂　育英商業・育英高等学校硬式野球部八五年史』一九九九）。

当時すでに、名門中学などでは近県から選手を勧誘することが行われていたが、それらはすでに名門となった中学校への進学であった。こうした、無名の学校が甲子園出場を目的として、遠方から選手をスカウトする、という例はほとんどなかった。

育英商業に進学した佐藤は期待に応えてエースとなり、昭和一〇年選抜で育英商業は甲子園初出場を果たした。この時は初戦で中京商業に敗退したが、同年夏にも連続出場すると米子中学、甲府中学、大分商業、早稲田実業を降して決勝に進出。決勝では松山商業に敗れたものの、みごと初出場で準優勝を果たした。佐藤投手は全試合に完投、甲府中学は五安打、大分商業は四安打に抑えるなど活躍している。

私立中学の台頭

明治時代の中学野球は、東京では大学の附属校が中心だったものの、地方では一中や二中といわれる公立のエリート中学校がリードしていた。しかし、大正末から昭和初期にかけては、それらに代わって各地で私立中学校の台頭が始まってきた。

名古屋では、大正一二年に名門中京商業（中京大中京高校）が創立された。戦前・戦後を通じて全国的な名門校として君臨、甲子園でも圧倒的な成績を残している同校だが、選手権大会草創期にはまだ創立さえされていな

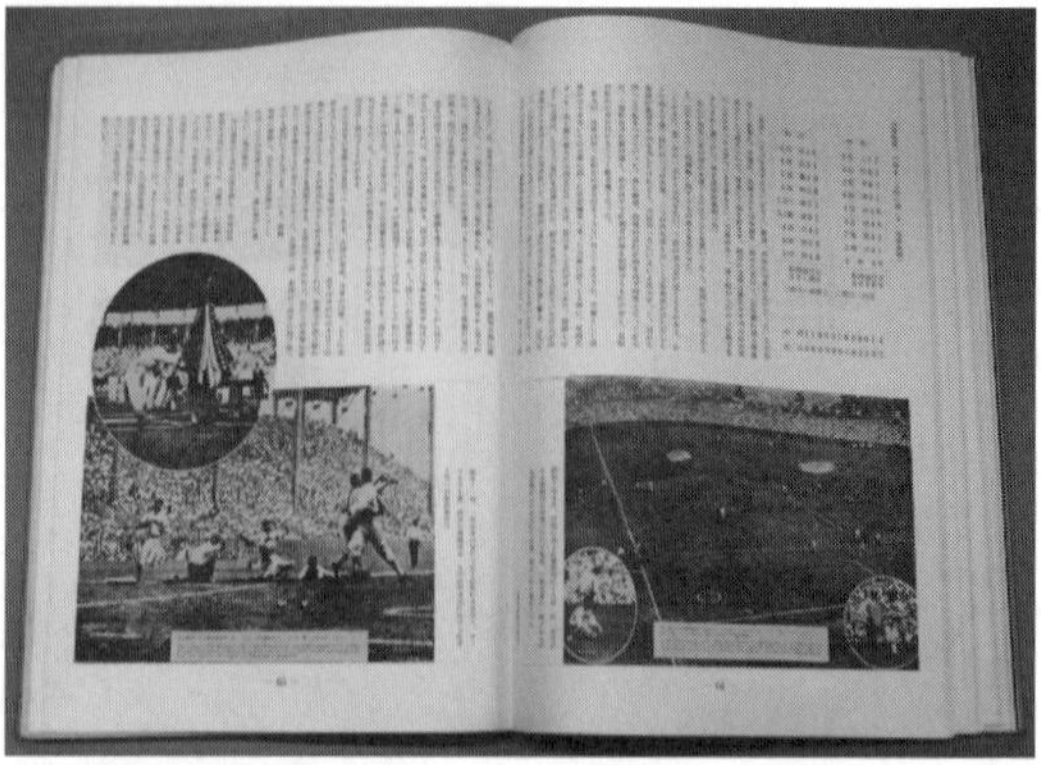
『中京高等学校野球部45年史』

かった。野球部は創立と同時に創部されたが、初年度は運動場や鶴舞公園で練習する程度だったという。翌一三年に初めて愛知県大会に参加し、初戦で東海中学にコールド負けした。しかし、初代校長梅村清光の肝いりで野球場をつくり、さらに東海各地から選手をスカウト、昭和四年には国学院大学を卒業した山岡嘉次《よしつぐ》監督を迎えて強くなった（『中京高等学校野球部四十五年史』一九六八）。

山岡監督は「三年目に全国制覇」を合言葉に選手を鍛え、三年目の昭和六年春に吉田正男（明大—藤倉）と桜井寅二（慶大）のバッテリーに、ショート杉浦清（明大—中日—国鉄）、センター村上重夫（明大—太陽レーヨン—ライオン）というメンバーで甲子園に初出場。吉田投手が三試合連続完封、被安打は三試合でわずかに五本という好投で決勝に進出。決勝では広島商業に完封敗けしたものの、初出場で準優勝した。大会後は朝鮮からの招待を受け、途中広島や小倉で試合を行いながら朝鮮にわたり、釜山・京城で各校と対戦した。

続いて夏に連続出場すると、こんどは打棒が振るって早稲田実業、秋田中学、広陵中学、松山商業と降し、決勝戦では台湾の嘉義農林を4—0で降して、公約通り三年目での全国制覇を達成した。さして、以後七年夏、八年夏と空前の三連覇を達成。この初出場からの三年間、同校は春夏六回の大会にすべて出場し、優勝三回、準優勝一回、ベスト四が一回というすばらしい成績を残している。以後、中京商業は全国を代表する強豪校となり、その地位を保ち続けている。山岡監督はその後同校を去り、神戸一中監督を経て、戦後は出身地の神奈川県に戻り、公立の横須賀高校、緑ヶ丘高校などの監督を歴任、四一〜四三年には神奈川県高野連会長をつとめた。また、三連覇のエース吉田は甲子園で春夏通算二三勝をあげている。学制の変更のため今では最多でも甲子園には五回しか出場できないことから、おそらくこの記録は破られることはないだろう。卒業後は明治大学に進学し、東京六大学でも五回優勝。さらに藤倉電線に入社すると、一四年の都市対抗でも優勝した。

中京商業のライバル東邦商業（東邦高校）も創立は同じ大正一二年だが、創部はやや遅れて昭和五年。創立と同時に創部した中京商業が活躍し、その影響で同校の志願者も激増していたことが大きな理由だった。前年には軟式野球部が創部されており、その硬式転換という形での創部だった（『東邦商業学校東邦高等学校野球部史』一九九四）。初年度から夏の愛知県大会に参加、七年には中京商業から転任してきた小池栄一郎を監督に迎えて強くなり、創部五年目の九年春の選抜で甲子園に初出場を果たすと、いきなり優勝している。

享栄商業（享栄高校）の創部は昭和三年一一月。愛知一中・早大で選手として活躍し、当時は万松寺の住職だった伊藤寛一を監督に迎えた。翌年には大阪に遠征して明星商業や浪華商業といった強豪と対戦して力をつけ、五年から夏の愛知県大会に参加した。そして、八年一月の県下五中学校野球リーグ戦で優勝すると、同年選抜に初めて選ばれた（『享栄高等学校硬式野球部史』二〇〇三）。甲子園では初戦で松本商業、二回戦では高松商業を降してベスト八に進出、準々決勝では同県の中京商業に1—3で惜敗したが、翌年選抜では準決勝に進むなど、強豪校の仲間入りを果たしている。

もともと全国的な強豪地区であった愛知県では、県大会を勝ち抜くことができれば、初出場校でも即全国大会で活躍することができた。こうした私立学校では、野球部の活躍によって生徒を集めることができるため、やがて激しい選手のスカウトも行われた。その結果、愛知県では私立校が圧倒的な強さをみせるようになった。

大阪では大正一三年に浪華商業（大体大浪商高校）が創部した。翌年に初参加した夏の大阪大会は初戦で堺中学に大敗したが、三年目の一五年夏には大阪府大会決勝で高津中学を九回裏の逆転サヨナラ勝ちで降して甲子園に初出場した。本大会では小野三千麿が監督をつとめている。その後、昭和五年夏に二度目の出場を果たすと、以後は甲子園の常連校となった。

大正二年には関西甲種商業学校（関西大一高）が創部して、昭和四年選抜でベスト八。この他、大阪福島商業（履正社高校）が大正一一年、北陽商業（関西大北陽高校）が大正一五年、興国商業（興国高校）が昭和四年に創部したが、大阪では公立中学が相変わらず強く、浪華商業以外は苦戦した。

三大都市だけではなく、地方都市でも私立中学が台頭してきた。

仙台では大正一一年から夏の大会に参加していた東北中学（東北高校）が、昭和五年夏にエースで四番の小林孝吉と村田信一（横浜専門学校―金鯱）のバッテリーを擁して東北大会決勝で福岡中学を降し、甲子園初出場を果たした。初戦では水戸中学と対戦、1―2で迎えた八回裏に二点をあげて逆転勝ちして初勝利もあげている。この年には育英中学（仙台育英高校）でも創部されたが、戦前は甲子園に出場することはできなかった。

松本では大正二年に創部した松本商業（松商学園高校）が、九年夏に全国大会初出場を果たすと、一一年夏から昭和三年夏の七年間に春夏合わせて七回出場、優勝一回、準優勝二回という好成績を収めた。

広島では草創期に活躍していた仏教中学で活動が中断していたものの、明治四四年に創部した広陵中学に続いて、大正時代に松本商業実務学校（瀬戸内高校）、昭和初期には大正中学（呉港高校）も予選に参加した。大正中学は昭和九年に呉港中学と改称、藤村富美男（阪神）らを擁して、昭和戦前期に春夏合わせて一〇回甲子園に出場している。

熊本では明治四四年に創部した九州学院中学（九州学院高校）が、大正九年から夏の九州大会に参加。ルーテル教会を母体にした同校では「安息日にはスポーツの試合をしない」という決まりがあり、雨などの影響で試合日が日曜日になると棄権したという。

昭和時代と和歌山中学の活躍

大正一五年一二月二五日、大正天皇が崩御した。ただちに元号は昭和と改められたため、昭和元年は七日間しかなく、翌年は昭和二年となる。大正天皇の喪に服する期間が四月三日までとされたことから、この年の選抜大会は四月二九日に開幕し、出場校も前年の半分の八校となった。

この年に活躍したのが和歌山中学である。和歌山中学は小川正太郎（毎日）がエースで四番を打ち、三番センド土井寿蔵《としぞう》（慶大—藤倉電線）、五番捕手島本義文（横浜高工—阪急）という強力打線で選抜に出場、初戦で関西学院中学と対戦した。小川投手は関西学院中学を九回一死までノーヒットノーランに抑え、結局一安打で完封勝ち。準決勝の松山商戦は、立ち上がりに押し出し四球で一点を失ったが、終わってみれば一安打しか打たれておらず、4—1で完勝した。決勝でも猛打の広陵中から一〇個の三振を奪い、8—3で降して優勝している。

この年の大会の優勝校はアメリカに遠征できるという特典があり、優勝した和歌山中学は校長を団長としてアメリカ遠征団を編成したのだが、今のように飛行機を使って簡単に渡米するということはできない。一行が横浜を出発したのは七月に入ってからで、船で最初の目的地であるバンクーバーについたのは二週間後のことであった。ここから日系人の多い西海岸を二ヶ月間かけてまわり、日本に帰国したのは九月になっていた。

もちろん、この間に夏の予選は始まっている。しかし、主力選手は全員遠征に参加して日本にはいない。そこで、和歌山中学では遠征に参加しなかった二軍のメンバーで紀和予選に出場したのである。

紀和地区では和歌山中学の力が図抜けており、第一回大会以来ずっと和歌山中学が連続出場を続けていた。しかし、この時ばかりはライバルの海草中学（向陽高校）以下、各チームが甲子園への出場を狙っていた。ところが和歌山中学二軍チームは、対戦した和歌山工業、粉河中学（粉河高校）、田辺中学（田辺高校）にすべて一〇点以上の大差をつけて圧勝してしまったのである。しかも、本命とされていた海草中学が和歌山商業に敗れてしまい、決勝では和歌山中学が和歌山商業を1―0で降して、とうとう二軍のメンバーで甲子園に出場してしまった。このニュースはサンフランシスコでも流され、遠征中の一軍メンバーもさすがに驚いたそうである。しかし二軍のチームは甲子園では通用せず、初戦で鹿児島商業に0―8と完敗した。

この夏の大会では高松商業が優勝したものの、和歌山中学一軍が参加していなかったことから、本当の日本一を決めるべきだ、という声が出て、一一月六日に京阪電車主催で寝屋川球場において両校が対戦した。この試合では一回表、高松商業の先頭打者堀定一が初球を三塁線にセーフティバント。今では珍しくないが、当時としては画期的な戦法で、和歌山中学側が混乱しているうちに三点を先行した。結局、高松商業が7―4で勝ち、名実ともに日本一の座についた。

満塁策の登場

高校野球の発達にともなって、単純に投げて打つだけではなく、色々な作戦が登場するようになってきた。あと一点取られたら終わりという場面で長打を打たれた場合、故意に四球を出して塁を埋めることがある。ホーム上でのプレーをフォースプレーにしてアウトを取りやすくする方法で、今では満塁策としてお馴染みだが、この作戦が初めて登場したのが昭和二年の夏の大会だった。

この大会に岩手県から初出場した福岡中学（福岡高校）は、準々決勝では好投手水原茂のいた高松商業と対戦、0―0のまま最終回を迎えた。九回裏、先頭打者の水原に二塁打を浴びると、次打者には送りバントを決められ、一死三塁とサヨナラ負けのピンチに陥った。すると、捕手の村田栄三は明治大学の天知俊一（のち中日監督）に教わった秘策を一年下の戸来《へらい》誠投手に指示した。これが、「サヨナラ負けなら二点入っても同じだから、満塁であるほうが守りやすい」という満塁策である。

戸来投手は二人を故意に四球で歩かせて満塁にすると、みずからピンチを広げるような行為に満塁策を知らない球場はどよめいた。一死満塁となると、打者に対して初球はストライク。続く二球目で村田はウエストボールを要求、これが見事にあたって三塁ランナーの水原を刺し、さらに打者を三振に打ちとってピンチを切り抜けた。これが、日本で最初にとられた敬遠満塁策であるといわれている。試合後、朝日新聞記者・飛田穂洲は絶賛したが、福岡中学は延長戦の末に敗れている。

村田は翌三年夏にも出場、日本大学を卒業したあとは、仙台鉄道管理局、盛岡鉄道管理局で四一歳まで捕手として活躍、戦前・戦後を通じて都市対抗に一二回出場するなど、社会人を代表する捕手として活躍した。この間、戦前に仙台一中、戦後は母校・福岡中学の他、青森高校、盛岡三高などに監督として招聘されると、そのわずかな在任期間中に、すべての学校を甲子園に導くなど、頭脳派の名監督として知られている。

実業学校の台頭

昭和戦前期には、もう一つ大きな特徴がある。それが、公立私立をとわず、実業系の学校の躍進である。

大正時代に行われた全国大会では、旧制中学校が春夏合わせて一〇回優勝しているのに対し、実業系の学校は高松商業が二回、広島商業と松山商業が各一回ずつの合わせて四回のみ。しかも大正一三～一五年にかけての大正時代後半に集中している。これに対し、昭和戦前期では、商業学校が春夏合わせて計二三回優勝している一方、中学校の優勝はわずかに六回と完全にその勢力が逆転している。

勉学が本分で、高等学校に優秀な人材を送り込むことが主眼の中学校が、野球に力を入れて選手のスカウトなども積極的に行うようになってきた商業学校に太刀打ちできなくなったのが理由だが、実はもう一つ制度上の問題もあった。

当時の中学校は五年制で、小学校を卒業した一三～一七歳前後の生徒が中心だった。しかも、成績優秀者は入学試験に合格すれば四年終了で高等学校に進むことができるため、最終学年の五年生の数は少なかった。

それに対し、上級学校への進学よりも実学を学ぶ実業学校では、小学校卒業後に二年制の高等小学校を経由して進学する生徒も多く、なかには二〇歳近い生徒も多数いた。たとえば、川上哲治は小学校卒業後一年遅れて熊本工業に進学、そこでバッテリーを組んだ吉原正喜は高等小学校に二年在籍していたため、川上よりもさらに一歳年上だった。これは熊本工業に限ったことではなく、中学校の生徒と比べて実業学校の生徒は平均年齢が高かったのだ。一〇代では一年違うと体格も実力も大きく違う。実業学校は中学校と比べて野球の始まりが遅かったが、やがてこうした年齢差などもあって、しだいに中学校を圧倒していくようになった。こうして各地に名門といわれる実業学校が誕生した。

松山商業の創部は創立と同時の明治三五年だが、強くなったのは大正五年に近藤兵太郎監督が就任してからで、七年から夏の四国予選に参加した。この時はすでに松山中学や今治中学などの中学校が強豪だったが、八年夏には早くもエース松原寅蔵で甲子園に初出場、初戦で竜ヶ崎中学を降して初勝利もあげている。以後、戦前だけで春夏合わせて二二回甲子園に出場、昭和五年春から八年春にかけては春夏七季連続出場して、七年には春優勝・夏準優勝するなど、全盛期を迎えている。

広島商業も明治三二年の創立と同時に創部したが、当時は広島中学の全盛時代で遠く及ばなかった。大正四年の第一回大会でも山陽大会決勝で広島中学に敗れて全国大会出場を逃している。しかし、翌五年の第二回大会で全国大会出場を果たすと、昭和四年・五年と夏の大会を二連覇するなど、大正末から昭和一〇年頃まで活躍した。

明治三七年に創立された岐阜商業は、校庭が狭いこともあってクラブ活動は盛んでなかったが、大正一四年に校舎が移転して広い校庭ができたことから、野球部が創部した。岐阜県でも当時は岐阜中学の天下で、昭和二年になって初めて岐阜中学を降すことができた。夏の岐阜県予選に参加したのもこの年のことで、以後岐阜中学と岐阜商業が県内の二強となった（『岐商野球部五十五年史』一九八一）。岐阜商業は七年の選抜でついに甲子園初出場。この時は初戦で松山商業に敗れたものの、翌年春に連続出場を果たすと、大会期間のみ森秀雄特別監督を招聘、広江嘉吉と松井栄造の二投手を擁していきなり優勝した。その後も、一〇年春と一一年夏、一五年春の三回優勝している。当時夏の大会では岐阜県は愛知県と同じ東海地区だったため、選手権大会には中京商業や東邦商業といった愛知県勢に阻まれてなかなか出場できなかった。しかし、地域の枠にとらわれない選抜大会には毎年のように出場して好成績をあげた。

明治三八年に創部した水戸商業が甲子園に初めて出場したのも昭和二年夏だった。八年夏にも出場したのち、一五年夏には投手に砂押《すなおし》邦信（立教大―小口工作―立教大学監督―日鉱日立監督―国鉄監督）、一塁手に石井藤吉郎（早大―大昭和製紙―水戸商監督―早大監督）という、のちのアマ球界の重鎮を擁して県大会を制したが、北関東大会では初戦の高崎商戦が延長一六回0―0のまま雷雨で引き分けとなり、翌日の再試合で再び延長となり、一一回の末1―3で敗れて甲子園出場を逃した。翌一六年は石井がエースとなって県大会を制したが、今度は全国大会が中止されている。

群馬県からは昭和七年夏に高崎商業が初出場、以後、一二年、一三年、一五年と夏の大会に四回出場、一三年夏にはベスト四まで進んだ。

九州でも各県で商業学校や工業学校が台頭した。

熊本工業は大正一二年に創部、一四年から南九州大会に参加していたが、強くなったのは昭和六年に南九州大会決勝で大分商業に敗れた頃からで、翌七年夏に甲子園に初出場を果たした。この年の準々決勝石川師範戦では、岡本敏男（門司鉄道管理局―名古屋）がノーヒットノーランを達成、一二年夏には川上哲治と吉原正喜（ともに巨人）のバッテリーで準優勝するなど強豪校となった。

小倉工業は大正九年に創部。昭和二年に夏の予選に参加すると、五年夏には早くも甲子園出場を果たした。以後、戦前だけで春夏合わせて一二回も甲子園に出場するなど、常連校となっている。

大分県では昭和六年夏に大分商業が同県勢として初めて甲子園に出場した。大正一〇年に創部した同校は一三年から夏の予選に参加し、昭和六年に初出場。一三年夏には浦野隆夫がノーヒットノーランを達成するなど、春夏合わせて七回出場している。佐賀県から甲子園に初出場を果たしたのも、昭和一〇年夏の佐賀商業だった。

北陸では福井県の敦賀商業（敦賀高校）が台頭した。敦賀商業補習学校が明治三九年乙種の敦賀商業学校となり、この頃から野球が行われるようになっていた。夏の北陸大会に初参加したのは大正七年で、一二年に外海省三監督が就任して強くなった。一四年夏に甲子園に初出場を果たすと、以後北陸大会を八連覇、戦前だけで一一回甲子園に出場している。福井商業も昭和一一年夏に初出場を果たしている。

札幌では、大正九年に北海中学の校舎の一部を利用して札幌商業（北海学園札幌高校）が創立、一一年に野球部が創部されると昭和六年夏には北海中学の牙城を崩して甲子園に初出場した。さらに九年夏にも出場している。その後も、一二年夏に函館商業、一五年夏には旭川商業と、商業学校の出場が続いた。

甲子園大会をみても、三連覇を達成した中京商業を筆頭に、東邦商業、広島商業、岐阜商業、松山商業、愛知商業、島田商業などが毎年上位に顔を連ねている。

東京における二連盟の分立と統合

昭和四年、東京都の中等学校野球に二つのリーグが並立するという異常事態が発生している。大正一二年に京浜大会から東京が分離して単独で代表を送り出すようになって以来、東京大会は東京中等学校野球連盟が予選を主催していたが、この連盟は新しい参加校を一切認めず、加盟校以外とは練習試合も禁止するという極端な閉鎖主義をとっていた。しかし、この頃から各校で野球部の創部が相次いでおり、予選に参加することのできない学校から不満がくすぶっていた。そこで、昭和四年攻玉社中学の織田文英野球部長や赤坂中学（日大三高）の富田伊三郎主事らが中心となって、新たに東都中等学校野球連盟を設立した。さらに、東京連盟に加わっていた早実も秋田県遠征を理由に予選参加を停止されると東都連盟に参加した。一方、東京連盟は新たに成城中学を参加させるなど、両連盟で激しい綱引きが行われた。

完成したアルプススタンド　第１５回全国中等学校優勝野球大会
（昭和４年〔1929〕８月１日。写真提供：朝日新聞社）

この年は東都連盟参加校が四校しかなかったこともあり、東京連盟で優勝した慶応商工が初出場したが、翌五年には東京連盟と東都連盟の優勝校が東京代表をめぐって決定戦を行うことになった。従来の東京連盟の参加校は、青山学院、慶応普通部、慶応商工、麻布中学、立教中学、大成中学（大成高校）、成城中学、目白中学（中大附属高校）、早稲田中学、豊島師範の一〇校、東都連盟の参加校は日大二中、赤坂中学、攻玉社中学、暁星中学、早稲田実業、保善商業（保善高校）の六校で、ともにリーグ戦の結果、東京連盟は慶応普通部、東都連盟は早稲田実業が優勝した。そして、両校が東京代表決定戦を行い、慶応普通部が２—０で早稲田実業を降して甲子園に出場している。

翌昭和六年に両連盟は合併することになり、新たに東京府中等学校野球連盟が結成された。参加校も一挙に三三校となり、トーナメント形式で代表の座を争うようになった。

アルプススタンドの増設

甲子園球場ができて五年目の昭和四年には、早くもスタンドが手狭になり増設されることになった。内野スタンドの両翼に接した外野スタンドの一部を、屋根をつけないまま内野と同じ高さまで増設した。これによって新たに八〇〇〇人を収容することができた。このスタンドはやがてアルプススタンドと呼ばれ、試合をする両校の応援団の陣どる場所として現在まで続いている。このアルプススタンドという名称の由来について諸説ある。

『全国高等学校野球選手権大会五〇年史』では、登山家でもある朝日新聞の藤木九三記者がネット裏からこのスタンドをみてアルプススタンドと名づけたとある。「遥かな青空を背景に、白いコンクリートのスタンドが高々とそびえるながめに、アルプス連峰を連想して浮かんだ」という。

しかし、一般的には名づけ親は漫画家岡本一平といわれている。岡本一平が甲子園球場を取材した漫画を描いた際に、この増設したスタンドを「入りきらぬ入場者のため今年はスタンドの両翼を増設した、両方で八千人余計入る、そのスタンドはまた素敵に高く見える、アルプススタンドだ、上の方には万年雪がありそうだ。」と書いたのが最初といわれることが多い。これにはさらに異説があり、実は取材に同行していた長男の岡本太郎がアルプスのようだ、といったのを、父一平が拝借したともいわれる。

背番号の採用

昭和六年の選抜大会では、日本で初めて背番号が採用された。投手を一番、捕手を二番とし、野手は一塁手から順に三から九をつけ、控え選手はポジションと関係なく、一〇、一一、一二をつけるというもので、これは現在の背番号制とまったく同じである。

グランドの選手が観客からもよくわかるように、という趣旨で取り入れられ、観客からも好評だったようだが、なぜか数年で使われなくなり、本格的に採用されたのは戦後の二七年夏の大会だった。翌二八年からは選抜大会でも復活した。なお、東京六大学で背番号が採用されたのは、さらに遅く三四年春のリーグ戦からである。

また、この大会では大会歌も誕生した。作詞は長谷川海太郎、作曲は陸軍戸山学校軍楽隊。長谷川海太郎は当時の新進作家で、丹下左膳を書いた筆名林不忘の名で著名になった。

野球統制訓令

昭和七年四月一日、文部省が野球統制訓令を施行した。この頃になると、春夏の甲子園の成功もあって、各地で新聞社や鉄道会社などの主催でいろいろな大会が開催されるようになっていた。そのため、人気校では毎週のように各地の試合に出場するという状態だった。また、小学校の大会も盛んで、年一回の全国大会の他にもいろいろな地方大会などがあり、やはり選手はしばしば遠征に出かけていた。

こうした状況を受けて文部省が出したのが野球統制訓令で、平日試合の禁止、入場料を取る場合は各府県の体育団体を経て収受する、原級にとどまった選手は出場資格がない、転入生は一年間出場できない、といった内容だった。この結果、小学校の大会は衰退したが、選抜大会第三日目から適用された中等学校野球では別に運営に支障はなく、「むしろ文部省発の公認大会」（『選抜高等学校野球大会六〇年史』）として脚光を浴びたという。

天才沢村栄治の登場

この時期、甲子園に伝説の名投手が出場した。日本野球史上最高の投手といわれる京都商業（京都学園高校）の沢村栄治である。

沢村栄治は大正六年二月一日三重県宇治山田市岩淵（現・伊勢市）に青果商「小田屋」の長男として生まれた。幼時は病弱だったが、明倫小に入学すると父が野球を教え、高等科の時に山口千万石《せんまんごく》とバッテリーを組んで全国少年野球大会で優勝。そして昭和五年に京都商業に進学した。
京都商業は大正一四年に創立した学校で、野球部の創部は昭和五年。沢村は同校野球部の一期生としての入学だった。『京商野球部史』（一九八八）をみると、一年目は内野手として出場しており、二年生から投手として活躍している。三年生からはエースとなって幼馴染みの山口とバッテリーを組み、四年生となった八年にはエースで四番も打って、選抜大会で京都商業を甲子園に初出場させた。この大会では沢村の好投でベスト八に進出、大会後優秀選手の一人として表彰された。五年生となった九年には春夏連続して出場した。とくに夏の大会では、京津大会一回戦で膳所中学を二安打完封、準決勝の京都一中を二安打一失点、決勝の平安中学を一安打完封で降して甲子園に出場を決めた。

第 11 回全国選抜中学校大会出場の京都商・沢村栄治投手
（昭和 9 年〔1934〕4 月。写真提供：毎日新聞社）

甲子園では京都商業のベンチには慶応大学の腰本寿監督が入って采配を振るい、「今の早稲田の一軍でも六回位まではバットに当てるのが精一杯だろう」（『鳥取西高等学校野球部史』）という沢村を擁した京都商業は優勝候補の筆頭ともいわれていた。しかし、鳥取一中ではバッテリー間を一メートル縮めて豪速球を打つ練習をし、沢村から四安打。しかもその四本を一回と三回に集中させて三点を奪った。それに対し、京都商業打線は二安打しかできず（うち一本は沢村）、京都商業は1—3で初戦敗退した。結局、豪速球と大きく曲がるカーブを武器に甲子園に三回出場したものの、チームに打力が乏しく、あまりいい成績は残せなかった。鳥取一中側では、京都商業の敗因を慢心としている。

甲子園では実績を残せなかった沢村は、京都商業を中退して全日本入りすると、以後華々しい活躍をみせた。戦争に行かなければ空前絶後の大記録を樹立していたことは間違いないとされ、日本野球史上最高の投手といわれる。三四年には第一回野球殿堂入りした。平成一五年一一月、左足を高くあげた投球フォームを再現した銅像が母校・京都学園高校に建立されている。

「世紀の剛球投手」楠本保

この沢村と同世代で、甲子園で大投手として活躍したのが、明石中学（明石高校）の楠本保投手であった。楠本投手は魚住第二小学校時代から好投手と知られ、卒業後二年間の高等小学校を経て、明石中学に進学した。そのため小学校からストレートに中学に進学した選手よりは二歳年齢が高かった。明石中学では一年生からエースとなり、二年生となった昭和五年選抜で甲子園初出場を果たすと、以後、楠本投手を擁した明石中学は八年までの四年間に六回甲子園に出場するという黄金時代を築いた。

しかし、さすがの楠本投手も下級生だった昭和五年と六年の選抜ではあまり活躍できなかった。楠本選手がその真価を発揮したのは、四年生になった昭和七年からである。この年の選抜では初戦の広陵中学を三安打完封、史上初の全員奪三振を記録すると、準々決勝の京都師範も一安打完封するなど、五試合に登板して三九イニングで四九の三振を奪い、決勝で松山商業に敗れたものの準優勝を果たした。

続いて夏も出場し、三試合を連続完封して今度は準決勝で松山商業と対戦した。この試合では松山商業から一七個の三振を奪いながらエラーがらみで三点を失い、再び敗れてしまった。楠本はこの時の活躍で、「世紀の剛球投手」といわれるようになった。あまりの豪速球に楠本選手の球を受けていた福島捕手の左手ははれあがり、指は変形してしまったという。

翌八年の選抜では、初戦で平安中学を三安打一八奪三振と完璧に抑えると、二回戦の浪華商業戦では中田武雄（慶大）投手との継投で勝ち、準々決勝では京都商業の沢村栄治と投げ合って2—1で勝利。さらに、準決勝の中京商業も三安打で完封し、自身二度目の決勝に進んだ。決勝では岐阜商業と対戦し、三安打に抑えたが、再び敗れて準優勝となっている。

最後となった八年夏は初戦で慶応商工を一六奪三振で完封、二回戦の水戸商業戦ではノーヒットノーランを達成。準々決勝では中田投手との継投で横浜商業を降し、準決勝の中京商業戦では不調のためライトとして出場したところ、延長二五回という壮絶な試合展開となり、登板しないまま敗退した。

その後、慶応義塾大学に進学してキャプテンをつとめ、卒業後は大正興業に入社した。そして、昭和一七年応召し、翌一八年中国で戦死している。

延長二五回の激闘

昭和八年夏の準決勝、中京商業と明石中学との対戦は延長二五回という激しい戦いとなった。

中京商業は六年夏、七年夏と連続優勝しており、この年は三連覇がかかっていた。一方の明石中学も「世紀の投手」といわれた楠本保投手を擁しながら、七年選抜、八年選抜と準優勝に終わり、楠本投手最後の大会でなん

中京商対明石中延長25回のスコアボード
（昭和8年〔1933〕8月19日。写真提供：毎日新聞社）

とか初優勝を飾りたいところであった。

　この試合、中京商業はエースの吉田正男（明大—藤倉）投手が先発したが、明石中学はセンターの中田が先発し、楠本選手はライトで三番に入っていた。楠本は体調が悪く、準々決勝でも七回から中田が登板して好投していたため、明石中学としては予定の先発だったが、対楠本を想定して練習していた中京商業の選手は驚いたという。

　先発した中田と中京商業の吉田両投手は好調で、試合は息詰まる投手戦となった。とくに中田は絶好調で八回までノーヒットに抑えていた。九回裏、中京商業は初安打にエラーが重なって無死一二塁としてサヨナラのチャンスを得ると、明石中学は満塁策をとり、ピッチャーライナーのダブルプレーにしとめて延長戦に突入した。

　延長に入っても両投手ともに崩れず、両チームともにまったく打つことができない。一六回が終わったところでスコアボードが足りなくなり、板をつぎ足してスコアを記入していった。そして、大正一五年夏につくられた延長一九回という記録も破り、史上最長の延長戦となったのである。中京商業は、二一回裏に二死三塁、二三回裏には二死満塁としたが打者が三振に倒れ、二四回表には明石中学が連続四球で出塁したものの牽制でアウトになるなど、どうしても得点を入れることができず、ついに二五回を迎えた。

コラム3―1　地方大会での壮絶な試合

甲子園で中京商業―明石中学の延長二五回の死闘があった二年後、地方大会でも壮絶な試合があった。昭和一〇年の島根県予選、松江中学（松江北高校）と大田中学（大田高校）の試合である。一回表に大田中学が一点を先制すると、松江中学は五回裏に一点を返して同点に追いつき、以後、大田中学・有田投手、松江中学・売豆紀《めずき》投手の投手戦となった。

試合は大田中学が押し気味で、は一八回表には二死満塁で四番打者という好機を迎えたが、売豆紀投手にナックルボールを投げられて内野フライに打ちとられた。二二回にも二死二塁から右中間への飛球を好捕されて、無得点に終わっている。結局、二三回を終わった六時一五分、1―1のまま日没のため引き分けとなった。試合は一時三七分に始まっていたので、四時間四八分の末の引き分けであった。松江中学の岡虎次郎校長が見るに見かねて試合の中止を申し入れたそうである。

再試合は翌日の午後一時に開始された。大田中学は有田投手の連投は無理と判断して清水投手が先発したが、松江中学は売豆紀投手が連投した。この試合も両投手の好投が続き、0―0のまま二日続けての延長戦となってしまった。一二回表に大田中学が二死一塁から渋谷の三塁打で一点をあげると、その裏の松江中学も二死一塁で四番を打つ売豆紀を打席に送った。売豆紀は痛烈なレフトライナーを放ったが、太田中学の服部が背走さながら倒れこんで捕球、二日がかり三五イニング続いた試合に決着がついた。

この試合に対して、朝日新聞社は両校の健闘をたたえて地方大会としては異例の「朝日牌」を送っている。

二五回の表明石中学は簡単に三者凡退で倒れた。その裏、中京商業は先頭打者四球のあと、送りバントが内野安打となり、さらに鬼頭選手のバントもフィルダースチョイスとなって無死満塁となった。ここで中京商業は一番の大野木浜市がバッターボックスに入った。中田投手は簡単に二ストライク一ボールと追い込んだあと四球目を外角低めにカーブを投げた。追い込まれていた大野木がこの球を打つと打球はボテボテのゴロとなり一二塁間に転がった。二塁手はすかさず捕球したが、打球に勢いがなく、取った時にはすでに三塁ランナーはかなりホームに近いところまで走っていた。それをみてあわててバックホームしたため球が高めにそれ、三塁ランナーがホームイン、中京商業がサヨナラ勝ちした。

こうして五時間に及ぶ壮絶な死闘は終わりをつげた。打者は一〇回バッターボックスに入り、吉田投手の投球数は三三六球に及んでいる。実は大会本部は二五回以降新しい回には入らないことを決め、両軍ベンチに伝えていたという（神戸新聞社編、『明石中―中京商　延長二五回』二〇〇三）。だとすると、もはや勝ちのない最終回裏に崩れるというのは、のちの箕島高校と星稜高校の死闘と同じだったことになる。

この試合を完投した中京商業の吉田投手は、翌日の決勝戦でも先発すると平安中学を二安打で完封し、史上唯一の三連覇を達成した。帰郷したあと、中京商業は連投した吉田投手の体調を心配して名古屋医科大学の名倉博士に指導を仰いでいる（『中京高校野球部四十五年史』）。

実は当時、三連覇を達成すると記念として大優勝旗が受領できる、という噂が巷に流れていた。そこで、朝日新聞社は三連覇を記念して優勝旗と実物大のレプリカを作成し、後日中京商業に渡した。このレプリカは長く校長室に保管されていたが、昭和二〇年三月の大空襲で焼けてしまった。

ホームランが原因で負ける

昭和九年選抜の決勝、浪華商業―東邦商業の試合は予想外の幕切れとなった。

浪華商業のエース納家《なや》米吉（法政大―南海）は準決勝の享栄商業戦で延長一五回0―0の日没引き分け再試合を完投し、翌日の再試合も完投勝利。そして決勝の東邦商業戦も先発すると、再び0―0で延長戦となった。そして迎えた一〇回表、二死無走者から納家の当たりはライトへの大飛球、右翼手が転倒する間に納家は三塁を蹴ってホームイン、ランニングホームランで一点を奪った。九回まで東邦商業をわずか一安打に抑えていた投球内容から、これで浪華商業の優勝は決まり、と思ったが、そのあと予想外の事態になった。

納家の次打者は初球を簡単に打ってアウトとなり、納家はホームインして水を飲んだらもう攻守交替になっていたという。あわててグラブを持ってマウンドに向かったものの、息が弾んだまま。当時は次打者が待球するとか、守備につく際にゆっくり入るといった工夫はされなかった。

呼吸が整わないまま投球した納家は、先頭打者の岡田福吉（早大）を四球で歩かせた。続く片岡の一二塁間の当たりは一塁手のグラブをはじいて内野安打、二塁手が追いついたものの無人の一塁に投げて無死二三塁。ここで四番村上一治（法政大―南海）に右中間に運ばれて、二塁走者の片岡がホームイン。東邦商業が2―1と逆転サヨナラで優勝した。

東邦商業はこの時が甲子園初優勝、これを機に同校は全国屈指の強豪となり、以後戦前八年間の選抜で優勝三回、準優勝一回を記録した。

またこの頃からは選抜大会では愛知・岐阜両県勢の活躍が目立った。夏の大会では東海地区（愛知・岐阜・三重）から一校しか出場できなかったが、選抜大会にはつねに三～五校が出場、昭和八～一六年の九年間のうち、実に八大会で両県勢が優勝している。しかも一三年・一四年・一六年の三大会は東海勢同士の決勝戦で、一四年選抜では静岡県の島田商業も加えて東海地方の四校が準決勝進出を独占している。

藤村富美男と川上哲治の登場

九年夏には熊本工業のライトに川上哲治の名がみえる。当時はまだ二年生で、八番か九番を打っていた。この大会では熊本工業は決勝まで進出、決勝で呉港中学と対戦した。この呉港中学のエースが、のちに阪神で活躍した藤村富美男で、戦後プロ球界を二分した巨人・阪神のスターがそろい踏み、早くも中等学校時代に対戦していた。

藤村富美男は大正五年八月一四日広島県呉市の生まれ。高等小学校を経て、昭和六年に大正中学（のち呉港中学と改称）に入学、翌七年に二年生でエースとなって夏の甲子園に初出場し、以来一〇年まで四年連続して甲子園に出場した。九年夏には初戦で長野商業を二安打一七奪三振に抑え、二回戦では桐生中学を完封。準々決勝でも海南中学（海南高校）を四安打に抑えた。準決勝は七回まで一安打に抑えて、八回から柚木進（法政大―南海）に継投したが、九回無死満塁のピンチとなって再度登板した。決勝では熊本工業を降して優勝、この試合、川上を三打席とも三振に打ちとっている。一〇年夏には初戦の飯田商業（飯田ＯＩＤＥ長姫高校）戦で一試合一九奪三振の大会タイ記録をマークしている。

卒業後は、創立したばかりの大阪タイガース（阪神）に入団。エースで六番を打つが、肩を壊して野手に専念。ゴルフクラブにヒントを得たという〝物干し竿〟と呼ばれた三八インチ（九七センチ）の長いバットで阪神の四番打者として活躍した。戦後も、二四年には打率三割三分二厘、四六本塁打、一四二打点という当時としては驚異的な成績で本塁打王と打点王の二冠を獲得し、MVPに選ばれた。〝ミスタータイガース〟と呼ばれ、監督も兼任している。

一方、川上は大正九年三月二三日熊本県球磨郡大村願乗寺（現・人吉市南泉田）の生まれ。小学校時代から活躍し、卒業後一年遅れで熊本工業に進学、高等科経由のため二年遅れの吉原正喜と同級となる。二年生の九年夏が甲子園初出場だった。

四年生の一一年選抜ではエース丸尾千年次《ちとじ》（熊本鉄道管理局―阪急）の控え投手として登板。初戦の桐生中学戦で初回に崩れた丸尾をリリーフしたが、石田元紀（明大）に初球を満塁ホームランされ、以後も一安打三つの四球と大荒れで、一人アウトにしただけで降板した。五年生となった一二年夏にはエースとして出場。初戦で高岡商業を降すと、二回戦は大きくリードしたため途中降板。準々決勝の呉港中学戦は三安打、準決勝の滝川中学戦は一安打に抑えて二度目の決勝に進出。決勝戦では中京商業と対戦、1―3で敗れて再び準優勝となった。

この熊本工業を四安打に抑えて優勝した中京商業のエースが、戦後阪急で外野手として三一試合連続安打の日本記録（当時）を樹立する一方、投げては通算二三七勝という、投打に活躍した野口二郎である。野口は翌一三年選抜ではエースで四番を打って出場。初戦の防府商業を三安打で完封すると、準々決勝では海草中学をノーヒットノーラン。準決勝の海南中学も二安打完封、決勝の東邦商業も二安打で完封と、全試合完封で優勝。四試合でわずか七安打しか許さないという完璧な投球内容で夏春連覇を達成した。野口投手は在学中甲子園に三回出場して一三試合を投げ、ノーヒットノーランを二回達成、一試合で打たれたヒットは四本が最高という驚異的な成績を残している。

三転した代表校

昭和一四年夏には、東京大会の準決勝で敗れた学校が甲子園に出場する、という異例の事態が起きている。そして、その理由は選手の引き抜きであった。大正九年に大学から中学へ逆戻りという事件があったが、今回は中学から高等小学校への逆戻りが発端だった。

この大会では帝京商業が決勝で日大三中を9―6で降して初出場を決めていた。ところが帝京商業に規約違反があるとして失格になったのだ。違反の理由は、高等小学校の選手を登板させたというもので、登板した選手はのちにプロで活躍した杉下茂（いすゞ―明大専門部―中日他）であった。

杉下は一ツ橋高等小学校に通っていたが、一年生の途中で帝京商業に編入した。ところが、高等小学校から大会までは在籍してほしいと頼まれて、高等小学校に戻り、見事に大会で優勝、直後に帝京商業に戻ったという。日大三中側は、杉下は中等学校野球連盟に未登録の選手だとして提訴、結局帝京商業は宿舎まで手配していたにもかかわらず、出場を辞退した。

さらに提訴した日大三中側にも選手資格に触れる選手がいたことがわかり、準決勝で帝京商業に敗れた早稲田実業が甲子園に出場している。

なお、この大会に出場できなかった帝京商業は、その後一度も甲子園に出場していない。

甲子園史上最高の投手・嶋清一

昭和一四年夏、甲子園史上最高の投手が誕生した。この大会、海草中学の嶋清一は甲子園の準決勝・決勝の二試合連続ノーヒットノーランという空前絶後の偉業を達成した。

嶋清一は大正九年一二月一五日和歌山市今福町に生まれた。父親は野口姓だったが、事情があって嶋姓を名乗っていたという。幼い頃から運動能力は並外れており、中学時代、陸上トレーニングなどで一〇〇メートルを一一秒、走り高跳びは一六五センチを記録したという。尋常小学校卒業後、二年間の高等小学校を経て、昭和一〇年に海草中学後援会の丸山直広の勧めで同校に進学した。高等小学校を経由したことで同級の中学生より二歳年上であった。同年夏には甲子園に一塁手として出場。翌年エースが卒業すると、新しく就任した長谷川信義監督によってエースに抜擢された。以後エースとして活躍したが、当初はコントロールが悪く、それほど目立った成績は残していない。四年生となった一三年には春夏連続して甲子園に出場し、嶋自身も注目の投手となっていた。しかし、夏の初戦で平安中学と対戦、八回まで二安打一失点と好投していたが、九回に突如乱れて逆転負けした。

海草中学の嶋清一投手
（写真提供：毎日新聞社）

　主将となった五年生夏の大会では、前年とは見違える大投手に変貌していた。初戦の嘉義中学は三安打一五奪三振で完封。続く京都商業には六個の四球を出したものの二安打で完封。準々決勝の米子中学も三安打で完封、相手打者はバントすらできず、「その左腕から繰り出す魔球に唯茫然として施す術なく」（『鳥取県立米子東高等学校野球部史（一）』）という状態だった。準決勝は一言《ひとこと》多十（専修大―セネタース他―石川島播磨重工業監督）投手を擁する島田商業と対戦したが、四球を一つ出しただけで一七奪三振のノーヒットノーランを達成。翌日の決勝では下関商業と対戦、今度は四球を二個出しただけで二日連続のノーヒットノーランを達成して優勝した。しかも、この試合では二人のランナーを盗塁刺と挟殺プレーで殺しており、残塁〇の二七人で試合を終えている。『下商野球部百年史』（二〇〇三）でも「バットに当てるのが精一杯で大きく落ちるインドロップはかすりもしなかった」とある。

甲子園で五試合を戦って、嶋が許したヒットはわずかに八本のみ。チームメイトの古角俊郎の記録によると、外野に飛んだ飛球はわずかに一二本しかないという。

一方、打者としても四番を打って二一打数一一安打をマークし、三塁打を三本打つなど、まさに投打の中心選手として活躍した。

嶋投手の予選からの全成績

和歌山予選
　一回戦　対和歌山中学　完封
準決勝　対和歌山商業　一失点（ショートのエラー）
決　勝　対海南中学　二安打一失点
紀和大会
決　勝　対天理中学　二安打完封
甲子園
一回戦　対嘉義中学　三安打完封

二回戦　対京都商業　二安打完封
準々決勝　対米子中学　三安打完封
準決勝　対島田商業　ノーヒットノーラン（一七奪三振）
決　勝　対下関商業　ノーヒットノーラン（二七人で終了）

二年生から名門海草中学のエースをまかされた嶋は、しばしば甲子園に出場しながら、自らの制球力不足から好成績をあげることができなかった。その鬱憤を晴らすがごとく、この大会ではすさまじい投球を続けた。決勝戦のノーヒットノーランは五九年後の平成一〇年夏に横浜高校の松坂大輔投手が達成したが、準決勝・決勝での二試合連続ノーヒットノーランや、五試合完投してわずかに被安打八本という記録はおそらく破られることはないであろう。沢村が日本野球史上最高の投手であるならば、嶋は甲子園における伝説の大投手である。

海草中学の二連覇

エース嶋のもとで二年生ながら三塁手で五番を打っていた真田重蔵は、嶋が卒業するとエースとなり、翌一五年も春夏連続して甲子園に出場した。

夏の初戦の平壌一中戦は12―1と大勝したが、準々決勝の京都一商戦は延長戦となり、一二回に相手エラーで辛勝。準決勝で松本商業を3―1で破ったあと、決勝では一言多十がエースの島田商業と対戦、相手エラーからチャンスをつかみ、加納の三塁打で決勝点をあげ、二連覇を達成した。

真田はその後、一六年選抜にも出場。結局五季連続して甲子園に出場し、三塁手として一回、エースとして一回の計二回全国制覇した。卒業後は朝日球団でプロ入り。戦後、大陽時代の二三年にはノーヒットノーランを達成した。二五年には松竹に移り三九勝をあげて最多勝を獲得、セリーグ優勝に貢献した。この三九勝はセリーグ記録である。二七年には阪神に転じて二度目のノーヒットノーランを達成。一方、二五年から三年連続三割をマークするなど打撃もよく、三一年には内野手としてのみ出場している。プロ通算一七八勝一二八敗をあげる一方、打者としても打率二割五分五厘という成績を残している。

泣くな別所、選抜の花

昭和一二年上海事変が勃発、戦局の拡大による軍部の台頭は中学球界にも進出してきた。一三年夏の大会の選手宣誓では「われらは武士道の精神に則り、正々堂々と試合せんことを期す」を全選手が唱和、観客も含めて「愛国行進曲」を合唱するなど、軍靴の響きは甲子園にも迫ってきた。中等学校野球でも技術や医学的見地よりも、精神論の横行がみられるようになった。その象徴が、一六年選抜の「泣くな別所、選抜の花」である。

のちに巨人のエースとして活躍する別所毅は、当時別所昭という名前で兵庫県の滝川中学のエースであった。前年に続いて強打者青田昇（巨人—大洋他）とともに出場した一六年の選抜では、初戦の桐生中学を三安打一六奪三振で完封と絶好調だった。続いて二回戦で前年の優勝校岐阜商業と対戦した。

別所は剛腕投手にありがちな四球の多い投手でもあり、五回裏に押し出しで先制点を奪われた。九回表、岐阜商業は一死一塁で別所を敬遠し青田との勝負に出た。青田は狙い通りサードゴロに打ちとったが、三塁手が一塁に暴投し、二塁ランナーが返って同点、一塁ランナーだった別所も三塁を蹴ってホームに突入した。しかし、岐阜商業はライトがバックアップしており、別所はホームでタッチアウトとなったのである。この時、勢いあまった別所は転倒し、左の二の腕を骨折してしまった。
今なら当然救急車で病院に運ばれて控え投手がリリーフするが、別所選手は骨折した左腕を布で巻いて首からつり、痛みをこらえてそのまま続投したのである。左腕の反動がとれないため、オーバーハンドではなく下手投げで投げた。しかもグラブが使えないので、捕手からはゴロで返球してもらうという状態であった。こんな状態ではバントをされたらおしまいである。しかし、岐阜商業は一度もバント攻撃をすることはなく普通に打ってきた。

昭和十六年三月廿七日
(四)
全國選抜中等野球大會
第四日夕刊
悲壯!!別所傷く
❶別所四球に出で、青田の三飛野手一塁に暴投、尾西につゞいて別所本塁を衝き顛倒して傷いた刹那❷別所と投手板上に作戦する瀧中内野手、右から二人目別所❸悲壯にも左腕を下げて投球する別所❹別所に代つた小林のピッチングを見守る瀧中ナイン
薄暮に到る大熱闘
愈々けふ・準決勝戰へ
底知れぬ興

本塁突入で負傷した別所投手を組写真で伝える紙面
(昭和16年〔1941〕3月26日付。写真提供：毎日新聞社)

延長戦に入り、一〇回と一一回はスローカーブでなんとか凌いだものの、さすがに一二回で投げられなくなり捕手の小林選手がリリーフ、結局一四回1―2で敗れた。翌日の新聞では「泣くな別所、選抜の花」として別所投手の健闘をたたえた。その後プロ入りして南海や巨人で活躍、通算三一〇勝という大記録を打ちたてて引退した。これは金田正一に破られるまで日本記録であった。引退後もコーチやヤクルトの監督などを歴任し、平成一一年に亡

くなっている。

この大会の決勝は東邦商業と一宮中学という愛知県勢同士の対戦となり、東邦商業が5―2で一宮中学を降して優勝した。そして、これが戦前最後の甲子園大会となった。

ついに甲子園大会が中止に

昭和一六年夏の大会は、全国中等学校体育競技総力大会の一部門として八月一三日に開幕する予定で、六月一四日には鹿児島県で予選がスタート。「朝日新聞」も六月下旬から「大会の展望」をスポーツ面に連載し、指定席券の申し込み方法も発表していた。七月上旬には沖縄と宮崎で一次予選が終了し、二次予選の進出校も決定していた。ところが第三次近衛内閣は臨戦対戦をとるために学徒を居住地に留めるとして、文部省次官通達でスポーツの全国的な催しは禁止された。しかも、「防諜上の必要」として中止の社告を出すことも認められず、選手達の知らぬ間に各地の予選は県大会に切り替えて行われた。なかには途中で中止したり、愛知県のように県大会すら開催しなかったところもある。

この年の台湾大会の台北工業と嘉義農林の試合は大変な試合になった。初日は0―0で八回まで進んだところで降雨により引き分け再試合。翌日の再試合も投手戦となり、七回に再び0―0で引き分けて二日連続の再試合。三日目は三回表に台北工業が一点をあげると、六回裏に嘉義農林が一点を返し、1―1で延長戦に突入。二五回裏に嘉義農林の三番打者柴田のサヨナラヒットで決着がついた。初日から通算すると三日間で四〇イニング戦ったことになる。

府県大会で優勝した学校は次の通りである。

北海道	札幌一中	青森県	青森工業	宮城県	仙台二中
山形県	山形商業	茨城県	水戸商業	栃木県	下野中学
群馬県	桐生中学	埼玉県	大宮工業	千葉県	千葉商業
東京府	帝京商業	神奈川県	横浜商業	新潟県	長岡商業
石川県	金沢商業	山梨県	韮崎中学	長野県	長野商業
岐阜県	岐阜商業	静岡県	島田商業	滋賀県	膳所中学
京都府	平安中学	大阪府	日新商業	奈良県	畝傍中学
鳥取県	米子中学	岡山県	関西中学	長崎県	長崎商業
熊本県	熊本工業	大分県	大分商業	宮崎県	宮崎中学
鹿児島県	鹿児島商業	沖縄県	沖縄二中	朝　鮮	清津水産
台　湾	嘉義中学	満　洲	天津商業		

このうち、青森工業、帝京商業、韮崎中学、畝傍中学は、その後現在まで一度も甲子園に出場したことがない。帝京商業以外は県予選の段階のため、甲子園出場が決まっていたわけではないが、唯一の出場機会を逃した可能性が高い。

文部省大会の開催

昭和一七年は春夏ともに甲子園大会は中止となり、八月二三日から開催された文部省と学徒振興会の主宰の「全国中学校・師範学校ならびに国民学校・青年学校体育大会」、通称三体育大会の一環として、中等学校の野球大会が行われた。競技種目は野球の他、柔道・剣道・相撲・陸上・水上・籠球・蹴球・戦場運動・射撃の十種目。奈良県の橿原神宮外苑運動場で行われた開会式には東条首相が列席するなど軍事色の濃い大会であった。

この大会の予選は、前年より七地区も少ない一六地区に絞られ、朝鮮と満州の参加はなかった。各地の予選を勝ち抜いた一六校は次の通りである。

北海道	北海中学	愛　知	一宮中学	四　国	徳島商業
東　北	仙台一中	近　畿	海草中学	北九州	福岡工業
関　東	水戸商業	大　阪	市岡中学	南九州	大分商業
東　京	京王商業	京　津	平安中学	台　湾	台北工業
中　部	松本商業	東中国	滝川中学		
北　陸	敦賀商業	西中国	広島商業		

開会式は奈良県の橿原神宮外苑運動場だったが、野球の競技は甲子園で開催され、これら一六校が参加した。この大会では新たな年齢制限が設けられ、満一九歳の選手が出場できなくなったことから、海草中学のようにエースの真田重蔵が出場できなくなった学校もある。

大会では広島商業が28―10で仙台一中を降すという大乱戦もあったが、満員の観衆が詰めかけるなか、徳島商業が決勝で平安中学を延長一一回逆転サヨナラで降して優勝した。徳島商業は初の全国制覇だったが、幅三〇センチ、長さ一二〇センチの小さな優勝旗しか渡されず、この旗も二〇年七月の空襲で焼けてしまった。そこで、五二年夏、当時の海部俊樹文相が徳島県を訪れた際に稲原監督が大会の事情を説明、「優勝の記念となるものを欲しい」と頼んだところ、同年八月二〇日に徳島県庁で優勝盾と表彰状が徳島商業に手渡されている。

沢村と嶋の戦死

一七年に開催された文部省主催の大会もこの年限りで以降は開催されず、甲子園で戦った選手たちも次々と出征した。

京都商業の沢村栄治は、昭和九年一〇月に京都商業を中退して全日本に参加、一一月二〇日草薙球場で全米オールスターと対戦し、敗れはしたもののゲーリックの本塁打による一点だけに抑えて内外の関係者を驚かせた。翌一〇年のアメリカ遠征でもエースとして活躍し、そのまま巨人に入団。一一年九月二五日の対タイガース戦でプロ野球初のノーヒットノーランを記録。一二年春には二四勝四敗、防御率〇・八一で最多勝、防御率一位、勝率一位となり、初の最高殊勲選手（ＭＶＰ）に選ばれるなど、当時を代表する選手に成長していた。一三年一月津三三聯隊に入隊、以降三度の応召で肩が衰え、一八年には一勝もできなかった。一九年一二月二日レイテ島へ輸送途中、台湾沖で戦死した。

海草中学の嶋清一は、卒業後明治大学に進学。上級生に藤本英雄や林義一といった大投手がいたため下級生の時にはあまり登板できなかった。四年生となった一八年に応召、沢村の戦死した三ヶ月後の二〇年三月一九日シンガポールを出港した護衛船に乗り込み、ベトナム沖を北上中に米潜水艦の魚雷攻撃を受けて沈没、戦死した。

昭和17年の大日本学徒体育振興大会
野球開会式
（写真提供：朝日新聞社）

なお、明大在学中に結婚していたという。

こうして戦前の中学球界が生んだ大投手二人は戦火に消えた。

出征する球児達

この二人以外にも多くの球児たちが戦争の犠牲となった。

松井栄造は岐阜商業伝説の名投手である。静岡県浜松市の生まれで、当時岐阜商業の後援会長をつとめていた遠藤健三にスカウトされて岐阜商業に入学、遠藤家に下宿して通学した。二年生の昭和八年選抜にセンターとして出場。一回戦で一イニングだけ登板すると、二回戦の鳥取一中戦では完投。準々決勝と準決勝では再びセンターを守ったが、決勝で先発すると明石中学を完封、同校の初優勝を達成した。

翌九年の選抜もセンター兼投手で出場、一〇年選抜からはエースとして出場した。初戦で徳島商業を二安打一六奪三振と完璧に抑え、準々決勝では島田商業を二安打完封。準決勝では五回コールドによる引き分けと、再試合の延長一〇回をともに完投、さらに決勝でも広陵中学を降して二度目の優勝。一一年は投手登録ながら主にセンターとしてプレーした。選抜では初戦の広島商業戦で三イニング投げたのみ、夏も準々決勝まではセンターとして先発した（二回戦は途中からリリーフ）。準決勝と決勝は先発して完投し、最後の大会を自ら三回目の優勝を飾った。

卒業後は早大に進学して活躍したが、一七年応召、翌一八年五月に中国で戦死した。なお、一七年一二月二日に育ての親でもある遠藤健三宛に書いた手紙が残されている。手紙では、岐阜での生活を振り返りながら、戦地に赴く決意が達筆の美文で綴られている。同手紙は平成一〇年に岐阜市で公開され、その後凛心会館（岐阜商業同窓会館）に寄贈されている。

掛川中学の村松幸雄は、戦前の静岡県中等学校球界を代表する選手である。

村松は大正九年三月六日静岡県志太郡藤枝町（現・藤枝市）に生まれた。実家は〝村友〟と号した足袋屋で六人兄弟の二男である。兄の影響で野球を始め、藤枝尋常小五年で選手として正式に登録されると、エースで四番を打った。高等小学校時代には無敵を誇り、大人の大会にも投手として出場したという。在学した二年間連続して県大会で優勝。当時、甲子園出場を目指して野球部の強化に乗り出していた掛川中学の小宮一夫監督の勧誘で同校に進学した。

掛川中学では一年生から登板し、のち投手で四番を打ったが、当時は静岡商業や島田商業の全盛期で、甲子園初出場を果たしたのは五年生で主将となった昭和一三年の夏であった。静岡県では大井川以西の学校が甲子園に出場するのは初めてで、出場を決めて掛川に戻ると駅前には大群集が詰めかけ、夜には提灯行列も出た。

この大会では「東海の速球投手」として注目され、開幕試合で坂出商業と対戦。掛川の町に人がいなくなった、といわれるほどの応援団も繰り出したが、チームがまったく打てず、初戦で完封負けした。

卒業後は慶大から特待生として勧誘されたが、家庭の事情からプロ野球の名古屋軍に入団。二年目の一五年にはエースとして服部受弘とバッテリーを組み二二勝一三敗をマークしたが、一七年二月に応召、一八年満州を経

鎮魂の碑

て、一九年三月グアムに渡り七月二五日戦死した。

投の沢村と並び称せられる、戦前を代表する強打者、阪神の景浦将《まさる》も中等学校球界で活躍した選手だった。景浦は大正四年七月二〇日愛媛県松山市永代町の生まれ。松山商業に進学して三年生から本格的に野球を始め、翌昭和六年夏から三塁手のレギュラーとなって甲子園に出場。七年には三塁手で六番を打ち、投手も兼ねて出場した。春は三塁手に専念して優勝、夏は準々決勝と決勝でエース三森秀夫（法政大―巨人）をリリーフして準優勝している。

立教大学では主に外野手として活躍。一一年に大阪タイガース（阪神）が創立されると同時に大学を中退して入団。三塁手に転向して四番を打ったが、秋には投手も兼任して、防御率〇・七九でタイトルを獲得。翌一二年春には防御率〇・九三で沢村（巨人）に次いで二位となる一方、四八打点で打点王を獲得し、打率も二割八分九厘で四位に入るなど投打の中心として活躍した。一四年に応召、一旦除隊して一八年には阪神でプレーしたが、一九年に再び従軍し二〇年五月二〇日フィリピン・カラングラ島で戦死した。

この他にも多くの球人達が戦死した。東京ドーム内の敷地内には、戦死したプロ野球選手の鎮魂の碑が、野球殿堂博物館にはプロ入りしなかった戦没野球人モニュメントがつくられている。

野球部解散の時代へ

明治中期に全国に広がり、二七回に及ぶ全国大会が開催された中等学校野球であったが、甲子園大会も文部省主催の全国大会も開催されなかった昭和一八年頃から、次々と廃部されていった。廃部とならなかった学校でも事実上活動は中止となり、以後戦後までの空白時代が続く。

廃部の主な理由は、敵性スポーツとして迫害されたことが大きいが、出征や学徒動員などで事実上選手がいなくなったのも大きな理由だ。また、グランドが畑と化し、用具の生産がされなくなって道具すらなくなったこともある。第二次大戦中でもメジャーリーグが試合を続けていた米国との国力の差は、野球一つとっても大きかった。

一八年三月一八日戦時行政職権特例が公布され、軍需品として金属回収が激しくなった。その結果、同年八月一九日からはついに甲子園球場の解体が始まり、一一月には鉄傘も姿を消した。こうして中等学校野球も軍靴のもとにそのシンボルとともに解体された。

生き続ける中等学校野球

こうして次々と選手が出征し、野球部が解散させられていくなか、ギリギリまで野球を続けた学校がある。それが、東京高等師範附属中学である。同校の野球部史『桐陰会野球部の一世紀』によると、国立で文部省の直轄校でありながら、渡辺禎雄部長の「私が部長でいる間は野球をやめさせない。諸君は安心して野球を続けなさい」という信念で一九年になっても活動していた。同年秋には神宮球場で東京高校と試合をしているほか、店仕舞いした運動具店からボールやバットを大量に仕入れ、練習を続けたという。しかし、二〇年五月二五日の東京大空襲で校舎が焼失、在校生も疎開するものが続出し、ついに野球部の活動が停止した。とはいえ、この時期まで東京で野球が行われていたことは驚嘆に値する。

こうした可能なかぎり野球を続けようという努力が、戦後の中等学校の復活に大きく作用したといえる。

コラム3―2　甲子園のグランドにガソリンをまく

甲子園球場はもともと河川敷にできたということもあってか、当初はグランドの水はけが悪く、大雨が降ると水たまりができて試合ができなくなることも多かった。そこで、その対策としてグランドにガソリンをまいて火をつけたことがある。

昭和三年夏の大会の準決勝、松本商業（松商学園高校）と高松中学（高松高校）の試合は、雨のために二日順延。三日目になって雨はやんだが、グランドは水たまりだらけで試合ができない。そこで、大会本部は内野グランドにガソリンをまき、火をつけて乾かすという強硬手段にでた。

こうしてなんとか試合開始にこぎつけたものの六回にはまた雨が降り始め、0―3の劣勢から高松中学が無死二塁と猛反撃を開始したところで雨が激しくなり中断。二時間二〇分待ち続けたが雨はいっこうにやまず、結局大会初の雨によるコールドゲームとなった。

ガソリンをまいて火をつけると確かにグランドの表面は乾くが土には良くない。しかも、あとまで匂いが残ってプレーする選手は大変だったはずだ。しかし、これ一度きりではなく、『全国高等学校野球選手権大会史』には、

ガソリンを燃やし乾燥
（昭和3年〔1928〕8月20日。写真提供：朝日新聞社）

昭和六年夏の大会でグランドにガソリンをまいて火をつけた時の写真が掲載されている。それをみると、黒煙がスタンドの鉄傘の上にまでもうもうと上がっている。これでは観客も大変だったのではないだろうか。

現在の甲子園のグランドは水はけがいいことでも有名。その理由は甲子園のグランドの構造にある。三〇センチほどの土の層の下に火山砂利が二〇センチあり、さらにその下に「ぐり石」という人間の頭からこぶし大の石が五〇センチあるという三層構造になっている。この構造のために水が地下に染み込み、さらにその下の伏流水に流れ込んで、水たまりが消えるのだという。

高校野球年表3

年次	全国大会		優勝校	事項
一九二五年（大正一四年）	春	第二回	松山商業	この大会から選抜大会も甲子園球場で開催される
	夏	第一一回	高松商業	ラジオ放送が始まる
一九二六年（大正一五年）	春	第三回	広陵中学	野球大会の歌を募集 静岡中学―前橋中学の試合が延長一九回に
	夏	第一二回	静岡中学	
一九二七年（昭和二年）	春	第四回	和歌山中学	優勝した和歌山中学が褒美としてアメリカに旅行、夏の大会は二軍メンバーで臨み甲子園に出場した ラジオで実況中継が始まる 福岡中学が高松商業との試合で満塁策をとる 高松商業と和歌山中学が寝屋川球場で日本一をかけて対戦
	夏	第一三回	高松商業	
一九二八年（昭和三年）	春	第五回	関西学院中学	
	夏	第一四回	松本商業	グランドにガソリンをまいて乾燥させる
一九二九年（昭和四年）	春	第六回	第一神港商業	東都中等学校野球連盟が創立され、東京に二団体が並立
	夏	第一五回	広島商業	アルプススタンドが完成

一九三〇年（昭和五年）	春	第七回	第一神港商業	第一神港商が選抜二連覇。岸本投手が五四奪三振を記録、高瀬二郎が史上初の決勝戦満塁ホームランを打つ
	夏	第一六回	広島商業	予選参加校が五〇〇校を突破
一九三一年（昭和六年）	春	第八回	広島商業	背番号が採用された
	夏	第一七回	中京商業	東京の二団体が合併し、東京府中等学校野球連盟が結成 台湾の嘉義農林が準優勝
一九三二年（昭和七年）	春	第九回	松山商業	四月一日文部省による野球統制訓令が出される 京都商業が沢村栄治を擁して初出場
	夏	第一八回	中京商業	明石中学の楠本投手が六四奪三振を記録
一九三三年（昭和八年）	春	第一〇回	岐阜商業	
	夏	第一九回	中京商業	中京商業―明石中学の試合が延長二五回に及ぶ 中京商業が史上唯一の三連覇を達成
一九三四年（昭和九年）	春	第一一回	東邦商業	準決勝の享栄商業―浪華商業戦が延長一五回0―0で引き分け再試合に 二〇周年を記念して野球塔が建てられる
	夏	第二〇回	呉港中学	決勝に呉港中学の藤村富美男、熊本工業の川上哲治が出場
一九三五年（昭和一〇年）	春	第一二回	岐阜商業	ベスト四のうち東海勢が三校を占める
	夏	第二一回	松山商業	島根予選の大社中学と大田中学の試合が延長二三回引き分けとなり、翌日の再試合も延長一二回まで続く 入場式で中学生のブラスバンドが演奏。指揮は山田耕筰
一九三六年（昭和一一年）	春	第一三回	愛知商業	
	夏	第二二回	岐阜商業	関東大会埼玉予選で豊岡実業―松山中学が72―0に

年次	全国大会		優勝校	事項
一九三七年（昭和一二年）	春	第一四回	浪華商業	この大会から代表校に選抜旗が授与される
	夏	第二三回	中京商業	この大会から甲子園に軍事色が強く出るようになる
一九三八年（昭和一三年）	春	第一五回	中京商業	
	夏	第二四回	平安中学	掛川中学の村松主将が武士道精神の宣誓、スタンドを含めて愛国行進曲を大合唱
一九三九年（昭和一四年）	春	第一六回	東邦商業	東邦商業が五試合で五九点を奪って優勝
	夏	第二五回	海草中学	東京で代表校が三転し、準決勝で敗れた早実が代表となる 海草中学の嶋清一が準決勝・決勝と二試合連続ノーヒットノーラン
一九四〇年（昭和一五年）	春	第一七回	岐阜商業	岐阜商業の大島信雄が全試合完封で優勝
	夏	第二六回	海草中学	エース真田重蔵で海草中学が二連覇
一九四一年（昭和一六年）	春	第一八回	東邦商業	滝川中学の別所昭投手が骨折した腕をつって登板
	夏	第二七回	（中止）	都道府県大会の途中で中止となる 台湾大会の台北工業―嘉義農林戦が再々試合で延長二五回を記録
一九四二年（昭和一七年）				文部省主催の全国大会が開催され、徳島商業が優勝
一九四三年（昭和一八年）				
一九四四年（昭和一九年）				一二月沢村栄治戦死
一九四五年（昭和二〇年）				三月嶋清一、五月景浦将戦死 五月、東京高師附属中学での活動が停止

第四章　中等学校野球の復活と高校野球の誕生

中等学校野球復活へ

戦争で中断した中等学校野球は、敗戦と同時に早くも各地で再開を目指した動きが始まった。なかでも、八月一五日の玉音放送を奈良公園で聞いた佐伯達夫の行動はすばやい。『佐伯達夫自伝』（ベースボール・マガジン社、一九八〇）によると、終戦翌日の一六日にはさっそく大阪・中之島の朝日新聞大阪本社を訪ね、戦前最後の運動部長だった渡辺文吉厚生部長に面会して中等学校野球大会再開の話をしている。「渡辺さんは、その時は目を白黒させながら「いずれ再興する時が来たらよろしくお願いします」と答えられただけだった」という。しかし、これがもとで同社内で野球大会再開の話が議論されるようになり、九月の終わり頃には朝日新聞大阪本社の西野綱三企画部長から、野球大会再開についての意見を聞きたいとの要請を受けている。そして、一一月に朝日新聞大阪本社に運動部が復活すると、文部省の北沢清体育課長と懇談、野球大会は実質上朝日新聞社が運営してよいが、文部省として競技団体を設立し、その共催が望ましいということで落ち着いた。そこで佐伯は朝日新聞社の要請を受けて各府県をまわり、野球連盟の結成を要請している。

そして、翌二一年二月二五日に中等学校野球連盟が創立された。朝日新聞大阪本社で開催された設立総会には、近畿・東海・北陸・山陰・山陽・九州の各地区代表を中心に二十余人が集まり、初代会長に上野精一、副会長に佐伯達夫が選ばれた。

初代会長の座についた上野精一は明治一五年一〇月二八日生まれで六三歳。朝日新聞共同出資者上野理一の長男である。東京帝国大学法科大学卒業後、大学院在籍のまま日本勧業銀行に入ったが、四三年に東京朝日新聞社に転じ、営業部長を経て、副社長、社長、会長を歴任した。戦後公職追放となり、連盟の会長に就任したのも追放中のこと。以後、学制改革のある二三年まで会長をつとめた。

七月二日には朝日新聞紙面に「八月一五日から七日間、西宮球場で大会を開く」という社告が掲載された。戦前二二地区だった予選地域は、外地の大会が消滅したことから一九地区となり、米国の占領下にあった沖縄も参加することはできなかった。

この大会に向けての各地の状況は次の通りである。

北海道大会

札幌では二一年六月二七日に中等学校野球リーグが再開。この夏の予選には、札幌地区一〇校、函館地区四校、小樽地区三校、旭川地区八校、帯広地区三校の計二八校が参加、釧路地区などからの参加はなかった。このうち一一校は予選初参加で、二八校という数も昭和九年と並んで最多である。円山球場が進駐軍に接収されていたため北海中学グランドで行われた全道大会には、各地区を勝ち抜いた八校が出場、各校準備不足もあって二桁得点が続出するなか、函館中学が12―5で光星中学（札幌光星高校）を降して全国大会に出場した。

翌年からは、釧路地区・北見地区・室蘭地区でも予選が始まっている。

奥羽大会

青森県では弘前中学の復活が早かった。『弘中弘高野球部史』（二〇〇二）に寄せられた三浦実の手記によると、終戦間もない二〇年一〇月半ばに校長の許可を得て部が復活したという。ただ、冬を迎えて実際に練習を再開したのは翌二一年の雪が消えてからだった。二一年夏の青森予選には一〇校が参加。青森中学が決勝までの四試合を五三得点という圧勝で制して奥羽大会に進んだ。

秋田県では二一年六月に金足農学校運動場で中央地区野球大会が開催された。七月の秋田予選には一二校が参加、うち秋田市立中学（秋田中央高校）は戦争中の一八年の創立で、野球部は創立したばかりだった。決勝は角館中学（角館高校）と大館中学（大館鳳鳴高校）の対戦となり、角館中学が7―6で勝って奥羽大会に進んだ。

岩手県では盛岡中学が二〇年秋に活動を再開、校内でクラス対抗の野球大会もあったという（『白堊熱球譜』）。一関中学の復活は二一年の四月。しかし、一七年八月に伊藤正雄野球部長とエースの阿部正が銃器庫の屋根裏に隠しておいた野球用具一式が見つかったことで、潤沢な用具で練習をすることができた（『一関中学一高野球部史』）。遠野中学の復活も二一年五月である。この時、七年に同校が甲子園に出場した際の主将松田源蔵が教員として赴任、当時まだ畑だったグランドの麦刈りから始めて部を再建した（『悠遠の野球部、今に』）。こうした状況にもかかわらず、岩手医専で開催された岩手予選には、戦前の最多をはるかに超える一八校もの学校が参加した。決勝には、再開の早かった盛岡中学と、用具の揃っていた一関中学という戦前からの名門校二校が進み、盛岡中学が6―5で一関中学を降して優勝した。

奥羽大会も岩手医専球場で行われ、地元岩手県から盛岡中学と一関中学、青森県から青森中学、秋田県から角館中学の四校が参加した。このうち、岩手県勢の二校が決勝に勝ち上がって再び決勝で対戦。今度は一関中学が

3―2で盛岡中学を降して代表となった。

東北大会

宮城県では仙台二中の始動が早かった。二〇年秋にはグランドの内野部分だけを使って活動を始め、二一年早々には部が復活。その際、一六年の県予選を制しながら全国大会が中止となったメンバーが物心両面で支援した（『宮城県仙台二中・二高野球部史』）。遅れて仙台一中でも再開し、二一年五月には一中・二中の定期戦が復活した。戦後東北最初とされるこの試合は、32―27という凄まじいスコアながら二中が勝利した。七月の県予選には二〇校が参加。仙台二中が全四試合に圧勝、決勝でも佐沼中学を10―3で降して優勝した。

福島県予選は日東紡球場と飯坂市民球場で開催され一六校が参加したが、磐城地区では食糧難と遠征費の捻出に困り、磐城中学（磐城高校）と平商業が相談してかってに地区予選をやり、勝った磐城中学のみが県予選に参加、平商業は棄権した（『福島県高等学校野球連盟史（一）』）。福島予選は白河中学（白河高校）が決勝で福島商業を5―4の逆転で降して東北大会に進んだ。

山形県では、二〇年一〇月に山形市野球チームが山形中学運動場を野球場として使用するなど、同校運動場は野球場としてしばしば使用された。そのためいち早く野球部も再建されたほか、学校の物置小屋に保管されていた戦前の野球道具が発見されるなど、他校を大きく先行していた（『山形東高等学校百年史』一九八七）。二一年夏の県予選も山形中学で開催された。しかし、この山形予選は『全国高等学校野球選手権大会五〇年史』と『山形県高校野球六〇年史』でかなり様子が違っている。『五〇年史』では一〇校が参加した単純なトーナメントとなっているのに対し、『山形県高校野球六〇年史』では過去最多の一三校が参加したため、村山予選、置賜予選、庄内・最上予選という予選を開催して上位六校による県大会を行ったとある。いずれにせよ、県大会は山形中学が三試合で五五点を取るという圧勝で制した。

東北大会も山形中学で開催され、地元山形県から山形中学と山形工業の二校、宮城県から仙台二中、福島県から白河中学が出場した。そして、山形県勢二校が決勝に進み、山形中学が8―4で勝って代表となった。

北関東大会

茨城予選は『全国高等学校野球選手権大会五〇年史』では一七校が参加したことになっているが、茨城県高等学校野球連盟の『茨城県高校野球史』（一九九〇）には七校しか記載がない。この事情は『水戸商野球の百年』に詳しく記載されている。過去最多の一七校が参加した茨城予選は、県北地区八校、県南地区四校、県西地区五校の三地区に分かれて試合が行われた。そして三地区を勝ちあがった八校が水戸商業グランドに集まって予選が開催された。『茨城県高校野球史』は県予選だけを記載したのだが、水戸中学―水戸工業の記載を漏らしている。この中から水戸中学が圧勝で勝ち上がった。

栃木県では宇都宮中学が二一年五月に野球場を復旧、この月に宇都宮実業（文星芸大附属高校）、桐生工業と対戦して勝利を収めている（『百年誌』）。栃木予選には一七校が参加して開催され、鹿沼農商（鹿沼商工）が決勝で栃木中学に1―0で勝ち、北関東大会に進んだ。

群馬県では桐生中学の始動が早かった。終戦三日目には稲川東一郎監督がキャッチボールを始めた（『山紫に桐生高校野球部史』一九七八）という。二一年の県予選には一五校が参加。戦前に活躍したＯＢが多数いて指導した桐生勢が強く、桐生中学と桐生工業が圧勝で決勝に勝ち上がった。決勝は延長戦となり、桐生中学が延長一〇回3―2で勝って優勝した。
北関東大会は群馬県の新川球場で開催され、地元群馬県から桐生中学と桐生工業の二校、茨城県から水戸中学、栃木県から鹿沼農商が参加した。そして、桐生中学と桐生工業が初戦を突破して再び決勝で対戦、今度は桐生工業が5―2で桐生中学を降し、全国大会に駒を進めている。

南関東大会

埼玉県では二一年五月に春季大会が開催されて本庄中学（本庄高校）が優勝。続く夏の埼玉予選には一八校が参加、再び本庄中学が制し、準優勝の浦和中学とともに南関東大会に進んだ。

千葉予選には一四校が参加したが、安房中学（安房高校）は棄権。市原中学（市原高校）、市川工業、野田工業（清水高校）の三校は初出場だった。出場校は四ブロックに分けられて千葉中学などの校庭で戦ったが、一回戦と二回戦はダブルヘッダーとして行われた。食糧難のため体力がなく、ダブルヘッダーはきつかったという（『百年史』千葉高等学校）。この四ブロックを勝ち上がった四校が千葉医科大学グランドに集まって準決勝を行い、結局成田中学が県大会を制した。

神奈川県では横浜商業で二〇年一〇月に野球班が復活した。ただし、この頃は用具がなく軟式での再開だった（『Y校百年史』）。同じ頃小田原中学でも戦前の一八年に県予選決勝まで勝ち進んだ選手二名が勤労動員から帰校して部が復活した（『球跡　小田原高等学校野球部九十年史』）。戦前には野球部のなかった湘南中学（湘南高校）では、二〇年秋に新たに軟式で野球部が創部された。二一年年春の県予選は軟式で開催され、横浜商業が優勝、湘南中学が準優勝している。夏の神奈川予選には二七校が参加した（小田原商業は棄権）。復活の早かった横浜商業が

4―2で神奈川三中（厚木高校）を降して優勝した。

大宮球場で開催された南関東大会には、地元埼玉県から本庄中学と浦和中学、千葉県から成田中学、神奈川県から横浜商業の四校が参加した。一回戦は、成田中学が九回表に五点を入れて浦和中学を降し、横浜商業は延長一〇回裏逆転サヨナラで本庄中学を降した。決勝では成田中学が追い上げる横浜商業を振り切って5―4で降し代表となった。

東京大会

東京では、最後まで野球を続けていた東京高等師範附属中学がいち早く始動した。昭和二〇年一〇月には東京高等師範学校の運動場を使って練習を再開、一一月には都立五中（小石川高校）と試合を行っている。

二一年四月の新学期になると、各校で次々と野球部が再建された。六月には東京都中等学校野球連盟が再建され、まもなく予選のリハーサルを兼ねた都下大会を開催した。そして七月一五日に始まった東京大会には、大阪府に次ぐ五二校が参加した。

決勝は都立一中と東京高等師範附属中という公立中学同士の対戦となり、東京高師附属中学が3―2で勝って全国大会に駒を進めた。公立学校の全国大会出場は史上初めてで、次に出場するのは、三四年後の都立国立高校まで待たなければならない。また、国立校の全国大会出場は全国唯一である。

山静大会

静岡予選には一九校が参加（一校棄権）。この中には小笠農学校（小笠高校）、静清工業（静清高校）、晁陽工業

（のちの東海大一高）の初出場三校があり、一九校という数も大会最多記録であったが、戦前の名門島田商業は参加できなかった。試合は沼津中学と掛川中学が決勝に進み、沼津中学が9―2で掛川中学を降して優勝した。

一方、山梨県では二一年六月一日から県下中等学校野球大会が開催され、甲府商業が決勝で延長一一回の末13―12で甲府中学を降して優勝。夏の予選は七月二六日から始まり、決勝では甲府中学が24―9の大差で都留中学（都留高校）を降して優勝した。

草薙球場で開催された山静大会には、山梨県の甲府中学と都留中学、静岡県の沼津中学と掛川中学が出場した。県予選の際に列車で通って疲れた掛川中学は、山静大会では有度小学校で合宿して臨んだ。一回戦で沼津中学と掛川中学がともに山梨県勢を降し、県大会に続いて決勝で対戦。この試合でも沼津中学が7―3で掛川中学を降し、代表となった。

信越大会

長野県では松本中学が二〇年一二月二日に県営松本野球場でクラスマッチの野球大会を開催、そのまま部員を募集して非公認の野球部を再開した（『野球部の一世紀』）。松本商業では二〇年秋には野球の試合が行われ、二一年三月に部活動を再開した（『松商野球部百年史』二〇一三）。続いて松本二中（松本県ヶ丘高校）、松本市立中学（松本美須々ヶ丘高校）、松本工業で野球部が新設されている。そして、五月には松本中学、松本商業、松本市立中学、松本工業、松本高等学校、松本医学専門学校の六校による市内リーグ戦も行われ、松本商業が優勝した。七月には松本商業と長野商業の対抗戦が松本県営球場で行われている。

長野商業は二一年三月に部が再開、六月には同校の他、長野中学、長野市立中学、長野工業の四校が参加して長野市内リーグ戦が行われた。

二一年夏の県予選には、新設の七校を含む一九校が参加したが、戦前の名門諏訪蚕糸（岡谷工業）をはじめ、飯田中学・野沢中学・飯山中学などは参加しなかった。この中から松本商業と松本市立中学が勝ち進んだが、決勝戦は九回表の松本市立中学の相沢投手のボークの判定をめぐって紛糾。応援団や観客がグランドになだれ込み、ボークをめぐる裁定も両校ともに受け入れず、決着がつかないまま両校が信越大会に進んだ。なお、公式記録では松本市立中学の放棄試合として、松本商業がのちに優勝旗を授与されている（『松商野球部百年史』）。

一方、新潟県では野球部の再開は遅く、夏の予選には九校が参加、新潟中学と柏崎中学が信越大会に進んだ。

信越大会では、戦後再開の早かった長野県勢が強く、松本商業と松本市立中学が勝ち上がり、決勝で再び対戦した。試合は松本市立中学が10—7で松本商業に勝ち、全国大会に初出場を果たした。

この年の予選は各地で荒れた試合が多かったが、とくに信越大会では行われた二八試合（新潟予選決勝を含む）のうち、二五試合で二桁得点、なかには市立長野中学—丸子農業で39—1、松本商業—市立長野中学で35—0のように、三〇得点以上の試合も出ている。

北陸大会

北陸地区は参加校が少なかった。神通中学（富山中部高校）グランドで行われた富山予選に参加したのは、神通中学、富山中学、富山商業、上市農林（上市高校）のわずか四校。この中から富山商業が予選を制して北陸大会に進んだ。富山商業の加藤と堀のバッテリーは、二〇年のアルミ工場への勤労動員中も昼休みにキャッチボールをしており、これがよかったという（『富商野球部史　健児たちの八〇年』一九九八）。

石川県では戦前並みの一一校が参加した。ほとんどの試合で二桁得点が入るという荒れた試合で、優勝した金沢三中と、準優勝の金沢二中が北陸大会に進んだ。金沢三中は二〇年の一一月には活動を再開していた。当初は用具がなく軟式での再開だったが、翌二一年四月に正式に部として復活すると硬式に切り替えるなど、県内で最も早く復活した野球部だった（『金沢三中桜丘高校五十年史』一九七〇）。

福井県でも福井中学（藤島高校）、北陸中学、福井商業、敦賀商業の四校しか参加がなく、敦賀商業が初戦を26―0、決勝を33―0という大差で勝って北陸大会に進んだ。

金沢の旧制四高で行われた北陸大会には各県を勝ち上がった四校が参加、二校参加の地元石川県勢はともに初戦で敗れ、決勝は富山商業と敦賀商業の対戦となり、敦賀商業が8―5で勝って全国大会に駒を進めた。

東海大会

愛知県では二一年初め頃から愛知一中、中京商業などで次々と野球部が再開した。豊橋中学では二一年一月末頃から野球が行われ、四月に野球部が復活した。七月上旬には岡崎中学と対戦したが、硬式のボールがなく軟式で試合をしたという（『時習館野球部一〇〇年史』）。

愛知県では二一年三月に愛知県中等学校野球連盟が結成された。同月には早くも鶴舞公園で軟式ボールを使用して中等学校野球大会が開催され、二二校が参加した。愛知県高野連の『愛知県の高校野球全記録』（二〇〇八）によると、愛知商業は二チーム参加しているらしく、そのうちの一チームが決勝で中京商業を降して優勝した。続いて七月に開催された予選には三一校が参加、決勝は再び愛知商業と中京商業の対戦となり、愛知商業が制した。東海大会には愛知商業・中京商業の両校が進んでいる。

岐阜県では二一年四月に岐阜商業と彦根中学が対戦したのが最初で、五月に岐阜県中等学校野球連盟が結成。七月の予選には過去最高の一四校が参加し、優勝した多治見工業が東海大会に進んだ。八月に岐阜と大垣で秋季リーグ戦も始まっている。

三重県でも過去最高には及ばなかったものの、予選には一二校が参加し、四日市商業が優勝して東海大会に進んだ。

東海大会では愛知県勢の中京商業と愛知商業がともに圧勝で決勝に進み、三度目の対決となったが、愛知商業が3―2で三度中京商業を降して、東海地区の代表となった。

京津大会

京都府高等学校野球連盟の『京都高校野球史Ⅱ』（一九八七）に寄せた田丸道夫の手記によると、京都二中では終戦直後の二〇年九月下旬には野球部を再建して練習を再開したという。これは、京都が空襲を受けなかったことが大きい。しかも、同校では石川野球部長が三年前の部解散の際に、残った部費をすべてボールとバットに換えて保管していたため、ただちに十分な練習をすることができた。

二一年二月には同志社中学校を会場に、京都中等野球大会が開催されて一三校が参加、決勝で京都二中が京都商業を降して優勝した。そして、七月の予選には二四校が参加し、再び決勝で京都二中と京都商業が対戦、京都二中が6―1で勝って優勝した。

滋賀予選には連盟登録一五校のうち過去最多の一三校が参加し、膳所中学が優勝して京津大会に進出を決めた。

京津大会は京都二中と膳所中学が西京極球場で対戦、田丸投手が膳所中学を五安打で完封して京都二中が代表となった。

大阪大会

大阪大会には、一府県としては全国最多の五四校もの学校が参加した。この大会の事情だけをまとめた『昭和二一年夏大阪の球児たち』（大阪戦後野球懇親会、一九九六）という書籍がある。同書をみると、敗戦翌年の二一年早い段階で各校ともにチーム編成をして活動を再開していることがわかる。

名門北野中学と天王寺中学では、敗戦直後の二〇年九月には早くも活動を再開している。投手の鈴木宏は、学徒動員中も動員先で兵隊チームと昼休みにソフトボールの球で野球を続けていたことが戦後すぐの再開に役立ったと、『北野高等学校野球部史』に手記を寄せている。一〇月には北野中学と浪速工業（星翔高校）が対戦、一二月には中百舌鳥球場で北野中学と天王寺中学が対戦している。また、一一月には戦前に野球部のなかった上宮中学（上宮高校）で新たに創部された。

浪華商業は二一年一月に滝川中学と対戦して再開した。戦前は遊撃手だった平古場昭二が投手となり、この試合は一六個の三振を奪って完封勝利。以後、各校との試合を圧勝して七月の大阪大会に臨んだ。平古場は池田中学、上宮中学、富田林中学（富田林高校）、関西甲種商業（関西大一高）、第二山水中学（同志社香里高校）を五連続完封、決勝の日新商業（日新高校）も五安打に抑えて3―2で降して優勝した。

兵庫大会

兵庫大会には、大阪府、東京都に次ぐ四一校が参加し、芦屋中学（芦屋高校）が関西学院中学を降して代表となった。

育英商業ではボール一〇〇個を含む野球用具が戦時中兵器庫として使われていた旧野球部の部室から見つかった。二一年には部が復活したものの、グランドは畑となっており、バックネットも金属として供出されていたため、思うような練習はできなかった（『闘魂』）。そのため、夏の兵庫県大会では初戦で関西学院中学に五回コールドで大敗した。

関西学院中学は県内でもいち早く部を再建しており、兵庫大会前の試合では一〇勝を記録、優勝候補の筆頭にあがっていた（『関西学院野球部百年史』一九九九）。同校は三回戦、準決勝をいずれも完封で大勝、決勝でまったく無名の芦屋中学と対戦した。この試合では関西学院中学の打線が芦屋中学の有本投手を打てず、4―0の完封で芦屋中学が甲子園に初出場を果たしている。

紀和大会

戦前、和歌山予選は和歌山中学の校庭で行われていた。しかし、二一年七月に始まった和歌山予選の際には進駐軍が駐留していたため、和歌山商業と海草中学のグランドで開催された。予選には一〇校が参加、校庭が使用できなかったにもかかわらず、和歌山中学が三試合で五九得点という圧勝で制した。

奈良予選には過去最多の八校が参加し、天理二中（天理高校に統合）が決勝戦で畝傍中学を九回に大逆転で降して優勝した。二一年四月に創部した御所工業（御所実業）はプロ野球選手の内藤幸三の援助を得ていたという。奈良県に疎開していた内藤は、当時御所工業の学校工場の工員をしており、糸の切れたボールなどを渡してくれただけでなく、ピッチングの指導もしてくれたという（『桜工百年』二〇〇〇）。奈良県高野連の連盟史『球人』

ではやや事情が違い、御所工業グランドで練習していた内藤の所属するプロ野球金星球団の練習をみて創部したという。いずれにせよ、プロ野球の球団との関わりから創部した学校は珍しい。

紀和大会は橿原球場で開催され、和歌山中学が天理二中を11―3で降して全国大会に進出した。大正から昭和初めにかけて無敵といわれた同校も、全国大会に出場するのは昭和七年以来実に一四年振りであった。

山陽大会

広島県では終戦直後に広島商業と広陵中学のOBがチームを編成、広島商業クラブは二〇年年末には進駐軍と試合をしたという。

広島商業は二〇年一一月に軟式で部を再開した。二一年五月には県大会が行われ、呉四中（呉三津田高校定時制）が優勝した。七月の広島予選には一九校が参加したが、福山市でコレラが発生したため、同市の誠之館中学は棄権した。他県では、二次予選に二校参加する場合でも決勝まで行ったが、広島予選では決勝は行わず、準決勝に勝った広島一中と尾道商業が山陽大会に進んだ。

岡山県でも再開は早かった。なかでも玉島商業では、戦前の一八年に福井啓二野球部長がボールやバット、グラブを学校の倉庫に隠しており、終戦直後には福井がそれを取り出して元部員に呼びかけ、野球を再開した（『球譜一世紀』）。さらに、岡山一中や関西中学でも二〇年の秋には練習を再開した。そして、同年一一月には関西中学、岡山第一商業（岡山東商業）、玉島商業の三校でリーグ戦を戦っている。翌年には玉島商業が中心となって岡山県中等学校野球連盟が誕生し、二一校が加盟した。

六高球場と関西中学で開催された夏の予選には一四校が参加、岡山二中（岡山操山高校）が決勝で延長一一回の末に岡山一商を降して優勝した。当時、昭和一六年の選抜大会に東邦商業のエースとして優勝し、その後はプロの阪神で活躍していた玉置玉一選手が玉野で療養しており、岡山二中はその技術指導で強くなっていた。

山口県では下関商業の活動が早く、二〇年秋には非公式に活動を再開し、翌二一年春から正式に復活している（『下商野球部百年史』）。山口予選に実に二四校が参加した（『山口県高校野球史』では岩国中学―徳山工業の試合が記載されておらず、二三校となっている）。これは愛知県の二二校よりも多く、複数県で一代表を争う県としてはきわめて多い。試合は山口中学校と鴻城中学校の二会場で行われ、下関商業が優勝した。

山陽大会は広島商業で開催され、地元の広島県から広島一中と尾道商業、岡山県から岡山二中、山口県から下関商業の四校が参加した。広島県勢はともに初戦で敗退し、下関商業と岡山二中が決勝に進んだ。下関商業が10―2で岡山二中を降して代表となっている。

山陰大会

山陰地区でいち早く活動を再開したのは鳥取一中である。終戦時、野球部経験者は二人しかいなかったが、ただちに校内に「来たれ野球部へ」というポスターを掲示して部員を募り、二一年一月には正式に野球部を復活させた。そして、OBの持ち寄るバットやボールで練習が再開された。同年四月には鳥取一中のグランドで一中OB対進駐軍の試合が行われた。7―2で一中OBの勝利で試合が終了すると、進駐軍は使っていた道具を一中にプレゼント、当時は各校ともに道具不足で悩んでいたため、またとない贈りものとなった（『鳥取西高等学校野球部史』）。

米子中学の野球部復活は二一年の四月。しかし、グランドが一面の畑となっていたため、まずグランドの復旧から始めなければならなかった。それでも、米子医専や大篠津の進駐軍のもとを訪れて試合をした（『米子東高等学校野球部史』一九九四）。

七月二八日に鳥取一中グランドで開催された鳥取予選には、大正四年の第一回大会より少ないこの二校しか参加しなかった。しかも、試合前の練習で米子中学の戸田隆啓投手が左腕を骨折、かわって入江昭次が登板するという波乱の幕開けで、鳥取一中が9―2で米子中学を降した。そして、この一試合だけで鳥取予選は終了した。鳥取県三校目の境中学が復活したのは二〇年の一〇月、倉吉中学と米子商蚕（米子南高校）が復活したのは翌二二年であった。

一方、松江中学で開催された島根予選には、戦前から活躍していた松江中学、松江商業、松江工業、大社中学、浜田中学、大田中学に、初参加の今市工業（出雲工業）を加えた七校が参加した。松江中学の野球部復活は二一年四月と早くなかったが、予選は松江中学が圧勝で制している。

山陰大会は松江中学のグランドで行われ、松江中学と鳥取一中が対戦。この試合でも松江中学の打棒が振るい、10―2で鳥取中学を降して代表となった。大正一二年以来二三年振りの出場に学校や地元は大きく沸き、食糧として三俵分の米が供出され、ユニフォームを新調して全国大会に出発した（『検証　島根県立松江中学校野球部』）。

四国大会

終戦後、愛媛県の始動が早かった。松山中学では終戦直後にイモ畑となっていた校庭を、校長の号令下グランドとして整備した（『松山中学・松山一高・松山東高野球史』）。そして、住宅が建てられて使えない道後球場の代わりに、この松山中学校庭を会場として、一一月一七日には早くも愛媛県体育協会主催、愛媛新聞社後援で松山地方中等学校野球大会が開催された。硬式球が手配できず軟式だったが、松山中学、松山商業、北予中学（松山北高校）、松山工業、新田中学（新田高校）の五校が参加、松山商業が優勝した。軟式とはいえ、この時期に五校も参加した大会が開催されたのは全国的にも珍しい。二一年夏の予選には初出場の三島中学（三島高校）と新居浜中学（新居浜東高校）を含む一〇校が参加、松山商業が決勝で松山中学を降して優勝した。

香川県の始動は遅く、高松商業でチームができたのは二一年四月頃（『香川県立高松商業高等学校野球史』）、高松中学でも硬球での試合は二一年夏の大会前の練習試合が最初だった（『香川県高松高等学校野球部史』）。むしろ早かったのは大川中学で二〇年一二月に復活した。翌二一年五月には高松一中、六月には志度商業（志度高校）と練習試合をしている（『香川県立三本松高等学校野球部史』）。夏の予選は高松一中グランドで行われて八校が参加、名門丸亀中学は参加していない。始動が遅かったものの、高松中学が決勝で高松商業を9―3で降して優勝した。

徳島県では二一年までに再開できたのは、徳島商業、徳島工業（徳島科学技術）、撫養中学、撫養商業（鳴門渦潮高校）の四校だった。夏の予選もこの四校が参加し、徳島商業が優勝した。

高知県では二一年一月高知商業グランドで県下軟式野球大会が開かれ、この中で活躍したのが陸軍幼年学校から城東中学校三年に転じた前田祐吉を擁したチームだった。前田の自伝『野球と私』（青蛙房、二〇一〇）によると、城東中学校は部の復活が早く、終戦間もない頃から硬球で練習していたという。二一年七月の予選には五校が参加、前田投手を擁した城東中学が決勝で海南中学（高知小津高校）を25―0、一安打完封という完勝で降して優勝した。

高知市営球場で開催された四国大会には各県を制した四校が参加。城東中学は初戦を延長一二回の末に松山商業を降すと、決勝では高松中学を7―0と、前田投手がノーヒットノーランに抑えて優勝した。戦前の四国地区は北四国勢が圧倒的に強く、高知県の学校が全国大会に進んだのは初めてだった。前田はのちに慶大監督として活躍、スポ根を廃したエンジョイベースボールの提唱者として知られる。

北九州大会

福岡県では修猷館中学での復活が早かった。二〇年一〇月にはラグビー部が復活し、以後次々と各部が活動を再開した。当時体育館武器庫を進駐軍が占領していたが、野球部は彼らが遊びでやる野球の球拾いをしてはボールやバットを持ち帰り、練習をしたという（『修猷館二百年史』）。

二一年夏の北九州大会は福岡県の参加校が三二校と突出していたほか、実力的にも佐賀・長崎両県を凌いでいたため、福岡予選だけは南北に分かれて開催された。一三校が参加した北部予選では小倉中学が圧勝で優勝。一八校が参加の南部予選では筑紫中学（筑紫丘高校）が優勝した。

佐賀予選には一〇校が参加。いち早く部活動を再開していた佐賀中学が決勝で鹿島中学を降して優勝した。このチームで一番を打っていた二塁手の成田豊は、東大野球部を経て、のち電通会長となっている。

長崎県では交通事情が悪く、長崎地区と佐世保地区で一次予選を開催した。長崎地区予選には七校、佐世保地区予選には五校が参加した。長崎市は原爆の影響で三菱球場が使えず、長崎商業には進駐軍が駐留していたため、鎮西学院グランドに竹竿を二本立て、その間に網を張ってバックネット代わりにする、という状況で開催、長崎中学が優勝した。そして、佐世保地区を制した佐世保中学（佐世保北高校）と決勝戦を行い、3—1で降して北九州大会に進出した。

八幡大谷球場で開催された北九州大会には各予選を制した四校が参加。予想通り福岡県の二校が、ともに佐賀・

長崎両県チームに一〇点以上の大差をつけて決勝に進んだ。決勝では小倉中学が11―3で筑紫中学を降して、大正八年以来二七年振りに全国大会に進出した。

小倉中学は、この大会では初戦で敗れたが、翌年春に準優勝すると、夏には全国制覇、さらに二三年夏には二連覇を達成。二四年も春ベスト四、夏ベスト八と一時代を築いた。その原動力は始動の早さと、進駐軍の横暴による偶然だった。戦時中、小倉中学も他校と同様校庭はイモ畑に変じていた。二〇年一一月、突如進駐軍が学校の農園を米軍の野球場にするといって接収し、ブルドーザーでわずか二日で野球場に作り替えてしまった。ところが、一二月になると他のグランドが見つかったとして、できあがっていた野球場を同校に払い下げてくれたのだ。さらに戦災を免れた土蔵から戦前に先輩達が隠していておいたボールやバットが見つかり、他校と比べて圧倒的に優位に戦後の再スタートを切ることができた（『倉高野球一〇〇年の軌跡』）。

なお、この時に始まった福岡県での南北二予選制は現在まで続いている。

南九州大会

南九州地区の各県は、予選参加校があまり多くなかった。戦前、全国的に活躍した熊本県でも予選の参加校は四～五校程度しかなく、二一年夏の予選に参加した六校というのは実は過去最多だった。その中で終戦直後の二〇年一〇月に部の再建を果たした中学済々黌が制した（『多士球児の青春譜』）。

大分県でいち早く始動したのは大分中学で、終戦直後からイモ畑となっていたグランドを整備して軟球を使って草野球を始めた。そして、その中からめぼしい選手を集めて野球部を再建した。すると大分に駐留していた進駐軍が硬球を持って見学に訪れ、一緒に練習したこともあったという（『上野の丘の球児たち』）。二一年夏の大分予選に参加したのは、大分中学、大分商業、中津中学、佐伯中学（佐伯鶴城高校）、鶴崎中学（大分鶴崎高校）の五校で、始動の早かった大分中学が優勝した。

宮崎予選の参加校は、『全国高等学校野球選手権大会五〇年史』で四校となっているが、宮崎県高等学校野球連盟の『野球史』によると、実は県予選の前に地区予選を行っていた。地区予選には、中央地区に四校、南部地区に二校、北部地区に三校の計九校の参加があり、各地区を勝ち抜いた三校が県予選に進んだ（大会史とは違っている）。県予選では、まず地区予選参加校の少なかった南部地区の都城中学と北部地区の延岡中学が対戦し、勝った都城中学と中央地区代表の宮崎中学が決勝戦を行って宮崎中学が優勝した。宮崎中学はＯＢが多く、先輩からボールなどを入手できたため他校に比べて用具に恵まれていたことが勝因の一つだった（『大宮高校百年史』）。

鹿児島予選には一〇校が参加した。鴨池球場は戦時中海軍予科練習生の屋外体操場となっていたため、他球場のようなイモ畑にはならず、戦後すぐに球場として使用できた。予選は鹿児島商業と鹿児島一中が勝ち進み、決勝で鹿児島商業が鹿児島一中を降して南九州大会に進んだ。

南九州大会は熊本県の水前寺球場で開催され、各県を制した四校が参加、鹿児島商業が優勝して全国大会に進出した。

沖縄の事情

本土より一足早く学制改革が実施されていた沖縄では、二一年に米国民政府と沖縄体育協会の音頭で第一回全島高等学校野球大会が行われた。ボールはソフトボールだが、ルールは硬式と同じという変則大会で首里高校が優勝した。翌年の第二回大会からは硬球が使用されて糸満高校が優勝。しかし、沖縄の代表が甲子園に出場するには、三三年まで待たなければならなかった。

中学野球復活の理由

こうして各地の状況をみると、中等学校野球の復活の早さに驚かされる。終戦翌日に朝日新聞大阪本社を訪れて全国大会の復活を訴えた佐伯達雄は別格としても、各地で終戦後一月ほどしかたっていない時期に練習を再開している学校がみられる。こうした学校は名門といわれた学校に多く、復員してきたOB達によって部が再建されていった。

また、戦前に活動が停止する際、復活を期してボールやバットなどの用具を倉庫の片隅などに隠していた学校もいくつかある。こうしたことも戦後すぐに中等学校野球が再開できた理由の一つである。

それにしても、戦後初の大会において過去最高の参加校となった地区が多いのも驚きだ。その理由は、この時期に創部した学校が多いということがあげられる。戦前から中学校の数は一貫して増え続けていたが、戦時中には新たに野球部を創部することはできなかった。こうした学校が、戦後一気に創部したことで参加校が増えたとみられる。

二一年に創部した学校で最も有名なのが横浜高校である。横浜高校は戦時中の一七年に横浜市中区に剣心学園横浜中学校として創立した。創部は二一年秋のため、二一年夏の大会には間に合っていない。当初は弱く、三五年に笹尾晃平監督が就任して強化を始めた。この時に選手だったのがのちに名監督となる渡辺元（のち渡辺元智）である。

大阪では上宮高校が創部している。同校は明治二三年に浄土宗大阪支校として創立された古い学校だが、野球部ができたのは二一年の春。甲子園に出場したのは五五年の春で、実に三四年の歳月がかかったが、以後二〇世紀末までの二〇年間では全国を代表する強豪校の一つであった。

全国大会へ

当時、甲子園球場は進駐軍に接収されていたため、戦後初の全国大会は西宮球場で開催された。開会式には連合軍総司令部のポール・ラッシュ（Paul Rusch）が出席、通訳もなく英語で挨拶したため、選手達はまったくわからなかったという。挨拶のあと、選手に「オメデトウ　Do your best」のメッセージとともに白球をプレゼントした。

食糧不足のなか、各代表校は米などの食糧を持参し、宿舎も関西学院大学の寮であった。充分な食糧を確保して望んだ山形中学は初戦で函館中学に敗退、米に余りが出たためそれを函館中学に渡して次戦での健闘を期待したことが、全国紙に美談として紹介されている。一方、下関商業は準々決勝で松江中学に勝って宿舎に戻ると持参した米がすべて盗まれていた。そのため、以後は麦飯となって下痢に苦しむ選手が続出し、準決勝の京都二中戦は逆転負けしたという（『下商野球部百年史』二〇〇三）。

各地の大会を勝ち抜いた代表校一九校は次の通りである。

地　区	代表校	現在の名称
北海道	函館中学	函館中部高校
奥　羽	一関中学	一関第一高校

東　北	山形中学	山形東高校
北関東	桐生工業	桐生工業
南関東	成田中学	成田高校
東　京	東京高師附属中学	筑波大学附属高校
山　静	沼津中学	沼津東高校
信　越	市立松本中学	松本美須々ヶ丘高校
北　陸	敦賀商業	敦賀高校
東　海	愛知商業	愛知商業
京　津	京都二中	鳥羽高校
大　阪	浪華商業	大体大浪商高校
兵　庫	芦屋中学	芦屋高校
紀　和	和歌山中学	桐蔭高校
山　陽	下関商業	下関商業
山　陰	松江中学	松江北高校
四　国	城東中学	高知追手前高校
北九州	小倉中学	小倉高校
南九州	鹿児島商業	鹿児島商業

コラム4―1　食糧持参の大会

戦後初の開催となった昭和二一年夏の大会では、主催の朝日新聞社から各出場校に対して、「宿舎はなんとか確保したが、食糧は持参するように」という通知があった。しかし、終戦直後で食糧事情は悪く、学校によっては満足な食糧を持参できないこともあった。鹿児島商業もわずかな米とイモを持参して甲子園に向かった。『鹿児島商業高校野球部一〇〇年史』によると、「大阪駅に着いた後、軍服や父親のお下がりなどの服に大きなリュックを背負って歩く一団は、闇屋に間違えられた。警察に捕まり、曽根崎署に引っ張られ、リュックのコメが見つかって、「お前ら若いくせに集団で闇屋をするのか」と怒鳴られたが、取材に来ていた新聞記者の証明でようやく無罪放免された」とある。

戦後、米不足のため、米は政府による配給制度だったが、農家が配給に回さない米で生活必需品と物々交換する闇米が出回り、これを仲介する闇屋が横行していた。鹿児島商業の選手はこの闇屋の集団と間違われたのだ。

鹿児島商業は大会二日目に岩手県の一関中学（一関一高）と対戦、11―4で降して初戦を突破した。米どころにある一関中学ではＯＢの活躍で六～七俵もの米が集まり、それを甲子園に持参していたが、初戦で敗れたため持ってきた米が余ってしまった。そこで、ＯＢが鹿児島商業の宿舎を訪れ、「一関中学の関係者だが、今後、私たちの分まで頑張ってほしい」といって、残った米を差し出した（『一関中学一高野球部史』）。

このエピソードが昭和五〇年の夏の大会の際にＮＨＫで紹介されると、のちに鹿児島商業から一関一高の同窓会にお礼があったという。

代表となった学校をみると、浪華商業・下関商業など戦争前に強豪といわれた学校は少なく、多くはかつての名門校と新しい学校だった。終戦からまだ一年もたっておらず、多くの学校では野球どころではない、という状況だったはずだ。こうしたなか、いち早く部を再建した学校が、戦後初の全国大会に出場することができた。そして、そうした学校は、過去の甲子園での戦績などとはあまり関係なく、多くのＯＢや後援者の援助を得ることができた地域の名門校であった。また、古豪も新鋭も同じスタートラインに立てたことから、新しい学校の台頭もみられた。この傾向はしばらく続くことになる。

球音復活

進駐軍の接収により甲子園球場は使用できなかったが、西宮球場に中等学校野球が戻ってきた。戦後最初の試合は千葉の成田中学と京都の京都二中が対戦、これが波乱の試合となった。試合は成田中学・石原照夫（立教大―藤倉電線―東映―ロッテ球団代表）、京都二中・田丸道夫（慶大）の両投手の好投で投手戦となった。０―０で迎えた六回、成田中学は二死ながら二塁打の石原照夫選手が二塁におり、先制点のチャンス。ここで石原利夫（早大―日本石油）がセンターにライナーを打ち返した。二塁ランナーは三塁を回ってホームに頭から滑り込み、センターはバックホームした。成田中学先制と思った瞬間、主審はアウトを宣告したのである。石原は抗議をしようとしたが監督にとめられてあきらめた。その後、九回表に京都二中に三塁打などで一点を取られ、成田中学は０―１で敗退した。

ところが、後日大阪駅の日本交通公社に飾ってあった中学野球の写真展で、偶然決定的な写真が見つかった。この写真には、石原選手の手がホームベースに届いているにもかかわらず、送球はまだ捕手に届いていない様子がはっきりと写っており、主審のミスジャッジを明らかにするものだった。この試合で六回に成田中学に先取点が入っていれば、以後どういう展開になっていたかはわからない。石原は大会を代表する好投手の一人だっただけに、優勝の行方も変わっていたかもしれない。

成田中学を引率していた木内信三部長は、この写真を譲り受けて地元に持って帰り、写真は今でも成田市立図書館に保管されている。なお、この時の主審は以後の試合の審判を辞退、二度と高校野球の審判はしなかったという。勝った京都二中はこの勢いで、桐生工業、鹿児島商業、下関商業を降して決勝まで進出した。

一方、エース平古場昭二を擁して優勝候補の筆頭だった浪華商業は、和歌山中学、函館中学を降し、準決勝では平古場が東京高等師範附属中学から大会タイ記録の一九奪三振を記録、圧勝で決勝に勝ち進んだ。

決勝は浪華商業と京都二中の対戦となり、ここでも平古場投手が先頭から六人連続三振に取るという快投をみせ、三安打完封の2―0で浪華商業が初優勝した。

同年一一月には第一回国民体育大会秋季大会が開催され、高校野球も藤井寺球場で行われた。浪華商業と東京高師附属中学の二校が決勝に進み、浪華商業が夏に続いて優勝している。なお、国体の高校野球は一回～三回と一〇回～三〇回の大会は正式競技として行われたが、三一回以降は公開競技となっている。

選抜大会も復活

翌二二年春には選抜大会も復活した。しかし復活までの道のりは苦難の連続だった。『選抜高等学校野球大会六〇年史』（毎日新聞社、一九八九）を参考に概略は次の通りである。

毎日新聞社は阪神電鉄の協力を得てＧＨＱと交渉し、昭和二二年一月一〇日に甲子園のグランドとスタンドの接収が解除された。また、ＧＨＱからの「全国的組織の中等学校野球団体との共催でなければ大会を認めない」というクレームも、全国中等学校野球連盟と共催の了承を得てクリアし、一月二三日には「センバツ再開」の社告を掲載。グランドの整備やスタンドの復旧も進められたが、ＧＨＱの圧力によって突如文部省が大会中止を通達してきたのだ。ＧＨＱの言い分は大きく分けて、①センバツ大会は文部省が承知していない、②全国大会は夏に一回あればよい、③新聞社が大会を主催するのはおかしい、の三点であった。①に関しては文部省も擁護に回り、③は毎日新聞と連盟の共催という形で落ち着いたが、全国大会が年に二回あるのはおかしい、という主張を覆すのに苦心した。

結局、大会名から「全国」の名をはずす、過去の選抜大会とは別の大会として第一回とする、近畿中心の招待大会とする、という妥協案で解決した。しかし、これは開催するための方便という色彩が強く、大会回数はのちに通算され、招待試合という体裁もとられていない。その後も続いているのは、大会の正式名称が「選抜高等学校野球大会」と「全国」の文字がついていないことだけである。しかし、全国大会は年に一度で十分という指摘は正しく、現在まで選抜大会は出場校の選択など、夏の選手権大会とはあえて違う形式をとっている。

復活した選抜大会は、その出場校を選ぶにあたって、まず全国を東日本・東海・北陸・京津・紀和・大阪・兵庫・山陰・四国・九州の一一地区に分割して、五〇校を選抜した。東日本だけ大きなくくりとなっているのは、この大会を開催するにあたって「近畿中心」ということで妥協したからだ。また、北陸からは選抜に値する学校がないとされた。この中から最終的に二七校が選抜されたが、京都府から京都一商、京都二商、京都二中学と三校、和歌山県から和歌山中学、海南中学、田辺中学と三校選ばれた一方、東北・北海道からは選ばれず、北関東も桐生中学のみと、近畿地方に激しく偏っていた。そもそも選抜大会は地域代表制をとっていなかったため、近畿・東海への偏りは多かったが、この大会ではＧＨＱを意識してか、とくに近畿偏重の選抜であった。

小倉中学の活躍

戦後初の選抜大会は、蓋をあけると準決勝に残ったのは桐生中学、徳島商業、城東中学（高知追手前高校）、小倉中学の四校で、近畿地方の学校は一校も準決勝には進めなかった。準決勝の小倉中学と城東中学の試合は、小倉中学・福嶋投手、城東中学・前田投手の投手戦となった。七回までノーヒットに抑えられていた小倉中学が、八回に相手エラーで一点を奪って勝ったが、この試合福島投手は一〇一球、前田投手はわずか七八球で、試合時間も一時間一六分であった。『野球と私』によると、エラーをした国則選手は七回に盗塁した際に骨折していたことがあとでわかったという。決勝に進んだのは小倉中学と徳島商業で、決勝戦は延長一三回の末に徳島商業が３―１で小倉中学を降して初優勝した。

決勝で惜敗した小倉中学は、夏の大会にも出場すると、開幕試合で神戸一中に９―３と快勝し、二回戦では優勝候補の桐生中学を完封。準々決勝で志度商業を六安打一点に抑えて降し、準決勝の成田中学戦では１―１で延長戦に入ったあと、一〇回に二本のランニングホームランで５―１と降して、春に続いて決勝に進出した。決勝戦では樽井清一がエースの岐阜商業と対戦、６―３と得点が入ったにもかかわらず、わずか一時間一二分という短い試合で小倉中学が初優勝した。選抜の城東中学戦といい、小倉中学の試合は時間が短かった。『倉高野球一〇〇年の軌跡』には、「福嶋はサインなど見ず気の向くままに投げて来た」（原捕手）「原さんが投げたいボールのサインを出すので阿吽の呼吸で投げた」（福嶋投手）とあり、両者の息があっていた様子がうかがえる。

大優勝旗を先頭に市内を行進する小倉中学の選手
（昭和 22 年〔1947〕8 月 1 日。写真提供：朝日新聞社）

小倉中学	０００００１４１００—６
岐阜商業	０３０００００００—３

九州のチームが優勝したのは史上初めてで、夜行列車で帰郷すると、途中の下関駅でも歓迎の人があふれていた。午後一時に小倉駅に着くと、駅前広場で出迎えの浜田市長の賛辞を受け、進駐軍が先導して車で勝山公園までパレードをする予定だったが、二万人を超える大群衆で車が動けず、選手は優勝旗を手に銀天街を歩いて通り抜けて勝山公園に向かった。

この小倉中学の全国制覇を機に、九州大会設立の話が持ち上がり、同年一〇月には第一回九州大会が開催された。これが全国に広がって秋季大会となる。

学校制度の改革と野球

二二年九月五日、文部省は翌二三年度より新しい学制を実施する通達を出した。これは戦前からの学校制度を大きく変更するもので、五年制の中学校に二年制の高等学校、三年制の大学という制度は、中学三年、高校三年、大学四年に変更された。また義務教育は中学校までに延長され、実業学校は高校と同じ範疇となった。さらに「総合制」「学区制」「男女共学」の推進も示されて、各地で男子校と女子校の統合や、実業高校の普通科高校への転換などが進んだ。

つまり、従来の中学生は、前半が義務教育の新制中学生で、後半が新制高校生となった。新制中学校は義務教育化で多数が必要となったのに対し、義務教育ではない新制高校は旧制中学校や女学校、実業学校の校舎を利用したところが多い。このため、旧制中学校は新制度のもとでは高等学校に対応する、という認識が一般的だった。さらに中学野球の場合は、出場していた生徒の大半は上級生だったこともあり、新しい野球大会の対象は新制高校に移行することになった。また、実業学校も新制高校となり、新制中学校の卒業生が進学することになったことから、実業系高校の生徒が普通科高校の生徒よりも年齢が高いということはなくなった。なお、師範学校は大学の教育学部に昇格し、以後甲子園大会には出場できなくなった。

文部省は「総合制」「学区制」「男女共学」を強く推し進めた一方、各県の財政事情なども考慮して、旧制の各学校の移行も認めた。そのためこの改革の実情は府県によってかなり違っている。学区制は二県を除いてすべてで実施されたが、占領軍地方軍政部による強制にもかかわらず、総合高校は四二％、男女共学は六三％にとどまった（『戦後日本の教育改革　第五巻学校制度』一九七二）。

従来は別系統の学校だった実業学校が新制高校に移行したため、各地で激しい学校の再編が行われた。実際、各地の状況をみると、最も多いのは旧制中学校と実業学校をともにそのまま新制高校に移行した地区である。これらの地区では、旧制女学校と旧制中学校を統合して共学の普通科高校とし、実業学校は実業系の高校となった。東日本では普通科高校は男女別学のままだったところもある。

実業学校を普通科高校に転換した地区も多い。こうした地区では、実業学校を普通科の新制高校に転換したうえで、商業科や工業科を設けたところと、実業学校を近隣の普通科高校に統合してしまったところがある。たとえば、名門松山商業は松山東高校（旧制松山中学）、広島商業は観音高校、岐阜商業は長良高校に統合され、その名称や歴史が一旦途絶えている。さすがに、名門実業学校を廃止してしまうことには異論が多く、多くは数年のうちに独立して実業高校として再興した。しかし、この統合時代に甲子園に出場した学校では、その出場をめぐって、現存するどの学校の出場とみなすかで問題になることがある。

さらに、和歌山県や愛知県では、既存の中学校からの移行ではなく、新たに新制高校を創立して、そこに生徒を分散させる、という方式をとった。こうなると、旧制と新制の学校間の関係がわかりづらい。もちろん、一度に大量の高校を新設することはできず、結局既存の学校の校舎などを利用したことから、ある程度の新旧関係は保たれているが、なかにはこうした関係を把握しにくい学校があるのも事実である。これらの学校でも、創立や創部をいつとみなすかには異論のあるものがある。

なお、高校野球では二三年選抜までが旧制の大会、二三年夏からが新制高校の大会となっている。

この学制改革を機に、高野連の会長も朝日新聞の上野精一から、野球人でもあった京都帝大の中沢良夫名誉教授に代わった。中沢は明治一六年の生まれで上野よりは一歳下、当時六一歳であった。旧制三高時代は三塁手として活躍、第一回大会の開催を持ち込んだ高山義三の先輩にあたる。東京帝大工科大学応用化学科を卒業後、九州帝大教授、京都帝大教授を歴任、全国中等学校野球大会の創設にも尽力した一人。昭和一九年には退官して名誉教授となっていた。

選手が転校した金沢二中

さて、こうした学制の急激な変更は、思わぬ余波を生みだすこともあった。石川県では、同じ選手が春夏違う学校で甲子園に出場する、ということも起きている。

旧制中学校の最後の大会となった昭和二三年の選抜大会には、石川県から金沢三中が北島友三と通善衛（西川物産）というバッテリーで出場し、初戦で大阪の北野中学に敗れている。この直後、石川県で学制改革によって旧制中学から新制高校への切り替えが行われた。金沢一中は金沢第一高校に、金沢商業学校は金沢商業高校に、というように、県内の中学校・女学校・実業学校は、県立二〇校、市立一校の新制高校に再編され、選抜に出場した金沢三中は新制の金沢第三高校となった。

この時、石川県では特例として在校生に転学の自由を認めた。そのため、選抜に出場した旧制金沢三中のメンバーは、北島と通善のバッテリーをはじめレギュラー選手は全員、新制となっても男子校だった金沢第一高校に移り、野球部に入った。したがって、夏の金沢一高のメンバーは、北島・通善の他、一塁小林敬、二塁村田吉雄、ショート筆屋澄夫、レフト沖田信雄、センター小島松男、ライト加藤和郎と、九人中八人が春の金沢三中と同じメンバーになってしまったのである。三塁手の横井健だけが控えに回って、夏の大会では別の選手が入っていた。

この新生金沢一高は、夏の石川予選では三試合で一二得点、失点三という成績で北陸大会に進んだ。北陸大会でも初戦の小浜高校を18―0、準決勝の小松高校を7―0と圧勝で破り、代表決定戦でも武生高校を4―3と降して甲子園に出場した。

金沢一高にとっては、金沢一中時代の大正一三年夏以来二四年振りの甲子園出場だったのだが、実際に出場する選手たちにとっては、春夏連続の甲子園出場であった。

一方、選手が流出した金沢第三高校は、夏の予選には出場することすらできなかった。しかし、翌年に校名を金沢桜丘高校と変更し、春の県大会で優勝、夏は北陸大会も勝ち抜いて甲子園出場を果たしている。

京都同士の決勝戦

旧制中学の最後の大会となった二三年春の大会には、京都府から京都一商と京都二商が出場していた。両校の前身はともに明治九年に創立された京都府商業学校で、生徒数が増えすぎたことから分裂して、京都一商、京都二商となっていたものだった。この二校が二三年の選抜大会にそろって出場すると、ともに勝ち上がって決勝に進み、優勝をかけて対戦した。

試合は京都一商・北本重二（大陽）、京都二商・足立礼四郎の両投手の投手戦となり、0―0のまま延長戦となった。そして一一回裏、京都一商は二死二塁と攻めて二塁ランナーが三盗、相手捕手の三塁悪送球でサヨナラ勝ち、初優勝を果たした。同一府県から複数の高校が出場できる選抜大会だが、戦後同一都道府県同士の決勝は、この大会と昭和四七年の日大三高―日大桜丘高校しかない。

なお、同年の学制改革で京都一商は西京商業となり、平成一五年に西京高校と改称。一方、京都二商は西陣商業となったが、まもなく廃校となった。

初の高校野球大会の開始

初の新制高校の野球大会となった二三年夏の大会は、大会名も全国高等学校野球選手権大会となった。この年には全国から作詞を公募して大会歌「栄冠は君に輝く」ができた。五二〇〇を超す応募の中から選ばれたのが石川県の加賀道子の作品で、古関裕而が作曲を担当、今に歌い継がれている。しかし、この歌の本当の作詞者は加賀道子の婚約者だった加賀大介で、四三年に事実を明らかにして、作詞者が加賀道子から加賀大介に改められている。

この大会からは、予選参加校の多い神奈川県・愛知県・福岡県を独立して一大会とし、四国大会を南北に分割。これ以外にも一部地域を組み替えて二三地区となった。代表二三校のうち、石巻高校、穂高農業（穂高商業）、岐阜一高（岐阜高校）、天王寺高校、関西高校、丸亀高校、高知商業、鹿島一高（鹿島高校）と八校が初出場で、学制の改革による勢力の変化がうかがえる。

石巻高校と関西高校という初出場同士の闘いで幕を開けたこの大会を勝ち進んだのは、名門和歌山中学が新制高校となって改称した桐蔭高校と、前年夏の最後の旧制大会で優勝した小倉高校の新旧強豪二校であった。決勝は桐蔭高校・西村修（阪神）、小倉高校・福嶋一雄（早大―新日鉄）両投手の投手戦となり、六回裏小倉高校の二死満塁のチャンスに、西村投手が与えた死球による一点が決勝点となって、１―０で小倉高校が勝ち、学制改革を挟んで二連覇を達成した。福嶋投手はこの大会五試合すべてを完封している。

秋季大会の開始

二二年秋に九州地区で秋季大会が始まっていたが、二三年には全国で一斉に秋季大会が始まった。ただし、この年は東北だけは県大会のみで地区大会を行っていない。翌年には中部大会から北信越大会が独立、北海道・東北・関東・北信越・東海・近畿・中国・四国・九州という九地区に分かれて大会が開かれるようになった。この時は東京も関東地区大会に参加していたが、昭和三一年からは関東大会に参加せず、東京大会を地区大会とみなすようになった。

秋季大会には三年生は参加せず、一年生・二年生のみの大会であることから、新人戦といわれることもある。夏の大会と違って甲子園に直結している大会ではないが、翌年の選抜大会の選考にあたっては、秋季大会の結果を重要な資料とすることから、一応甲子園につながる大会ではある。しかし、高野連が「秋季大会は選抜の予選ではない」と明言しているように、秋季大会の結果から自動的に選抜に出場できるというわけではない。

二学年しかいない秋季大会では、一部の学校を除いて選手層が薄く戦い方が難しい。また選手の経験も浅いことから、有力校が早い段階で負けてしまうことも多い。とくに夏の大会である程度勝ち上がった学校は、どうしても新チームの始動が遅くなる。そこで、夏の甲子園出場校は一次予選を免除するなど、県によっていろいろと工夫しているところもある。

また、日程も秋季大会は夏の大会と大きく違う。夏の大会は沖縄県を除き、比較的短期間で予選をすべて終了する。現在では準々決勝の前後に休養日を設けることが義務づけられているが、それでも予選後半では短期間に四試合ほどをこなさないと甲子園には出場できない。その結果、一人の投手に頼っている学校ではなかなか勝ち上がれないのが現状だ。

それに対し、秋季大会では九月～一〇月にかけての余裕のある日程で開催できるため、府県大会は土日祭日のみの開催としているところが多い。この日程であれば最大でも二連戦しかなく、勝ち抜けると五日ほどの休養がとれる。したがって、一人の投手でやりくりせざるを得ない学校でも充分対応できるため、秋季地区大会の出場校には、甲子園ではなじみのない学校が登場することも多い。

ただし、地区大会の日程は地方によって違う。交通機関の発達している近畿や東海、範囲の狭い中国や四国では、地区大会も土日祭日のみで行うのに対し、面積が広い北海道や九州では、平日も含めて一挙に大会を開催する。両地区の場合、土日祭日のみの開催だと、遠隔地の高校は経済的に参加が困難になるからだ。とくに、他県に行くには飛行機を利用せざるを得ない沖縄では、集中日程でないと大会参加は困難だろう。

続いて、春季大会も各地で始まった。近畿・四国・九州の三地区では新制高校となった二三年に開始、順次広がって三七年に北海道大会が始まって、全地区で春季大会が開催されるようになった。春季大会は甲子園に全くつながっておらず、地区大会で終了する大会である。多くの府県では夏の大会のシード決めに利用しているが、シード制のない府県ではそれすらもない。そのため、運営方法も様々。選抜大会中に県大会が始まるため、選抜出場校は無条件で地区大会に参加できる九州大会や、開催県以外はたとえ大阪府でも一校しか参加できない近畿大会など様々である。また、東京代表も春季大会では関東大会に参加している。

ラッキーゾーンの設置

二二年進駐軍による甲子園球場の接収が解除された。そして、二四年にはプロ野球でホームランによる打撃戦で人気を高めるため、甲子園球場にラッキーゾーンが新設された。そのため、高校野球でもラッキーゾーンを使用するかどうかが議論となり、ないほうがいいのではという意見になったが、すでにラッキーゾーンはセメントで固められており、取り外し不能ということで、高校野球でもそのままラッキーゾーンを使用することになった。このため、甲子園球場の両翼は三四〇フィート（一〇四メートル）から二八五フィート（八七メートル）と狭くなった。これにより、ホームランの数は前年の四本から一挙に九本と倍増している。

ラッキーゾーンまでの距離は、のちに三〇〇フィート（九一メートル）と長くなったが、高校生の体格向上や金属バットの導入でホームラン数が激増し、平成三年に撤去されている。

怪童・中西のホームラン

戦後、新制高校になってからは打力が向上して多くの強打者が登場したが、狭くなった甲子園球場で最初に投手から怖れられた打者は、「怪童」と評された高松第一高校の中西太《ふとし》（西鉄他）である。

中西は評判の強打者だったが、高校一年春の選抜大会に出場するという、普通では考えられないユニークな体験をした選手でもある。終戦翌年の二一年春に旧制高松一中に入学、三年生に進級した二三年に学制の改革が行われ、翌二四年新制高校となった高松第一高校に一年生として進学した。ちょうどこのはざまに学校が選抜に出場したのだが、中西選手は旧制時代から野球部に属していたため、新制高松第一高校の選手として出場できたのである。この試合ですでに三番を打っていたが、この時にはまだとくに注目されてはいなかった。一年の春夏、三年春と出場できず、最後の大会となった三年夏になってやっと二度目の出場をすることができた。

甲子園の一回戦では岡山東高校（岡山東商業）と対戦。この学校には秋山登と土井淳という、のちに明大—大洋を通じて活躍するバッテリーを擁していたが、中西は左中間を破る大会第一号のランニングホームランを打っている。中西というと豪快なホームランを連想するが、ただ大きな当たりを打つだけでなく俊足でもあり、プロ入りしたあとにも一シーズンに三〇盗塁以上したこともある。

二回戦の福島商業戦では、二試合連続となるランニングホームランを今度は右中間に打っている。さらに準々決勝の芦屋高校戦では、有本義明（慶大—スポーツニッポン）からセカンドへ痛烈なライナーを打ち、これを捕った芦屋高校のセカンドが、あまりの打球の速さに後ろにひっくり返ってしまったという逸話が残っている。

結局、中西選手が甲子園で打ったホームランはこの二本のランニングホームランだけで、意外なことに柵越えのホームランは一本も打っていない。しかし、この大会をみていた評論家の飛田穂洲が、中西選手に「怪童」というニックネームをつけ、中西はその名とともに一躍有名になった。中西選手は大学進学を希望していたが、各プロ球団は中西獲得にしのぎを削り、結局西鉄に入団することになる。

入団後は一年目に新人王を獲得、二年目には早くもホームラン王と打点王の二冠を獲得して、弱冠二〇歳にして日本を代表するスラッガーに成長した。以後、稲尾や豊田とともに西鉄の黄金時代を築き上げたことは有名である。

出場校の変化

中等学校野球選手権大会では、当初は旧制一中を中心とした名門中学が活躍したが、昭和に入ると実業学校の活躍が中心となっていた。しかし、戦後の学制改革によって再び名門高校が活躍するようになった。

これは、実業高校も普通科高校と同様に義務教育の新制中学校の卒業生が進学することになったため、年齢的なハンデがなくなったことが大きい。また、各地で実業学校は普通科高校に転換したり編入したりしたため、校数そのものが減少していたこともある。二四年夏の甲子園には実業系高校は水戸商業と倉敷工業の二校のみしか出場していない。

その結果、二三年夏から二九年夏までの春夏合わせて一三回の大会のうち、普通科高校が一〇回優勝している。しかも、大阪府立一中の流れを汲む北野高校や、旧制松山一中の松山東高校といった名門高校が名を連ねている。ただし、当時の松山東高校には松山商業が統合されており、この優勝は松山商業の優勝として数えることも多い。

大正四年に全国大会が始まってから三〇年間の野球部としての蓄積が、戦争と学制改革で一旦リセットされた結果、第一回大会と似たような状況になったと考えられる。当時も中心となったのは各地の名門校であった。

しかし、こうした現象も、学校再編が収まって安定してきた昭和三〇年代に入ると、再び実業系高校が活躍するようになってきた。そして、大学進学率の上昇と受験熱の高まりによって、受験エリートの集まる名門高校が野球で予選を勝ち抜くことは難しくなっていった。

スリリングな決勝戦

こうしたなか、北野高校と芦屋高校の対戦した二四年選抜の決勝戦は、数ある決勝戦のなかでも最もスリリングな試合だったといわれる。北野高校の戦前の出場は一回だけ、芦屋高校は戦後になって初めて甲子園に進んできた学校という新鋭高校同士の決勝戦でもあった。

北野高校はエースの多湖隆司（慶大―鐘紡監督）とレフトの山本次郎が好投し、桐蔭高校（旧制和歌山中学）、岐阜商業といった名門をなぎ倒して決勝まで進んできた。一方の芦屋高校も前評判は高くなかったが、初戦の慶応第二高校との試合では、九回裏に三点差をひっくり返して逆転サヨナラ勝ちするなど、逆転の連続で勝ち上がってきていた。

ともに地元ということで大応援団がかけつけ、決勝は北野高校・山本、芦屋高校・有本の先発で始まった。しかし、山本投手は立ち上がりコントロールが悪く一回途中からエースの多湖投手がリリーフ、以後多湖、有本の投手戦となった。七回表に北野高校が多湖の二塁打を足がかりに一点を先制、さらに八回にも追加点をあげて2―0とリードしたが、芦屋高校も九回裏に二点をあげて延長戦に持ち込んだ。

一〇回表、北野高校は多湖のタイムリーで二点を取ってリードすると、その裏に芦屋高校も二点を返して再び同点に追いついた。さらに一死満塁と攻めて九番打者の石田選手がレフトにライナーを打ち返した。三塁走者がタッチアップし、誰もが逆転サヨナラ勝ちと思った瞬間、捕球した北野高校のレフトの長谷川選手はバックホームせずに二塁に投げていたのである。打球がライナーだったため、つられてベースから飛び出していた二塁ランナーは戻ることができずスリーアウト、三塁ランナーのホームインは認められなかった。三塁ランナーは送球がなかったためサヨナラ勝ちしたと思ったら、審判から攻守交替を告げられたので、なんだかわけがわからなかったようである。

間に合わないホームに投げるのではなく、確実にアウトにできる二塁に投げるという長谷川選手のファインプレーだったが、実は北野高校では普段からこうしたことを想定して練習していたといわれている。

試合はさらに続き、延長一二回表に二点を入れた北野高校が、その裏の芦屋高校の反撃を振り切って初優勝した。優勝した北野高校のセンター兼投手山本次郎はのちに弁護士となり、二塁手の市石巌は京大で内野手としてプレーし、主将もつとめた。

北野高校	0	0	0	0	0	1	1	0	2	0	2	—	6
芦屋高校	0	0	0	0	0	0	0	2	2	0	0	—	4

小倉北高校の敗北と甲子園の土

二四年夏の大会は、二連覇中の小倉高校が小倉北高校という名前で出場、同校が三連覇を達成するかどうかが注目されていた。しかし、二連覇で人気のあったエースの福嶋一雄は各地からの招待試合が多く、大会前には肘を痛めて予選から鍼医者に通院しているという状態だった。とくに県大会決勝戦の八幡高校戦では右腕はペンさえ持たない状態で、鍼医者をベンチに入れ、各回毎に肘の治療を受けるという状態だった（『倉高野球一〇〇年の軌跡』）。

甲子園では、初戦の慶応高校を13―2、二回戦では長崎東高校を15―4と打撃陣の活躍で圧勝したが、三回戦の倉敷工業戦はシーソーゲームとなった。5―6と一点リードされて迎えた九回表に小倉北高校が同点に追いついたが、その裏無死満塁のピンチを迎えてついに福嶋が降板、レフトの重台明彦がリリーフして三者三振に取ってピンチをしのいだ。しかし、一〇回裏に四球でランナーを出し、一死満塁から倉敷工業の横山がショートゴロ、遊撃手がバックホームしたものの間に合わず、倉敷工業が7―6でサヨナラ勝ちした。

試合が終わって帰る際、福嶋は一握りの土をポケットに入れた。『不滅の高校野球』（松尾俊治著、ベースボール・マガジン社、一九八四）ではマウンドに歩み寄ってプレート付近の土を拾ったとあるが、『倉高野球一〇〇年の軌跡』では三塁側ベンチから一塁側出口に向かう途中、マウンドの真向かいの所で拾ったとなっている。これが、敗れた選手が甲子園の土を持って帰るようになった最初だといわれるが、異説も多い。福嶋はその土をゴムの木の植木鉢に移して大事に保管しているという。

湘南高校全国制覇

決勝戦は選抜に続き、湘南高校と岐阜高校という進学校同士の対決となった。

湘南高校は初戦の城東高校（徳島商業）に9―3で快勝すると、準々決勝の松本市立高校（松本美須々ケ丘高校）戦は投手戦となり七回裏に追いついて、九回裏一死から宝性一成（横浜国大）がヒットと盗塁で二塁に進み、佐々木信也（慶大―高橋―評論家）のタイムリーでサヨナラ勝ち。準決勝の高松一高戦は2―2で延長戦となり、一〇回裏一死から三番根本が右中間への二塁打で出塁。四番田中孝一主将（早大―ゼネラル石油）のレフト前ヒットと五番平井の四球で満塁とし、宝性が三遊間を破って二試合連続サヨナラ勝ちした。決勝の岐阜高校戦では三点を先行されたが、六回に同点に追いついた。八回表に宝性・佐々木の連続ヒットと盗塁で無死二三塁とし、二死後一番岡本の時にパスボールで勝ち越し、さらに岡本は二塁への内野安打で三塁から佐々木がホームインして五点目を入れた。以後、田中が岐阜高校打線を抑えて、初出場で優勝した。

湘南高校　000100020―5
岐阜高校　021000000―3

優勝した湘南高校の三塁手は脇村春夫である。戦後のこの時期は多くの文武両道の選手が生まれたが、なかでも脇村はまさに文武両道を代表する名選手である。

脇村は昭和七年一月一五日東京都文京区の生まれ。実家は和歌山県田辺市の山林王として知られる脇村家である。同家八代目当主で脇村義太郎東大名誉教授の甥にあたり、皇后陛下とはいとこ同士である。神奈川県の湘南高校に進学、全国制覇したこの夏は二年生であった。三年生となった翌年は一番打者となったが県大会二回戦で敗れている。卒業後、東大法学部に進んで主将をつとめ、東洋紡績に入社すると、同年の都市対抗には三重県の東洋紡富田の三塁手として出場。三年間で現役を引退後は社業に専念、のち鐘紡の専務となり、平成七年には繊維専門商社の新興産業社長となっている。しかも、同社取締役相談役に退いた後は大阪大学大学院に入り博士課程で経済学を研究した。そして、一四年一一月には日本高校野球連盟第五代会長に就任、連帯責任制の廃止など、高校野球の改革を進めた。自らの経験から見逃し三振に厳しく、大会の挨拶でもあえて言及したのは有名。

ちなみに、同校優勝メンバーの進学先は、東大二人、早大三人、慶大三人、横浜国大一人。これを上回る優勝校は出てきそうにはない。

学制改革の結果、大正四年に開始当初のように各地の名門進学校の活躍が目立ったが、この傾向は永くは続かなかった。エリート校の活躍した大正時代から、昭和に入ると実業学校が台頭してきた戦前のように、新学制のもとでも商業高校や工業高校といった実業系高校の活躍が目立つようになり、やがて一中の流れを汲む各校は進学校化の道を進んで甲子園にはあまり登場しなくなっていく。

高校野球年表4　戦後

年次	全国大会		優勝校	事項
一九四六年（昭和二一年）	春			
	夏	第二八回	浪華商業	西宮球場で夏の全国大会が復活 秋には第一回国民体育大会が開催され、浪華商業が優勝
一九四七年（昭和二二年）	春	第一九回	徳島商業	選抜大会が復活
	夏	第二九回	小倉中学	九州勢初優勝 秋季九州大会が始まる。翌年から各地で開始
一九四八年（昭和二三年）	春	第二〇回	京都一商	史上唯一の京都勢同士の決勝戦となる
	夏	第三〇回	小倉高校	この大会から新制高校の大会となる 「栄冠は君に輝く」が大会歌となる 小倉高校が学制改革を挟んで二連覇
一九四九年（昭和二四年）	春	第二一回	北野高校	
	夏	第三一回	湘南高校	市立西宮高校の二年生女子生徒が開会式でプラカードを持って行進することに ラッキーゾーン登場
一九五〇年（昭和二五年）	春	第二二回	韮山高校	
	夏	第三二回	松山東高校	文部大臣の始球式が始まる
一九五一年（昭和二六年）	春	第二三回	鳴門高校	
	夏	第三三回	平安高校	甲子園の銀傘が復活

年次	全国大会		優勝校	事項
一九五二年（昭和二七年）	春	第二四回	静岡商業	民放も中継を始める
	夏	第三四回	芦屋高校	沖縄が予選に参加

第五章
高校野球発展の時代

テレビ放送の開始とノーヒットの勝利

予選参加校が一七〇一校に達した昭和二八年、NHKでテレビ放送が始まった。この年の夏、両チーム合わせてわずか一安打という珍しい試合があった。しかも、唯一のヒットを打ったチームは敗れている。

一回戦の慶応高校と北海高校の対戦は、北海高校・田原藤太郎（中日）、慶応高校・川本良樹両投手がともに好投、両チームともまったくヒットを打つことができず、0―0のままで試合が進んでいった。五回裏、慶応高校は先頭打者の四番山田彰一がピッチャーとキャッチャーの間に高いフライを打ち上げた。ところが、この球が風で流されて捕手が落球し、その間に打者の山田は二塁まで進んだ。これは慶応高校の初めて出したランナーであった。続く五番芝端雅雄はバントで送り、六番五十嵐清のスクイズで一点を先行した。しかしヒットはまだ一本も打っていない。六回裏には二死からショートゴロエラーで出塁した薄好男が二塁に盗塁。さらに三塁に盗塁したところ、捕手からの送球が悪送球となってホームインし二点目を入れた。この足を使ったノーヒットでの得点に対し、翌日の新聞では都会派の高校のそつのない攻めと評したが、慶応高校の加藤監督によると、この三塁盗塁はランナーのサインの見間違いだった（『北海野球部百年物語』）。

一方、川本投手にノーヒットノーランに抑えられていた北海高校は、八回表になってやっと一番有田公治がヒットを打って出塁、これが両チーム通じて唯一のヒットであった。

以後、田原・川本の両投手は好投を続けてそのまま試合が終了、ノーヒットの慶応高校が一安打の北海高校を2―0で破ってしまった。田原投手の投球内容は、無安打四奪三振、川本投手も一安打九奪三振というすばらしいものであった。

相手チームをノーヒットに抑えた田原投手は、本来ならばノーヒットノーラン達成なのだが、二点を取られて敗れて負け投手となってしまった。選抜でも初戦で敗れており、甲子園では結局一勝もできなかった。

第35回大会からテレビ放送開始
（昭和28年〔1953〕8月1日。写真提供：朝日新聞社）

優勝旗のない優勝校

二八年夏の大会の決勝は名門松山商業と、新鋭土佐高校の対戦となった。松山商業は戦前からの名門校で、すでに七回目の決勝戦進出であった。一方の土佐高校は、前年の選抜で初めて甲子園に出場したばかりで、夏の大会はこの年が初出場だった。

土佐高校は山本順三（明大）と永野元玄（慶大―甲子園審判）の好バッテリーを擁しており、初戦では一試合一三盗塁の大会記録を樹立して金沢泉丘高校を破ったあと、準々決勝・準決勝は山本投手が二試合連続で完封していた。

この試合、山本投手は立ち上がりから好調だったが、松山商業の空谷投手は制球が悪く、いきなり三連続四球を出したあと、四番永野の犠牲フライと、五番山本のスクイズで土佐高校が二点を先制した。松山商業も二回表に二つの四球とヒットで一死満塁としたが、スクイズがファウルとなって得点できなかった。その後は両チームの野手のファインプレーもあって、２—０のまま試合は後半に入り、八回表に松山商業がレフト前ヒットとフィルダースチョイスのあと、内野のエラーで一点を返した。

そして九回表、松山商業は簡単に二死となったあと、一塁強襲安打にレフト前ヒットと続いて粘りをみせ、ここでエース空谷が打席に入った。山本投手は簡単に二ストライクをとって追い込んだが、ファウルチップを永野が落球、フルカウントと粘られた末に七球目を外野に打ち上げられた。打球は浅いセンターフライだったが台風の余波で風が強く、逆風に押し戻された球は二塁手後ろにポトリと落ちて、土壇場で２—２の同点となってしまった。試合はそのまま延長戦に入り、延長一三回表に松山商業が死球のランナーを二塁打で返して一点を勝ち越し、戦後二度目の優勝を達成した。

土佐高校は攻守交代の全力疾走が評判で、またマナーもよかったことから、試合後の挨拶では「優勝旗のない優勝校」とたたえられた。同校の正式創部は昭和二四年。本来、高知県を代表する私立進学校で、実質的には二二年から活動していたが、二四年に全国制覇した湘南高校の文武両道を理想として正式に創部した。なお、この時土佐高校の選手は「優勝旗が選手通路に運ばれてチラチラ見えている。係員がいそいそと閉会式の準備をしている。それをみていて平静さを失った」（『土佐高野球部誌　全力疾走の軌跡』二〇一二）といわれ、山本投手も「土壇場になりネット裏では閉会式の準備が行われだし、優勝旗が目に止まり功を急いだ」と語っている（『土佐路の白球』一九九六)。そのため、これ以降、試合が終了するまで優勝旗の準備はされなくなった。

過熱によるプロとのトラブル

この頃からプロ野球の人気も急上昇し、選手の獲得などをめぐってプロとアマの間でトラブルになることも多かった。大学生や社会人の場合は双方ともに大人だが、高校生は未成年である。プロ側が高額な契約金で未成年を勧誘したり、両者を仲介する人物が暗躍し始めるのもこの頃からである。

こうしたことが最初に表面化したのが、この大会で優勝した松山商業の空谷投手をめぐる空谷事件である。甲子園終了後のプロ入りの際に起こったことで、甲子園大会とは直接関係ないが、当時高校野球のあり方について波紋を投げかけた事件であった。

昭和二六年、愛媛県東宇和郡宇和町(現西予市宇和町)にある宇和中学校のエース児玉泰の名前は、怪童として近隣に響き渡っていた。中学卒業後は、本来なら学区の関係で地元の高校にしか進めないが、当時地元には野球で有名な学校はなかったため、地元の高校に進学するか、越境してでも有力校に進学させるかについて、関係者の間で議論が戦わされ、結局本人の意志で越境して名門松山商業に進むことになった。

とはいっても学区の壁があるため、戦前に松山商業で活躍し当時は松山市内に住んでいた空谷《そらたに》家の養子となって松山市に移り住み、松山市立城東中学に転校したのである。そして、無事学区内の松山商業に進学することができた。今盛んに行われている野球留学ではなく、「野球養子」ともいうべき方法である。二年後に甲子園に出場した新宮高校のエースの前岡選手も同じ手法をとっており、私立強豪校の少ない当時としては時折みられた方法であった。

児玉改め空谷泰は、松山商業に入学した当初は豪速球ながらコントロールのない投手だったが、中村監督の指導でしだいにコントロールをつけ、三年生となった二八年夏に甲子園に出場した。

甲子園では、初戦の秋田高校を二安打で完封、準々決勝の御所実業も三安打で完封した。準決勝の明治高校（明大明治高校）もわずか二安打で完封し三試合連続完封、打たれたヒットは七本だけという完璧な内容で決勝戦に進み、決勝でも延長一三回サヨナラ勝ちで逆転優勝した。

これだけの投手をプロ各球団が見逃すはずはなく、大会終了後各球団の間で激しい争奪戦が起こった。今と違ってドラフト会議などなく、完全な自由競争であった。そして巨人と中日が勝ち残り、とうとう入札して入団先を決めるという事態になった。入札の結果、空谷投手は中日に入団することになったが、高校生の進路を入札で決めるという異常な事態に対して、高野連は松山商業に一年間の公式戦出場停止処分を降している。

中日に入団後は本来の児玉姓に戻り、六年目の三四年には一シーズン二〇勝を記録するなど、先発投手として活躍した。プロでの在籍期間は、のちに移籍した近鉄時代を含めて九年と短かったが、通算六三勝をあげ、一八完封という記録を残した。

すべての県から甲子園へ

全国の都道府県の中で、戦前には春夏通じて一度も全国大会に出場できなかった県が三つだけある。それが高知県、宮崎県、沖縄県という四国・九州の三県である。沖縄・宮崎はともかく、高知が戦前に一度も甲子園に出場していないというのは、意外に感じる。しかし、戦前の四国は香川・愛媛の北四国勢が圧倒的に強く、徳島・高知の南四国勢はたちうちできなかった。徳島県勢は昭和一〇年の選抜で徳島商業が初出場を果したが、高知

コラム5―1　地方大会でのトラブル

昭和二〇年代後半には、地方大会で観衆を巻き込んだトラブルがあった。二五年夏、富山県で行われた北陸大会に三年連続で出場した高岡東部高校（新湊高校）は、初戦で武生高校と対戦した際、判定に怒った観衆がグラウンドになだれこみ、審判をグランドの片隅に追い込んで暴行するという事件が起こった。高岡東部高校はこの試合に勝ったものの、翌日の準決勝ではあえてエースを登板させず敗退した。大会後、高野連本部から除名（一年で復帰）されただけでなく、富山県のチームすべてが選抜出場権を失うと同時に県外校との試合も禁止されるというきびしい処分を受けた。同時に後援会も解散している。

続いて、二九年夏には東中国大会決勝でも観衆による事件が起こった。関西高校と米子東高校の試合は0―0で延長戦となり、一〇回裏一死二塁から米子東高校八番の大原選手の打った当たりが三塁手の頭上を越えてレフトのライン際に落ち、米子東高校のサヨナラ勝ちとなった。しかし、試合終了後、関西高校の浅越桂一主将（阪神）が三塁線上で主審に抗議をしたのである。これをみた三塁側の関西高校のファン一〇〇〇人がグランドになだれ込み、警官が出動する事態となった。

抗議で判定がくつがえるはずもなく、閉会式は開けないまま、優勝した米子東高校は翌日倉敷駅で優勝旗を受け取って帰郷するという異常事態となった。高野連は関西高校を対外試合禁止処分としたが、上部団体の日本学生野球協会は、「非は県高野連にある」として、年内一杯県高野連主催の試合を全面的に禁止した。そのため県高野連が主催する秋季県大会は開催することができず、岡山県は翌年の選抜に出場する道を閉ざされている。

県勢は一度も出場することができなかった。

この三県のうち、沖縄県は戦後米国の統治下におかれたため、甲子園への道を閉ざされた。また、高知県は二一年夏に再開された戦後第一回大会で城東中学（高知追手前高校）が出場を果たし、以後全国のトップレベルまで駆け上がった。そのため、宮崎県だけが甲子園未出場県として取り残された。

戦前、宮崎県勢は全国的な強豪・熊本工業を擁する熊本県勢の前に予選を勝ち抜けなかった。戦後、二三年の学制改革を機に予選の地域割りが変更され、宮崎県は鹿児島・大分両県と東九州予選を行うことになった。すると、今度は戦後強くなった大分県勢が立ちはだかったのである。

こうした状況を打ち破ったのが、平原美夫監督率いる二九年夏の高鍋高校であった。この年の東九州大会は宮崎県で行われ、地元宮崎県からは大宮高校、高鍋高校、大淀高校（宮崎工業）の三校が出場した。代表決定戦は高鍋高校と大分商業の試合となり、高鍋高校の杉尾貞邦投手が三安打で大分商業を完封して宮崎県勢初の甲子園出場を決めた。

宮崎県高野連の『野球史』（一九八三）には、この時の様子を「期せずして『バンザイ、バンザイ』の声がスタンドに起こり、それが夕闇迫る野球場にこだましました。応援団は勿論のこと、大人から、子供まで、文字通り狂喜し、しばらくの間というよりも、閉会式の終了まで『バンザイ』の声は、波が打ちよせるように果てしなく続いた」と記してある。当時、テレビのクイズ番組で「甲子園に出場したことのない県はどこか」という問題が出されるなど、県の高校野球関係者やファンは悔しい思いをしていた。その喜びが伝わってくる文章である。

優勝旗の盗難

二九年夏の大会に優勝した中京商業では、この年の冬に優勝旗の紛失という球史に残る事件が起きている。中京商業は中山俊丈（中日）と加藤克巳（巨人）のバッテリーを擁し、中山投手が準決勝で新宮高校を二安打一七奪三振、決勝では静岡商業を一安打完封という大活躍をみせて、戦後初優勝を達成した。

優勝校は閉会式で深紅の優勝旗を受け取り、一年間保管して翌年の開会式で主将が大会本部に返還することになっている。この時受け取った優勝旗は、中京商業の校長室に保管していたが、それが何者かに盗まれたのである。

一一月二一日に同校が芦屋高校と練習試合をした際には、優勝旗を芦屋高校の選手にみせているので、その日まで同校にあったことは確実である。ところが、数日後に卒業写真をとろうとした軟式野球部の選手が、校長室から深紅の優勝旗がなくなっていることに気がついた。学校は大騒ぎとなり、野球部員はもちろん、教職員、OBなどが手分けして探したが見つからない。やがて朝日新聞名古屋本社もこの事件に気がつき、学校はやむなく警察に紛失を報告して捜索を依頼した。

深紅の優勝旗のように目立つものを換金できるはずはない。自宅に隠し持っておくのも大変で、そんなに遠くにも持っていけない。警察では恨みを持つ者が盗み出して、近くに隠してあるはずだとして捜査を開始した。学校側も、卒業生有志を動員して探し続けたが見つからず、とうとう年を越してしまった。

警察の捜査は難航し、学校は発見者に謝礼金一〇万円を進呈すると発表したが、あいかわらず見つけることができなかった。学校には、占いや予言者などからのさまざまな投書がよせられた。このまま見つからなければ、夏の大会で困ってしまう。高野連でも、あきらめて新しい優勝旗を新調しようという意見も出はじめた二月一四日になってやっと優勝旗が発見された。

見つかったのはまったく偶然であった。中京商業から六〇〇メートルほど離れている市立川名中学校で、廊下の修理のために床下にもぐり込んでいた人がおかしな風呂敷を見つけ、あけてみると中に優勝旗が入っていたのである。連絡を受けた学校関係者は中学校まで一気に走りぬけて優勝旗と対面したそうである。

結局犯人はわからないままであったが、無事に戻った優勝旗は以後金庫に保管され、夏の大会の開会式で大会本部に返還された。

坂崎大明神と敬遠作戦

三〇年の選抜では浪華商業の打棒が注目を集めていたが、なかでも坂崎一彦（巨人―東映）は坂崎大明神と呼ばれて、各校から恐れられていた。初戦は谷本隆路（早大）と広島尚保（中日）の継投で立教高校をノーヒットノーランに抑えると、二回戦では小倉高校に逆転勝ちし、準々決勝は平安高校に大勝。準決勝では県立尼崎高校に四安打に抑えられながら1―0で降して決勝に勝ち進んだ。

一方のブロックからは桐生高校が勝ち上がった。今泉喜一郎（大洋）と田辺義三（西鉄）のバッテリーに、ライト間所宏全（阪急―永幸工場―立正佼成会）を擁して出場。初戦の天理高校戦は0―0で迎えた九回裏に間所の二塁打と、小柴輝夫のレフト前ヒットでサヨナラ勝ち。準々決勝の明星高校戦では一七安打で一二点を奪う一方、今泉投手がノーヒットノーランを達成した。準決勝も6―3で高田高校に打ち勝っての決勝進出だった。

決勝に際し、桐生高校の稲川東一郎監督は坂崎に対して徹底した敬遠を指示した。今泉投手は四回の無死一二塁の場面でも敬遠するなど四打席を敬遠で歩かせたが、六回裏の一死一塁の場面だけは二ストライク二ボールのカウントから勝負に行った。しかし、この球はど真ん中に入って坂崎にライトスタンドに運ばれ、逆転二ランホームラン。結局試合も延長一二回3―4でサヨナラ負けを喫している。

敬遠するなら徹底的にしないと意味がない、ということだが、この三八年後に徹底した敬遠が大議論を呼ぶことになるとは誰も想像していなかった。

桐生高校・稲川監督

坂崎に対して敬遠を指示した桐生高校の監督稲川東一郎は、実に四四年にわたって同校の監督をつとめたという、なかば伝説的な人物である。

稲川監督は明治三八年福島県東白川郡棚倉町の生まれ。意外なことに地元群馬県の生まれではない。尋常小四年の時に桐生市に移り、桐生中学三年の時に野球を知った。五年生の大正一二年一月に同校に野球部が発足、三月には卒業して東京・新宿で父の仕事を手伝うようになるが、まもなく帰郷して母校の野球部の練習に参加。同年七月の関東予選に桐生中学が初参加した際には、後輩とともに自ら出場している（当時は出場資格があいまいであった）。

以後、家業の手伝いをしながら桐生中学野球部の指導を続け、昭和二年夏に初めて予選を勝ち抜いて全国大会に初出場を果たした。当時は監督制度がなかったため甲子園ではベンチには入っていない。結婚後も野球指導に専念したため父から勘当されたが、八年に桐生中学から正式に監督就任を要請されて就任、同年の選抜大会で初めて甲子園のベンチに座った。以後、桐生中学は甲子園出場を重ね、一一年選抜では準優勝するなど、全国的な強豪校として認知され、稲川監督の名声も高まった。

戦後もすぐに桐生中学の監督に復帰、また社会人チーム全桐生の監督にも就任した。二〇年一一月にはプロ野球東西対抗戦に出場した東軍チームと対戦して勝利を収めている。翌二一年には都市対抗で準優勝、二二年には桐生中学が選抜大会に出場と、中学野球、社会人野球両方で活躍した。

この頃複数のプロ球団から監督就任の要請があったが断って桐生高校の指導を続け、三〇年に今泉喜一郎投手を擁して春夏連続出場。春は一九年振りに決勝戦に進み、延長戦の末に浪華商業に惜敗した。四二年選抜に出場後、帰郷して春季県大会に出場。伊勢崎市営球場で桐生工業にリードされていた六回、突如ベンチで倒れて入院した。試合は逆転で勝利したが、選手が病院にかけつけた時はすでに意識がなく、二日後にユニフォーム姿のまま死去した。

宮本武蔵の「五輪書」を愛読し、相手チームのデータ収集に力を注いだ先駆者でもある。甲子園出場回数は非公式時代を含めて二四回、うち二回の準優勝を達成。野球が盛んで「球都」と呼ばれた桐生市の功労者であり、平成一三年には市制八〇周年を記念して市から特別表彰を受けるなど、高校球界を超えて郷土の英雄となっている。

ハワイ遠征と佐伯通達

空谷事件の起こった二年後の三〇年夏に、プロのあまりにも激しいスカウト合戦を憤った佐伯達夫高野連副会長が各高校に対して注意書を発送した。これが「佐伯通達」といわれるものである。

この年の甲子園には、選抜で優勝した浪華商業の坂崎一彦・山本八郎（東映―近鉄）・勝浦将元（大洋）の強打トリオや、夏に優勝した四日市高校のエース高橋正勝（巨人）をはじめ、桐生高校の今泉喜一郎と田辺義三のバッテリー、新宮高校の前岡勤也投手（阪神―中日）、小倉高校の畑隆幸投手（西鉄―中日）、日大三高の並木輝男投手

（阪神—東京）、成田高校の牧野宏投手（法政大—日本石油—阪急）など、逸材のたいへん多い大会であった。

大会終了後、各チームから一七人が選抜されて全日本チームが結成され、初めてハワイに遠征。七勝三敗という成績で帰国した。このチームのメンバーはそうそうたるもので、プロ各球団は二年前の空谷事件を上回る激しい争奪戦を展開した。

全日本のメンバー

前岡勤也	新宮高校	阪神—中日
畑　隆幸	小倉高校	西鉄—中日
高橋正勝	四日市高校	巨人
富永格郎	立命館高校	東映—産経
岡崎秀智	坂出商業	中央大—電電関東
岡村公音	城東高校	明大—拓銀
田辺義三	桐生高校	西鉄
山本八郎	浪華商業	東映—近鉄
勝浦将元	浪華商業	大洋
松本敏捷	城東高校	近畿大—電電四国
辰市裕英	立命館高校	阪神
庵野　実	新宮高校	明大—大和証券

西岡清吉　城東高校　国鉄—産経
坂崎一彦　浪華商業　巨人—東映
桃原正樹　中京商業　早大—日本石油
山田幸夫　坂出商業
間所宏全　桐生高校　阪急—永幸工場—立正佼成会

スカウトたちは、選手の両親や関係者に会っては札束攻勢を行い、全日本チームの宿舎の一室を借りて個別に選手を食堂に連れ出して食事をさせては勧誘するという状態だった。また球団の関係する新聞社の車で空港に家族が乗りつけるということもあり、「某選手には○○円の現金が渡された」などという噂が広がりはじめた。ハワイ遠征の解団式のあと、高野連は各校の部長に選手の引き取りを要請した。二重契約の疑いもあるという指摘を受けていた小倉高校の畑投手の場合、部長が指定宿舎を避けて部長の叔母の家に直行したが、運転手が「つけてくる車がある」というので、渋谷の交差点でまき、叔母の自宅に逃げ込んだ（『倉高野球部百年史』）という映画のような状況だった。

事態を重くみた佐伯は九月一二日に帰国した選手に持論を展開した。ところが、この内容が「プロへやりたい親の気持ちを考えてみると、自分の子を昔の女郎のように金で売って自分が楽をしようと考えている」（『佐伯達夫自伝』）といったものであった。しかも、佐伯は九月一六日にはこれを文章にして、遠征に参加している選手の高校の校長や各府県の高野連宛に注意書を出したのである。これがいわゆる「佐伯通達」で、『佐伯達夫自伝』によると、事前に内容をみた大阪府高野連会長が「表現をいくらか手直しして、やわらげた」とのことだが、それでも充分に過激なものであった。「目先の誘惑に惑わされて、プロの選手となるようなものが続出するようでは、私供が骨身を惜しまず高校野球のために努力していることの意義は全くない」といいきり、全日本チームのメンバーが続々とプロ入りするようであれば、高校野球の将来は暗いと断定するなど、あきらかにプロ野球を蔑視したものであった。

佐伯副会長が高校野球の発展に心血を注いでいるのは誰の目にもあきらかであった。また、プロのスカウトの行為が行き過ぎているのもあきらかで、この注意書は議論を呼びながらも、原因はスカウトにあるとして、プロ側も自粛をするようになった。しかし、こうした佐伯通達にもかかわらず、ハワイ遠征に参加した一七人の選手のうち一〇人が帰国後にプロ入りしている。

佐伯達夫
（写真提供：産経新聞社）

その年の暮れには、高野連とプロ側がそれぞれ高校生のプロ入りに関する規定をつくり、節度ある競争が行われるように申し合わされた。また、プロ球団も、毎年一五〇人前後の高校生を採用しては一～三年で大半を解雇するという乱暴なやり方をやめ、本当に期待できる選手だけを採用するように転換していったのである。

門岡事件

佐伯通達から六年後、今度は甲子園の大会期間中にプロ入りを発表するという事件が起こった。それが、門岡投手事件である。

三六年夏、大分県の高田高校が好投手門岡信行を擁して甲子園に初出場した。初戦で高知商業と対戦、0―5と完封で敗れて甲子園をあとにしたが、その帰途に門岡選手が中日球団への入団を発表したのである。

門岡は中学時代から評判の投手で、無名の高田高校に進学すると、一年秋にはエースとして九州大会に出場。準決勝に進んで鹿児島玉龍高校と対戦、ヒット二本に抑えたが、この二本がいずれもホームランで、0―2で敗れて選抜大会を逃している。この頃からプロ各球団の注目を集め、阪神を除く一一球団のスカウトが激しい争奪戦を繰り広げた。同校は完全な門岡のワンマンチームで、三年生の夏にやっと甲子園に出場したものの、初戦で対戦した高知商業に高めに浮く球を狙われて0―5で敗退した。この時、オリオンズからはすでに五〇〇万円を受け取っていたともいわれていたが、敗れた翌日に中日球団の高田代表と会って同球団に入団することに決めた。中日球団はただちにコミッショナー事務局に入団の書類を提出、門岡自身も帰郷の途中に別府港で中日入りを表明したため大問題となった。

佐伯通達のあと、高野連は退部したあとでなければプロ球団と交渉してはいけないという規定を作っていた。甲子園の帰り道に発表したということは、かなり以前から交渉していたことは明白である。しかも、その日はまだ甲子園大会が開催中だったため、佐伯副会長は烈火のごとく怒り、高田高校を一年間の対外試合禁止処分にしたのである。

ところが、この問題は、地元の人権擁護委員が高野連の制裁は厳しすぎるとして訴えたため、国会でも取り上げられることになった。社会党の赤松勇議員は、高校生がプロ野球の球団と契約するのは職業選択の自由であって、そのことを理由に本人が村八分にあったり、学校の部活動が一年間停止させられるのは人権蹂躙ではないか

コラム5—2　ああ幻の甲子園

夏の甲子園の代表決定戦は、高校野球のすべての公式戦の中で最も重要な試合である。勝てば甲子園に出場、負ければ県大会敗退で、その差は天国と地獄である。とくに、開校以来初の甲子園出場がかかっていると、その重要性はさらに増してくる。

しかし、この試合にさえ勝てば甲子園への出場切符を手に入れることができると思うと、どうしても選手は緊張し、通常やらないようなミスをおかしてしまうことがある。戦っているのは高校生だけに、このすさまじいプレッシャーに打ち勝つのは難しい。

昭和三一年夏の地方大会でのことである。当時は栃木県と群馬県の代表が北関東大会を行い、勝ち残った一校だけが甲子園に進むことができた。

この年の代表決定戦では、栃木県の足利工業と群馬県の藤岡高校が甲子園をかけて対戦した。試合は1—1の同点で延長戦に入り、延長一五回裏、藤岡高校の攻撃で二死満塁からヒットが出てサヨナラ勝ちとなり、藤岡高校は甲子園初出場を決めたはずであった。

しかし、この時に一塁走者がうれしさのあまり二塁を踏まずにベンチに戻ってしまった。これに気づいた足利工業の選手が二塁ベースにタッチしてアピール、藤岡高校の得点が取り消されてしまったのである。試合は再開され、延長二一回まで続いた末に、足利工業が勝利した。

このチャンスを逃した藤岡高校は、その後一度も甲子園に出場することができないまま、平成一九年に廃校となってしまった。

とただしたのである。しかし、参考人として国会に出席した佐伯副会長は、高野連の方針に賛同するものだけで甲子園大会を開いている、として突っぱねた。

このことが原因で、翌三七年春に高野連はプロ野球関係者の高校野球界への復帰を全面的に禁止し、さらにプロ野球関係者との接触も一切禁止するにした。

これ以前は、元プロ野球選手が高校野球の監督に就任することは珍しくはなかった。大阪の明星高校には松竹で三九勝をあげて最多勝を獲得した真田重蔵が監督に就任していたほか、米子東高校の岡本利之監督や、九州学院高校の八浪《やつなみ》知行監督など、当時は各地にプロ経験のある監督がいた。真田監督は三八年夏に明星高校を率いて全国制覇をしたが、元プロという肩書きのためにいづらくなり、まもなく高校野球を去ってプロ球界に戻っている。

高校とプロの断絶は年々激しくなり、プロ野球選手の息子である高校野球選手は、父親と野球の話をしただけで通報されるという異常な風潮となった。また、プロ入りしたものの数年で退団した選手が、自分の学んだ技術を後輩の高校生に指導したいと考えても不可能という、いびつな時代が長く続くことになった。

強豪私立の誕生

昭和三〇年代は各地で強豪私立校が続々と誕生した時期である。経済が成長して高校進学率が高まる一方、ベビーブーム世代の高校進学も重なって、新しい高校が次々と創立された。こうしたなか、私立高校では創立当初から野球部に力を入れる学校が多かった。ただし、この頃は通学範囲内の有力中学生に声をかけるというものが主流で、全寮制で県外から呼んだり、特待生といった優遇措置をとる学校は少なかった。県外にまで声をかけなくても生徒は充分集まったことや、情報の未発達により、他県の中学生情報まではわからなかったことが理由だろう。結果として、活躍する選手達は地元の選手で、甲子園で活躍することで地域に溶け込むことができ、しだいに名門校になっていった。

そうしたなか、早くから全国の選手を集めていたのがＰＬ学園高校である。パーフェクトリバティ教団という宗教団体が母体となっていることから、そもそも募集範囲は全国を対象としている。三〇年に創立して翌三一年に創部。甲子園に初めて出場したのは三七年の選抜で、いきなりベスト八に進んだ。このチームの中心打者でのちに大洋などで活躍した中塚正幸は香川県高松市の桜丘中学出身であるなど、全国から広く選手が集まっていた。

関東地区で野球留学が有名だったのが、東海大相模高校である。同校は昭和三八年に創立されて、創立と同時に創部。四一年に、前年夏に初出場の三池工業を全国優勝させた原貢監督を招聘して強豪校となった。同校が東海大として六番目の附属校であることからもわかるように、東海大学は全国にネットワークを持っており、そこから有力中学生をスカウトして進学させることができた。ただし、ＰＬ学園高校にしても東海大相模高校にしても、部員の大半が野球留学というわけではなく、地元選手の中に野球留学生が多数混じっているという状況だった。

しかし、これ以外のほとんどの高校は、地元中心の選手であった。この時期に創部された名門校には、三〇年創部の海星高校（三重県）、三一年の名古屋電気（愛工大名電高校）、三二年の近江高校、京都西高校（京都外大西高校）、三三年の日大山形高校、三四年の福井実業（福井工大福井高校）、三五年の国学院栃木高校、三六年の三重高校、三七年の星稜高校、東京農大二高、三八年の中京高校（岐阜県）、東洋大姫路高校、三九年の駒大岩見沢高校（廃校）、駒大苫小牧高校、四〇年の智弁学園高校、四一年の桐蔭学園高校などがある。

一県一校で大会を開催

昭和三三年夏は第四〇回の記念大会にあたり、複数県による二次予選を行わず、沖縄県も含めて各県の優勝校四七校がそのまま全国大会に参加した。前年と比べて試合数が一挙に増加するため、三回戦までは会場を甲子園球場と西宮球場の二ケ所とし、痛みのひどかった優勝旗も新しく作りなおした。

翌年からは再び二次予選が復活、以後は五年ごとの記念大会でのみ一県一校で行われた。三八年の第四五回大会でも西宮球場が使われたが、西宮球場で試合をした選手からは、甲子園球場で試合ができなかったことの不満が大きく、三回目の記念大会となる四三年の第五〇回大会からは甲子園球場だけでの開催となっている。

以後、すべての試合を甲子園球場だけで開催しており、大阪府や神奈川県など六府県を二分割して五五代表とした平成一〇年や二〇年の大会でもすべて甲子園球場でまかなった。この時代、もはや高校野球の全国大会を甲子園以外で開催することは考えられなくなっていた。

鉄腕板東英二

この三三年夏の大会で活躍したのが徳島商業の鉄腕板東英二である。板東は、この年の春季四国大会の高知商業戦では延長一六回を完投、三時間三〇分に及ぶ激闘の末に相手の暴投で2―1と降した。この試合、板東は四安打二一奪三振に抑えている。

勝った徳島商業は決勝で高松商業と対戦したが、この試合は準決勝も上回る大変な試合になってしまった。先発した板東は試合途中に折れたバットで右親指にけがをしたが、それをものともせず力投、0―0で再び延長戦に。試合は二五回まで続き、一死三塁からスクイズの構えをみてウエストした板東のボールが暴投となって失点、さらに岡村浩二（立教大—阪急—東映）のタイムリーでもう一点を取られて0—2で敗れた。敗れたものの、板東はこの試合も完投、八安打二六奪三振という好投をみせている。午後一時に始まった試合が終了したのは六時二七分。試合時間五時間二七分というのは、明石中学—中京商業の四時間五五分を三二分も上回る。これを受けて高野連では、延長戦は一八回で打ち切って再試合にする、という制度を導入した。

引き分け試合の制度をつくった板東は、甲子園でその引き分け再試合の初の適用者ともなった。板東は夏の甲子園にも出場、初戦の秋田商業から一七奪三振、続く八女高校から一四奪三振と、その豪速球が冴えわたっており、準々決勝で無名の初出場校・魚津高校と対戦した。

第40回大会 対秋田商で力投する徳島商の板東英二投手
（昭和33年〔1958〕8月11日。写真提供：朝日新聞社）

試合は、豪速球の板東投手と打たせて取る魚津高校のエース村椿輝雄（三菱重工）という対照的な投げ合いで始まり、両投手の好投で0—0のまま延長戦に入った。延長に入ってからも両投手は好投が続いた。一八回表徳島商業は一死一三塁としてスクイズをしたが失敗、さらにダブルスチールを敢行したものの、捕手の二塁への送球をショートがカットしてホームに返球、三塁ランナーがアウトとなって無得点に終わった。

その裏、魚津高校も河田政之助がセンターオーバーの大飛球を打ったが、フェンスに当たった球が偶然センターの前にはね返り、ショートを経て三塁に送球、タッチアウトとなった。結局、この回も両チーム無得点に終わり、この年から設けられた一八回で再試合という規定が適用されて、再試合となった。

翌日、鉄腕板東投手は再び先発したが、魚津高校の村椿投手は先発せず、一年生の森内正親が先発した。四回に徳島商業が一点先制したところで村椿選手がリリーフしたが、徳島商業は六回にも追加点をあげ、終盤魚津高校の猛攻を受けたもの、板東投手がかわして3―1で二日がかりの試合に決着をつけた。

富山県勢は、石川県や福井県勢に阻まれてなかなか甲子園に出場することができず、新制高校の大会になってから夏の甲子園に出場したのはまだ二度目だった。魚津高校のこの活躍に県民は湧き、選手が夜行列車で魚津に着くと歓迎の市民であふれていた。村木小学校で開かれた歓迎会には一万人以上がつめかけ、市中パレードではナインを乗せたオープンカーが市民に取り囲まれて身動きできなくなった（『富山県高校野球物語』北日本新聞社編、一九八〇）。

死闘を制した板東投手は準決勝で作新学院高校も破って決勝に進んだものの、さすがに柳井高校との決勝では疲労から打ち込まれ0―7と完敗した。ちなみに板東投手がこの大会で奪った八三奪三振は大会記録となっている。

板東はプロ入りして中日でリリーフ投手として活躍したのちにタレントに転身、村椿はプロから誘われたものの社会人野球に進んだ。

沖縄からの出場と甲子園の石

三三年夏は沖縄県勢の甲子園初出場の大会でもある。

戦後、本土にさきがけて高校野球が始まった沖縄だったが、優勝してもそこで終わりで、甲子園につながる大会ではなかった。ところが二七年に東九州大会に特別参加することが決まった。代表の石川高校は初戦で鹿児島高校に1—5で敗れたが、これを機に沖縄県高校球界は甲子園を目指して戦うようになった。

翌二八年には沖縄予選が始まり、優勝した石川高校が二年連続して東九州大会に出場した。しかし、本土との実力の差は大きく、沖縄代表は、東九州大会、南九州大会を通じて一勝もあげることができなかった。三一年には沖縄県高校野球連盟も創立された。

首里高校にある甲子園出場記念碑
（台座にはめ込まれた石が甲子園球場の石。写真提供：沖縄県立首里高校）

記念大会として一県一校となった三三年夏、佐伯達夫高野連副会長の「鶴の一声」で、沖縄県の代表校も甲子園に参加することになった。そして、県大会で優勝した首里高校が沖縄県勢として初めて甲子園の土を踏んだ。

八月八日に行われた開会式では、首里高校の仲宗根弘主将（東京経済大—沖縄三越）が選手宣誓をしたが、開会式前日の予行演習の際に突然告げられ、その晩に宿舎で丸暗記して本番に臨んだという（『チバリヨ！　沖縄球児』日本スポーツ出版社一九九九の　仲宗根のインタビュー）。甲子園初の試合は大会二日目の第三試合で、相手は福井県の常連敦賀高校。スタンドには関西在住の沖縄県人会のメンバーが詰めかけ、指笛が飛び交うなかで試合が始まった。在校生が応援に来られないため、地元の報徳学園高校と、熊本県の済々黌高校の友情応援もあった。結果は、敦賀高校の泉投手にわずか三安打に抑えられ、0―3と完封負けしたが、一二安打されながら三点に抑えたのは善戦といえた。試合のあと、首里高校のナインは他校の選手と同じく甲子園の土をバッグにつめて帰郷の途についた。

この時、沖縄はまだ米軍の統治下にあり、首里高校の選手はパスポートを持って甲子園に参加していた。当時の沖縄にとって日本は「外国」という扱いだったためで、沖縄に入るには植物検疫もあった。そして、外国から土を持ち込むことはこの検疫に違反するとして、選手が持ち帰ってきた土は検疫官によって海中に捨てられてしまった。

この話を聞いた日本航空のスチュワーデスが、検疫に引っかからない「甲子園の石」を桐の小箱に入れて沖縄に飛び、首里高校ナインに手渡した。この時の箱は今でも、首里高校の校庭にある友愛の碑の台座に埋め込まれている。

沖縄初勝利へ

夏に続いて三五年の選抜には那覇高校が選ばれた。こうして春夏ともに出場を果たした沖縄県勢は、次は初勝利を目指して戦うことになった。三七年夏に安仁屋宗八（琉球煙草―広島―阪神）を擁した沖縄高校（沖縄尚学高校）は南九州大会で宮崎県勢を破って甲子園に出場。そして、翌三八年首里高校が玉那覇隆司投手を擁して春夏連続して出場した。

選抜大会では初戦でＰＬ学園高校の戸田善紀投手（阪急―中日）に史上最多（当時、現在は選抜最多）の二一奪三振を喫して完敗したが、夏は初戦で日大山形高校と西宮球場で対戦、玉那覇と又吉民人（早大―沖縄県野球連

コラム5—3　甲子園に死す

昭和三四年夏、一人の監督が甲子園のベンチで倒れ四日後に息を引き取った。この壮烈な戦死をとげたのが戸畑高校の直村鉄夫監督である。

直村が戸畑高校の監督となったのは二七年四月。当時の福岡県は小倉高校の全盛時代で、甲子園出場を果たしたのは監督就任六年目の三二年夏であった。初戦で高知高校を降すと、準々決勝では安藤元博投手（早大—東映—巨人）を擁して優勝候補だった坂出商業を、清水健二郎投手が完封してベスト四まで進んだ。

三四年には部長も兼ね、岡村軍司投手を擁して春夏連続して甲子園に駒を進めた。しかし夏の県大会終了後、体調を崩して甲子園に向かう列車の中で発熱、甲子園練習でもノックバットが握れないほど悪化していたという。それでも初戦の日大二高との試合にはベンチ入りし采配を振るっていた。0—0で迎えた六回表、二死無走者から井戸崎投手が左中間に三塁打を打たれると、投手を岡村に代えたが再び三塁打を打たれて先制点を失った。そしてその直後、「しまった」という言葉とともに直村はベンチで倒れたのである。関係者がかけよった時にはすでに意識がなかった。すぐ担架で球場をあとにして阪大病院に入院したが、意識の戻らないまま四日後の八月一五日に化膿性髄膜炎で死去した。享年四二。担架の上からも誰にともなく、「がんばれよ」と声をかけたのが、最期の言葉となった。

翌三五年夏、失点のきっかけとなった三塁打を打たれた井戸崎投手と、エースの藤津靖雄の二枚を擁したチームは、直村監督の「がんばれよ」という遺言を胸に執念の粘りをみせ代表の座を勝ちとった。甲子園の開会式では、県大会の優勝旗を持った近藤主将に続いて藤津が直村の遺影を抱いて行進した。

盟理事長）の継投で4―3で勝ち、沖縄県チームとして甲子園初勝利をあげた。『全国高等学校野球選手権大会五〇年史』には「総立ちの応援団の歓声が、西宮球場をゆるがした。ナインの目からも、応援席の人たちの目からも涙がほおを伝わり落ち球場全体に感動の波が広がって行った」とある。やがて全国屈指の強豪地区となる沖縄県が、全国大会で勝ちとった初の一勝だった。

北海道大会の南北分割

三四年夏、北海道地区が分割されて七七校参加の北北海道大会と、六九校参加の南北海道大会となった。まだ複数の県から一代表の時代に北海道からは二代表というのも不自然だが、北海道は面積が広大なだけではなく学校数も多く、他地域とバランスをとるための二分割であった。

しかし、北海道を南北に分割すると、その格差が大きくなる。私立高校が多数ある大都市札幌市だけでなく、函館市、小樽市、室蘭市、苫小牧市など、都市部を多く抱える南北海道に対して、北北海道では旭川市と釧路市、帯広市を除くと大きな都市はない。高校球界でも、多くの部員を抱える有名私立高校が多数ある南北海道に対して、北北海道では小規模な公立高校が多数占め、どうしても実力的には見劣りがする。とくに北北海道のチームは冬場の練習があまりできないため、選抜をかけた秋季全道大会ではなかなか上位に入れず、夏でもそれほど気温が上がらないため夏の甲子園では、相手とは別に気候との戦いがまっていた。

さらに、一貫して人口の増え続ける札幌市に対して、北北海道の各地では人口が減少、高校数も減少していった。この年は北大会のほうが八校多かったが、やがて南大会が逆転した。そこで、南空知地区を南北海道から北北海道に移して調整したが、その南空知地区の強豪駒大岩見沢高校が廃校となるなど、南北格差はなかなか縮まらない。

夏春連覇と怪童尾崎

戦後になって人々の記憶に残るような強力チームがいくつか登場したが、この時期に立て続けに二つの強豪チームが現れた。

最初に活躍したのが、三五年夏から夏春連覇した法政二高である。エースの柴田勲（巨人）が五番を打ち、一番的場祐剛（大洋）、二番幕田正力（日本石油）、三番高井準一（近鉄）、四番幡野和男（阪神）と続く強力な打線であった。初戦の御所工業（御所実業）戦では全員安打の猛攻で一四点を取って大勝、以後の四試合は柴田がすべて完封する一方、打線は四試合で二一点を奪い、圧勝で全国制覇を達成した。

実はエース柴田をはじめ、この時のメンバーの大半は二年生であった。翌年は三年生になった柴田投手の控えに村上雅則（南海―米ジャイアンツ―阪神―日本ハム）も加わり、一番幕田、二番五明公男（法政大―法政大監督）、三番的場、四番是久幸彦（東映）、五番柴田という布陣でさらにチームはパワーアップしていた。

三六年の選抜では、初戦で北海高校を破ると、準々決勝で怪童・尾崎行雄（東映）がエースの浪商高校（大体大浪商高校）との対戦となった。この試合は浪商高校が一点を先制したが、法政二高は五回に二死二塁から打ったなんでもないセカンドゴロがイレギュラーして外野に転がり同点、さらにヒットエンドランと好走塁で一挙に逆転に成功した。その後、七回にも一点を追加して、事実上の決勝戦といわれたこの試合に勝利を収めた。

以後は、準決勝で平安高校に大勝、決勝でも柴田投手が高松商業を完封して夏春連覇を達成し、法政二高は「戦後最強のチーム」という名声を不動のものにした。

続いて夏も予選を勝ち抜き、史上初の三季連続の優勝を目指した。初戦の宇都宮学園高校は一五安打で圧勝、大社高校は完封、報徳学園高校も八点差で大勝し、準決勝で再び尾崎投手率いる浪商高校と対戦した。

この試合で、法政二高は一回裏に二死一塁でレフトにヒットエンドランを成功させる。この時左翼手の緩慢なプレーをみた一塁走者の柴田選手は、一気に三塁をけってホームインして一点を先制した。のちに巨人で盗塁王として活躍することになる柴田選手の片鱗をかいまみせた走塁であった。一方、凡プレーをした浪商高校の左翼手は当時一年生の高田繁（明大―巨人―日本ハム監督他）で、この試合をきっかけに外野手の守備の大事さを実感、精進を重ねてのちに巨人の名外野手となっている。

四回には捕手のパスボールもあって法政二高が二点をリードしたが、九回に同点とされて延長戦に入り、一一回に併殺崩れと犠牲フライで二点を取られて2―4で敗れた。法政二高を破った浪商高校は、決勝でも桐蔭高校を三安打で完封して優勝した。

浪商高校二年生の尾崎投手は大会後に高校を中退してプロ入り、翌年にはいきなり二〇勝をあげるなど、当時すでにプロ級の選手だったため、最強といわれた法政二高が敗れたのも仕方ないことといえるかもしれない。

史上初の春夏連覇

翌三七年には作新学院高校が、甲子園史上初めて春夏連覇を達成した。

作新学院高校は地元栃木県では戦前から活躍する強豪だったが、甲子園に出場したのは三三年夏が初めてという、全国的にみれば新鋭高校であった。三七年の選抜にエース八木沢荘六（早大―ロッテ）を擁して選抜に出場した。

初戦で久賀高校を5―2で破ったあと、準々決勝の八幡商業戦は0―0で延長一八回引き分け再試合。翌日朝八時からの再試合では熊倉が先発したものの一回に指にけがをして八木沢がリリーフ、2―0で完封勝ちした。準決勝でも松山商業を2―1とリードしながら九回に追いつかれ、延長一六回にエラーで出たランナーが、ボークとエラーでホームインするというラッキーな決勝点を入れて辛勝。決勝戦では八木沢投手が日大三高に七安打されながらも1―0で完封し、初優勝を果たした。この大会、一番の中野孝征（岩崎電気―日本楽器―ヤクルト）は九打席連続出塁の大会新記録をマーク、これは五八年に享栄高校の藤王康晴（中日―日本ハム）に破られるまで大会記録であった。

この年選抜を制した作新学院高校は、夏も甲子園への切符を手中にすることができた。ところが、甲子園入りすると大阪で擬似コレラが発生していた。この時、たまたま下痢をしていた八木沢選手が検査を受けると赤痢の疑いがあるという診断が出たのである。作新学院高校野球部の『栄光の一〇〇年史』（二〇〇三）に掲載されている座談会によると、八木沢は大阪に出発する前々日に一日だけ実家に帰り、そこで食べたかき氷が原因ではないかとのこと。電車の中ではすでに下痢をしており、開会式の終了後、練習中にホテルに呼び戻され隔離された。幸い他の選手からは反応が出ずチームは出場できたが、八木沢は当然出場停止となってしまった。

突如エースがいなくなってしまった作新学院高校は、急きょ控え投手の加藤斌（中日）を起用して、初戦の気仙沼高校戦に臨んだ。この試合は作新学院高校が一点を先制したが、四回に加藤のボークで同点。その後も作新学院高校はせっかく出たランナーが牽制で殺されるなど、エースのいないチームにはあきらめムードが漂っていた。しかし、好投を続ける加藤投手に励まされて、延長一一回にエラーで出塁した高山忠克（国鉄―産経―ヤクルト―阪神）が、センター前ヒットの際に猛然とホームにスライディングして捕手の落球を誘い2―1でサヨナラ勝ちを決めた。

以後息を吹き返したチームは快進撃を続ける。二回戦の慶応高校に7—0と圧勝したあと、入院していた八木沢選手も退院。準々決勝の県岐阜商業では中野の五打数五安打の活躍などで七点差で降し、準決勝、決勝は加藤投手が完封して、春夏連覇を達成した。

夏にはエースを欠きながらも連覇を達成したため、この作新学院高校の本来のチーム力は高く評価され、もし八木沢が出場していたらどういう展開になっていたのだろうか、と当時たいへん話題になった。

奇跡の大逆転

この間、三六年夏には今でも語り草となっている奇跡の大逆転劇があった。この年の夏に初出場を果たした兵庫県の報徳学園高校と、岡山県の倉敷工業の試合のことである。

試合は報徳学園高校・酒井葵三夫（明大）、倉敷工業・永山勝利両投手の先発で始まった。倉敷工業は予選の直前にエースの森脇敏正が鎖骨を骨折、急きょ永山を投手に起用しての甲子園出場だったが、そんなことは感じさせない好投で0—0の無得点のまま延長戦に入った。そして、延長一一回表に試合が大きく動いた。倉敷工業はエラーから一死満塁とし、二塁打で二点を先制すると、緊張の糸が切れた酒井投手に対して猛打が爆発、一挙に六点をあげて誰の目にも試合は決まったとみえた。

ところが、その裏にとてつもないことが起きたのである。報徳学園高校は、先頭の代打平塚選手が内野安打で出塁すると、一死後、死球とライト前タイムリーで一点をあげ、さらに一塁ゴロの間に二点目を入れた。四点差で二死三塁という場面で、倉敷工業は永山投手を三塁に回し本来のエース森脇を登板させた。三塁ランナーがホームインしたところでまだ三点差あるため、けがに苦しんだエース森脇にも甲子園のマウンドを踏ませたいという監督の温情であった。

しかし、森脇投手は四球とレフト前タイムリーヒットで三点差とされた。ここで監督は三塁から再び永山投手を呼び戻したが、火のついた打線はとまらず、満塁からのセンター前タイムリーで二点が入って一点差。そして、この回二度目の打席に入った平塚がセンター前に打ち返してついに6―6の同点となった。結局、一二回裏に満塁からのライト前ヒットで報徳学園高校がサヨナラ勝ちした。

一一回裏二死から故障の森脇投手を登板させたことがこの奇跡の逆転劇の始まりだが、試合終了後、倉敷工業の各選手は森脇投手を登板させた監督に感謝の言葉を伝えたという。

以後、報徳学園高校は「逆転の報徳」の異名を持ち、延長戦で大量得点を取られたチームの監督は、しばしばこの試合を引き合いに出して、「あきらめずに最後まで頑張ろう」と檄をとばす光景がみられた。

高知高校、傷だらけの栄光

三九年夏の高知高校の全国制覇は悲惨なものだった。大会を代表するような好投手から続けざまに死球にあい、主力選手がリタイアしていったのである。この年の五月、のちに名監督として名をはせる溝淵峯男監督が同校の監督に就任。そして、同年の夏にエースで四番を打つ有藤《ありとう》通世（のち道世、近畿大―ロッテ監督）を中心として甲子園に出場した。

甲子園初戦の秋田工業戦では背番号一一の二年生光内数喜（芝浦工大―鐘淵化学―高知中監督）が先発し、エースの有藤はライトで出場していた。一回裏、高知高校が一点を先制した直後、四番打者の有藤は秋田工業の好投手・三浦健二（日本石油）の四球目を口に受けて昏倒した。有藤は前歯が三本折れ下顎を骨折するという重傷で入院、以後試合には出場できなくなってしまった。この試合は先発していた光内投手が好投してチームは4―1で快勝したが、以後光内投手がエースの代役をつとめざるを得なくなった。

二回戦の花巻商業戦では、主将の三野幸宏一塁手（愛媛相互銀行）が好投手・阿部成宏（巨人―大洋―近鉄）から左後頭部に死球を受けて担架で運ばれ、やはり以後出場不能となったのである。当時は一四人しかベンチ入りできなかったため、選手は一二人しか残っていない。しかも一点をリードされていたため代打や代走を使い、七回以降はマネージャー役の選手まで起用、これ以上故障者が出ると放棄試合というところまで追いつめられた。それでもなんとか3―2と逆転してこのゲームを乗りきったものの、高知高校はエース・四番・主将を欠いた異常な事態となっていた。

しかし、続く準々決勝で強豪平安高校を破ると、準決勝では光内投手が宮崎商業の水谷実雄（広島―阪急）と投げあって完封。決勝の早鞆高校戦では、一回表に相手の悪送球とホームスチールで二点を入れ、光内投手が早鞆打線を二安打完封に抑えて高知県勢初の全国制覇を果たした。試合後、ナインは優勝旗を持って病院にかけつけ、入院中の有藤・三野両選手ともに優勝の喜びをわかち合った。

ドラフト会議の開始

様々な事件とともに悪化した高校野球とプロ野球の関係は、三六年春に中日球団が協定に違反して社会人の日本生命柳川福三と契約する柳川事件が起こったことで、プロとアマ全体の問題に発展した。そこで、四〇年秋に米国にならって新人選手選択会議、いわゆるドラフト会議が開催されることになった。第一回ドラフト会議が開催されたのは、四〇年の一一月一七日。会場は東京・日比谷の日生劇場七階の会議場だった。あらかじめ各球団が希望選手三〇人の名簿を提出するという方式で行われ、計一三〇人が指名されている。

各球団の一位指名選手

近鉄　田端謙二郎（電電九州・投手）
産経　河本和昭（広陵高校・投手）、拒否
東京　大塚弥寿雄（早大・捕手）
広島　佐野真樹夫（専修大・内野手）
阪急　長池徳二（法政大・外野手）
大洋　岡　正光（保原高校・投手）
西鉄　浜村　孝（高知商業・内野手）
阪神　石床幹雄（土庄高校・投手）
東映　森安敏明（関西高校・投手）
中日　豊永隆盛（八代一高・投手）
南海　牧憲二郎（高鍋高校・投手）
巨人　堀内恒夫（甲府商業・投手）

一位指名を受けた一二人のうち、高校生は八人。甲子園でも活躍した甲府商業の堀内恒夫（巨人）や関西高校

第１回ドラフト会議
（昭和40年〔1965〕11月17日、日生会館。写真提供：産経新聞社）

の森安敏明（東映）らに混じって、土庄高校の無名投手石床《いしとこ》幹雄も一位で指名された。

石床は小豆島の福田の生まれで、名門高松商業に入学したものの一学年三人の投手枠に入れず、一学期で中退して地元の土庄高校に転じていた。転校生は一年間試合に出られなかったが、二年生秋に出場可能となると、練習試合でエース平松政次の岡山東商業（翌年選抜で優勝する）を一安打完封に抑えたことから、一部スカウトの間では注目を集めていた。しかしインターネットなどもない時代、全国的にはまったく無名だった。石床は四国電力に入社を決めていたが、いきなり一位指名されて驚いたという。プロ入りしたが、内臓疾患などもあり通算成績は一勝一敗に終わっている。

この年のドラフトでは、高校生だけで八四人が指名され、産経から一位指名された広陵高校の河本和昭はじめ三九人がプロ入りを拒否。初めてのことでプロ側も勝手がわからず、本人の意思確認などもなく一方的に指名をしたことから、下位指名の選手はプロ入り拒否が相次いだ。

なお、近鉄一筋にプロ野球歴代四位の三一七勝をあげた育英高校の鈴木啓示は近鉄の二位、選抜で一試合二本塁打を放ち準優勝した市立和歌山商業の藤田平は阪神の二位指名でプロ入りした。一方、選抜優勝投手の岡山東商業の平松政次投手は中日の四位指名を拒否して日本石油に進み、翌年大洋の二位指名でプロ入りしている。

翌年の第二回ドラフトは高校生の進路確定に配慮して二回に分けて行われ、やはり高校生だけで九四人も指名されたが、第三回からは指名選手も減り、またドラフト以前のように有望高校生をめぐって球団が札束攻勢をかける、といったことはなくなった。

もちろん、ドラフトには様々な功罪があり、少しずつ形を変えながら続いている。今ではプロを志望する高校野球選手は、事前に高野連にプロ志望届を提出する必要があり、プロ入りを望まない選手を一方的に指名することは禁止されている。また、かつては抜け道として非難されたドラフト外入団もなく、本人が志望を公表したうえでプロが指名するというフェアな形に落ち着いている。高校野球選手にとって、プロ野球はあこがれの存在であることにはかわりはなく、プロ側の制度とはいえ、高校野球とドラフトは切り離すことのできない問題であり続けている。

佐伯会長の誕生

四二年、佐伯達夫が高校野球連盟の第三代会長に就任した。とはいっても、戦後の同連盟創立以来事実上トップに君臨、「佐伯天皇」と呼ばれる絶大な権力を握っており、やっと肩書きが実情に追いついたにすぎない。

佐伯は明治二五年一二月一七日神戸市の生まれだが、戸籍上は翌二六年二月一七日生まれとして届けられている。生まれて間もなく一家で大阪・野田に出、父は鋳造の町工場を起こした。芦分尋常小学校時代に草野球を始める。第二盈進高等小学校に進み、四年生の時西野田尋常小学校高等科に転校した。

四〇年旧制市岡中学（市岡高校）に入学、高等小学校に四年いたため通常より二年遅れての進学だった。入学後野球同好会を作って三塁手としてプレーしていたが、三年生の時に野球部にスカウトされて正式に入部した。当時は市岡中学の全盛期で、高山と小西のバッテリーのいた京都二中とともに無敵を誇っていた。最終学年の五年生で主将に就任。ライバル北野中学との対抗戦で敗れたため、自ら留年して二回目の主将をつとめ、北野中学に勝ってから卒業している。

大正二年に早稲田大学商科に進学、八月に関西学生連合野球大会が開催されると審判をつとめた。また秋からはレギュラー三塁手として活躍。四年第一回中等学校優勝野球大会が開催されると、関西予選に母校市岡中学を率いて出場。以後母校のコーチをつとめた。

六年に早稲田大学を卒業後は、帰郷して津田商店に入社し、社会人チーム・オール大阪に参加した。また九年から選手権大会の審判となり、一三年大阪府中等学校野球連盟常任理事に就任。戦後、中等学校野球の復活に尽力し、二一年全国中等学校野球連盟設立と同時に副会長。また、選抜選考委員、近畿大学野球連盟副会長、日本社会人野球協会副会長など、アマ野球の各団体の役員を歴任した。

「高校野球は教育の一貫」との信念のもとに、徹底したアマチュアリズムを追求、強引ともとれる手法でプロとの接触を拒否した。そのため、プロ野球に進んだ選手は、高校野球選手の息子と野球の話をしただけで協約違反に問われかねないという異常な時代でもあった。また、野球部と関係のない生徒の不祥事でも甲子園出場を禁止するなど、過剰ともいえる連帯責任を強調。そのため、甲子園大会が近づくと、出場有力な学校の不祥事を対立校が高野連やマスコミに流すなど、佐伯のめざすアマチュアリズムとはかけ離れた事態もしばしば起こった。しかし、反対する声に対しては、自分の意見に賛成する者以外は参加しなくてもよいとの姿勢を貫き、「佐伯天皇」と呼ばれた。『佐伯達夫自伝』では「プロスポーツというものはありえないということだ。スポーツというものはアマチュアのもの、プロはスポーツではなく、アマと同じ形のものをやっていても、それは芸なのだと思う」といいきっている。

興南旋風

四三年夏の甲子園では沖縄の興南高校が活躍、興南旋風が巻き起こった。この大会はエース安次嶺《あしみね》信一、センター我喜屋《がきや》優主将（大昭和製紙—大昭和製紙白老監督—興南高監督）で出場した。主将の我喜屋は『チバリョ！沖縄球児』で、当時についてインタビューを受けている。パスポートを持ち、小遣いは一人一〇ドル（当時は一ドルは三六〇円）。沖縄から船で一〇時間かけて鹿児島につき、そこから寝台列車で一八時間かけて甲子園に入った。当時の沖縄は米国統治下で車が右側通行であるほか、食べ物も大きく違っていた。開会式では緊張して全員の足が揃わなかったが、初戦では岡谷工業に5—3で勝利。

二回戦では岐阜南高校と対戦、一回表に安次嶺が四つの四球を出し、エラーも二個出て一安打で四点を先行された。しかし終盤に追い上げ、スタンド全体の応援を背に一点差に迫った八回裏には一挙四点をあげて8—5と逆転勝ちした。三回戦では安次嶺が海星高校を五安打完封。準々決勝では盛岡一高に一二安打を浴びせて10—4と打ち勝ってベスト四まで進み、甲子園に興南旋風を巻き起こした。準決勝では優勝した興国高校に0—14と大敗したが、この活躍に地元沖縄は大きく沸いた。我喜屋のインタビューにも、「試合が始まると琉球政府の会議はストップするし、道を歩く人もいないくらいだったようです」とある。

我喜屋はのちに大昭和製紙白老の監督となって北海道勢として初めて優勝。その後母校の興南高校の監督となると、平成二二年に甲子園春夏連覇を達成している。

決勝戦引き分け再試合

四四年夏の決勝戦は、名門松山商業と青森県の三沢高校の対戦となった。松山商業は当時全国を代表する名門校。一方、当時の青森県は地区大会を勝ち抜くことが難しいという県で、甲子園に出場しても多くは初戦敗退という状態であった。ただ、二年前の夏の東奥義塾高校は戦後初めてベスト八まで進んでおり、甲子園でも戦える、という兆しのある時期でもあった。

この時の三沢高校は全国的にはまったく無名の高校ながら、太田幸司（近鉄）と小比類巻英秋という好バッテリーに、ショート八重沢憲一（東映）らを擁しており、前年夏から連続三季目の出場で、甲子園慣れしたチームであった。

選抜では初戦で福岡の名門・小倉高校を降し、二回戦で強力打線を誇る優勝候補・浪商高校と対戦。この試合には敗れたものの、大方の予想をくつがえして延長一五回までもつれこみ、三沢高校の大健闘と太田投手の名前がファンの間に浸透した。

夏は初戦の大分商業を延長戦で降すと、明星高校、平安高校、玉島商業と一点差で破り、決勝戦まで進出したのである。当時、東北勢が決勝まで来ることすら大変なことであった。それを、東北の中でも一番弱いとされていた青森県のチームが決勝まで進んだため、大変な騒ぎとなった。この時の三沢高校以降、平成一二年夏の光星学院高校まで、準決勝に進むことすら三〇年間一校もなしえなかったのである。

決勝では松山商業の井上明投手（明大―朝日新聞社）と太田投手の投げ合いとなり、0―0のまま延長戦に突入した。一五回裏、三沢高校がレフト前ヒットとフィルダースチョイス、さらに送りバントで一死二三塁とすると、松山商業は次打者の滝上哲を敬遠して満塁策をとった。九番立花五雄はフルカウントからの六球目を打ったが、ショート正面への当たりとなり、本塁でタッチアウト、続く八重沢も倒れて得点をあげることはできなかった。一六回裏も一死満塁と攻めたが、スリーバントスクイズを見破られて三振。結局、延長一八回を終了しても

0―0のままで、四時間一六分に及ぶ激闘の末に翌日に再試合となった。

翌日の再試合でも三沢高校・太田、松山商業・井上の両エースが先発した。しかし、『「延長一八回」終わらず』(田澤拓也著、文藝春秋、一九九四)に当時を回想した両投手の言葉がある。太田は「再試合の日には、もう朝起きられなかったですもの。肩は上がらないしね。こんなんで今日投げられるのかな」、井上も「下痢はしてるは、肩は全然上がらないで、こりゃ投げられる状態ではないな」という状況だった。しかし、「僕には、中村がいる」という安心感のあった松山商業・井上投手のほうが、太田一人で戦っている三沢高校より有利だった。

再試合は、太田投手は疲れから初回に松山商業三番の樋野和寿(明大―日本鋼管)に二ランホームランを打たれて二点を先制された。一方、三沢高校も一回裏に疲れのみえる井上投手から一点を返してさらに二死満塁としたが、リリーフした中村哲投手(丸善石油)にかわされ追加点をあげることはできなかった。試合は六回にも追加点をあげた松山商業が4―2で三沢高校を破って優勝した。

太田投手がエースをつとめる三沢高校は間違いなく弱小チームであった。今では青森県にも青森山田高校や光星学院高校のように強力なチームがあるが、当時は青森県のチームが甲子園に出ること自体珍しかった。まして、甲子園では勝つことなどほとんどなかったといっても過言でない。その青森県の三沢高校が決勝まで進み、松山商業と0―0で延長一八回引き分け再試合という、これ以上ない決勝戦を戦ったうえに、準優勝となったのである。この太田の活躍は日本中を熱狂させた。さらに太田はロシア系とのハーフで彫りの深い二枚目であったことから、「コーちゃん」としてすさまじい人気を得た。彼はおそらく甲子園史上最高のアイドルであった。

当時の太田選手の人気は想像を絶するものがあったようである。ドラフト一位指名で近鉄に入団したが、プロ入りしたあとも身の危険を感じて宿舎から一歩も外に出ることができなかったといわれている。オールスターにも成績とはまったく関係なくファン投票で一年目から選出された。
投げ合った松山商業の井上投手はのちに朝日新聞社に入社して高校野球記者として活躍している。

怪物・江川卓

戦後の高校野球を代表する選手を一人だけあげるとすれば、やはり作新学院高校の「怪物」江川卓である。単純に甲子園での成績だけからみれば、五季連続して出場したＰＬ学園高校の桑田真澄投手や、春夏連覇を含め年間無敗を達成した横浜高校の松坂大輔投手のほうがまさっている。しかし、投手個人の力で比較すると、断然江川が上だといわざるを得ない。

江川投手には、桑田投手や松坂投手と決定的に違う点が二つある。一つは、桑田のＰＬ学園高校や、松坂の横浜高校はチーム自体に力があり、桑田や松坂が登板しなくてもかなり強いチームであった。優勝できたかどうかはともかく、甲子園に出場してそれなりに勝ち上がれるだけのチーム力はあった。

それに対して、江川のいた作新学院高校は、江川がいなければ甲子園に出場することすら不可能であっただろう。大黒柱の江川がいて初めて成り立つチームだったのである。

そしてもう一つの違いは、桑田や松坂は意外とヒットを打たれているということである。桑田は、一年生夏の高知商業との乱戦をはじめ、二年生夏の取手二高との決勝戦などでは大量点を取られている。三年生になってからも、選抜では伊野商業に三失点、夏は高知商業に本塁打を含む三失点、さらに決勝でも宇部商業に三失点と、比較的点を取られている。松坂もＰＬ学園高校との死闘では一三安打を浴びて七点を失っている。それに対して、江川は負けた試合も含めほとんど打たれていない。桑田や松坂と対戦するチームの監督が「いかにして打ち崩すか」を考えたのに対し、江川と対戦するチームの監督は、「江川を打てるわけがない。どうすれば打たずに勝てるか」を考えたのである。

江川は一年生夏の県予選に背番号一七で公式戦デビューし、準々決勝の烏山高校戦では早くも完全試合を達成している。甲子園には三年生の春夏しか出場できなかったが、県内ではほとんど打たれていない。二年生と三年生の夏の栃木県大会の結果は次の通りである。

二年生夏
二回戦　対大田原高校　ノーヒットノーラン
三回戦　対石橋高校　完全試合
準々決勝　対栃木工業　ノーヒットノーラン
準決勝　対小山高校　九回までノーヒットノーランも延長一一回敗退

三年生夏
二回戦　対真岡工業　ノーヒットノーラン
三回戦　対氏家高校　ノーヒットノーラン
準々決勝　対鹿沼商工　一安打完封
準決勝　対小山高校　一安打無失点で途中降板
決　勝　対宇都宮東高校　ノーヒットノーラン

作新学院の江川卓投手
（写真提供：産経新聞社）

県大会九試合に登板し、完全試合一試合にノーヒットノーラン五試合。残り三試合も、完封と無失点で途中降板。唯一負けた試合も九回まではノーヒットノーランと、まったく打たれていない。

江川甲子園に登場

この江川投手が甲子園に初登場したのは四八年の選抜のことである。前年の秋季大会では県大会、関東大会を通じて無失点で優勝しており、すでに江川の名は世間に知れ渡っていたが、全国的な大会に登場するのは実にこの時が初めてであった。

四八年の選抜は江川の一球で始まった。開幕試合の緊張感からか、伸びのない球は低めのボールとなったが、二球目から本来の威力のある球を取り戻し、先頭打者は空振り三振。以後、四回二死まで四球二個をはさんで一一個の三振を奪うという完璧な投球をみせた。六回からは三振奪取のペースがおちたが、これはなんと味方の野手から守備機会がないというクレームがついたため。それでも、強豪校の北陽高校（関大北陽高校）を一九奪三振に抑え、新チーム結成以来一二〇イニング無失点で甲子園デビューを果たした。あまりの豪速球に、北陽高校の選手の打った打球が前に飛んだだけで観客から拍手が起こるほどであった。続く小倉南高校戦では七イニングで一〇個の三振を奪ったところで降板。準々決勝の今治西高校戦は一安打二〇奪三振で完封した。ここまでの三試合で三塁に走者が進んだのが一回だけという完璧な投球であった。

しかし、準決勝で対戦した広島商業は、各選手がホームベースにかぶさるようにしてバットを構えるという、死球をおそれない捨て身の戦法をとったために苦しんだ。八回二死一二塁から広島商業はダブルスチールを敢行、その際に捕手が投げた球が悪送球となって決勝点を取られ敗れてしまった。この試合でも江川はテキサスヒットと内野安打の二本しかヒットを打たれていなかったのである。

横浜高校・渡辺監督初登場

準決勝で江川を倒した広島商業は、決勝で横浜高校と対戦した。今では全国でも屈指の名門校となった横浜高校も、この時は一〇年振りの甲子園で選抜は初出場。名将・渡辺元智監督の甲子園初登場でもある。

渡辺監督は同校のOB。中学卒業時には当時最強を誇っていた法政二高に合格していたが、家庭の事情で進学できず、当時はまったく無名だった横浜高校に進学した。渡辺入学と同時に中学野球界で活躍していた笹尾晃平が同校監督に就任して強くなり、三年生夏には県大会準決勝まで進んでいる。神奈川大学に進学したが肩を痛めて野球を断念し、大学も一年で中退。一年間アルバイト生活を送ったのち二〇歳で母校の事務職員兼コーチとなり、四三年に監督に就任していた。この年は就任五年目で、二年生エースの永川英植（ヤクルト）はじめ、一塁西山茂（三菱自動車川崎―大洋）、センター長崎誠（のちプロゴルファー）らを擁しての甲子園初登場であった。

一回戦の小倉商業戦では、延長一三回に長崎が大会史上初のサヨナラ満塁ホームランを打ち、準決勝でも長崎が三ランホームランを放って鳴門高校を降しての決勝進出だった。

試合は横浜高校・永川、広島商業・佃正樹（法政大―三菱重工広島）の両エースの投げ合いで始まった。一回表、横浜高校は一番上野貴士（東芝─ヤマハ─横浜高校監督─平塚学園高校監督他）の四球を足場に二死三塁と攻めると、その裏には広島商業も死球を足がかりにして二死二三塁としたがともに得点できず、二回以降は投手戦となった。試合は九回から動きはじめた。九回表、横浜高校の西山がヒットを打つと、長崎が敬遠されて二死一二塁。ここで沢木佳美がセンター前にヒットを打ち、二塁ランナーがホームをついたが、センターからの好返球と絶妙の連携プレーでタッチアウトとなった。その裏、広島商業も二死一塁からのヒットエンドランで一塁ランナーが三塁を狙ったがアウトになるなど、ファインプレーの応酬で0─0のまま延長戦に突入した。

一〇回表、横浜高校はヒットとバント処理のエラーで二三塁とし、佃投手の暴投で一点取って勝ち越した。ところがその裏、広島商業はヒットの金光が盗塁し、内野ゴロの間に三塁に進んだ。続く楠原のレフトへの当たりは、野手のグラブをかすめたものの捕りきれず、タイムリーヒットとなって1─1の同点に追いついた。一一回表、横浜高校は一死から三番高橋がバントヒットで一塁にいきると、二死後富田がレフトラッキーゾーンに二ランホームランを打って再び勝ち越した。そしてその裏、永川投手が四番から始まる広島商打線を三者凡退に打ちとり、初出場で初優勝を達成した。横浜高校はこの大会四試合のうち、三試合をホームランで決めての優勝だった。

これ以降、渡辺監督率いる横浜高校は東日本を代表する強豪校となり、プロ野球に次々と人材を送り込むようになる。

江川最後の甲子園

選抜では準決勝で敗れた江川は、夏の甲子園にも出場した。しかし、この大会では有力校は江川対策を考えて甲子園に出場していた。初戦で対戦した福岡の柳川商業（柳川高校）は、プッシュ打法と五人内野守備という作戦をとり、六回表に先取点を奪われた。これは江川にとって、この夏の県大会以来初めての失点であった。七回裏に追いつき、延長一五回裏に二死二塁からセンター前ヒット、バックホームの落球で決勝点をあげ、なんとかサヨナラ勝ちすることができた。この試合では江川は二三奪三振を記録したものの二一八球も投げている。

二回戦は銚子商業の土屋正勝（中日―ロッテ）との投手戦となり、0―0のまま延長戦に入った。試合途中から雨が降り出し、本格派の江川にとっては苦しい投球が続いていた。そして、一二回裏一死満塁から長谷川泰之を四球で歩かせ、押し出しでサヨナラ負けを喫した。江川は結局甲子園では四勝しかあげられず、決勝戦に進むこともできなかった。

江川は在学中に公式戦だけで四四試合に登板し三一試合に完投。そのうち、ノーヒットノーランを七回、完全試合を二回も記録している。つまり、完投した公式戦のうち約三割はノーヒットノーランか完全試合なのである。それ以外の試合でも、ほとんどが一安打か二安打しか許していない。

おそらく、これ以上の投手は二度と現れることはないだろう。

広商野球の真髄

四八年夏の決勝に進んだのは江川に勝った銚子商業ではなく、静岡高校と広島商業の両名門高だった。広島商業は、選抜では準決勝で剛腕・江川投手を攻略したものの、決勝戦で横浜高校に延長戦に入ってから点を取り合うという激戦の末に敗れてしまい、夏こそは優勝を狙っての戦いであった。

この試合は、広島商業・佃正樹投手と静岡高校打線の対戦として注目されていたが、一回裏に広島商業が秋本昌宏投手（亜細亜大）の立ち上がりに襲いかかった。先頭打者がショートゴロエラーで出塁すると、二番田所康弘のバントが内野安打となって一二塁、続く三番の金光興二（法政大―三菱重工広島―広島商監督）も送りバントで一死二三塁とした。ここで、四番楠原基（法政大―日本生命）の当たりはバットが折れて一塁正面へのライナーとなったが、二塁ランナーが飛び出していたのに気がつかず、三塁へ送球して二死二三塁となった。その後レフト線へのタイムリーが出て広島商業が二点を先制した。

静岡高校は三回表に先頭の秋本が左中間を破る大三塁打を打って無死三塁と反撃に出たが、一死後スクイズが見破られて三本間で挟殺。その後も連続四球を選びながらなかなか得点することができなかった。六回表、静岡高校は内野安打と二塁打で無死二三塁とし、続く四番水野彰夫（法政大）の強烈な当たりが投手の左肩口を抜けたが、セカンドがダイビングキャッチで捕り、自ら二塁に入ってダブルプレー。その後二塁打が出て一点は返したものの、この美技が試合を大きく左右することになった。

八回表、静岡高校は三番植松精一（法政大―阪神）の左中間三塁打と水野の犠牲フライでやっと同点に追いつき、九回表も一死二塁と攻めたものの勝ち越せず、同点で九回裏を迎えた。この回、広島商業は内野安打に四球で無死一二塁とし、達川が送りバントをすると、静岡高校は満塁策をとって八番打者との勝負に出た。初球ストライクのあと、スクイズの構えをみせる大利裕二（広島鉄道管理局）には二球続けてウエストしカウントは一ストライク二ボール。四球目を低めのストライクで二ストライク二ボールと追い込み、ほっとして投げた不用意な五球目を大利が三塁線にスリーバントスクイズ、三塁から楠原がホームインして広島商業が3―2とサヨナラ勝ちを決めた。

三本の決勝ホームランで選抜を制した横浜高校に対し、スリーバントスクイズで優勝を決めるという、広島商業らしい幕切れであった。結局、静岡高校は終始おしながら、広島商業のうまさの前に敗れた試合であった。

金属バットの導入

新しい時代の高校野球を象徴するのが金属バットである。高校野球では、昭和四九年の春季大会から金属バットが導入された。木製のバットは折れやすく、選手の経済的負担が大きかったことが理由で、木製バットの材料となるアオダモの不足も懸念されていた。

木製バットだと、打球は芯に当たらないとあまり飛ばない。それに対して金属バットの場合は多少芯を外れても球が飛ぶ。とくに筋力さえあれば、ある程度力で球を飛ばすことができるため、次第に投手に対して打者が有利になっていった。また、選手自身の体格の向上や、ピッチングマシンの登場による打撃練習の進歩とあいまって、これ以降高校野球も徐々に打高投低の時代に変化していく。導入直後の四九年夏の大会では銚子商業が「黒潮打線」と呼ばれる強力な打撃で全国制覇したほか、池田高校やＰＬ学園高校といった強打のチームが生まれたのも、この金属バットにうまく対処したことが理由だった。甲子園大会でも、会心ではない当たりがラッキーゾーンに飛び込んでホームランとなるなど、ホームランが増えすぎたため、平成四年にはラッキーゾーンが撤去されている。

この間、平成三年には打った際の甲高い音が、間近で聞き続ける捕手や審判の難聴の原因になるとして消音バットが採用された。また、軽量なバットだと折れる危険性が高いことから、一三年以降は九〇〇グラム以下のバットの使用が禁止されている。

なお、使用することができるバットは、高校野球特別規則で「木製バット」「木片の接合バット」「竹の接合

明治神宮大会決勝戦一覧

		優勝校		スコア	準優勝校	
昭和 48 年	第 4 回	若狭高校	北信越・福井県	3－2	平安高校	近畿・京都府
昭和 49 年	第 5 回	福井商業	北信越・福井県	2－1	日大山形高校	東北・山形県
昭和 50 年	第 6 回	徳島商業	四国・徳島県	5－0	自動車工業	東海・静岡県
昭和 51 年	第 7 回	早稲田実業	東京	13－5	大田高校	中国・島根県
昭和 52 年	第 8 回	東北高校	東北・宮城県	3－1	高知商業	四国・高知県
昭和 53 年	第 9 回	柳川商業	九州・福岡県	12－2	市立神港高校	近畿・兵庫県
昭和 54 年	第 10 回	東海大第三高校	北信越・長野県	3－2	鳴門高校	四国・徳島県
昭和 55 年	第 11 回	星稜高校	北信越・石川県	4－1	早稲田実業	東京
昭和 56 年	第 12 回	明徳高校	四国・高知県	3－1	大府高校	東海・愛知県
昭和 57 年	第 13 回	東北高校	東北・宮城県	4－0	尽誠学園高校	四国・香川県
昭和 58 年	第 14 回	岩倉高校	東京	5－0	京都商業	近畿・京都府
昭和 59 年	第 15 回	国学院久我山高校	東京	10－1	松商学園高校	北信越・長野県
昭和 60 年	第 16 回	松商学園高校	北信越・長野県	12－4	帝京高校	東京
昭和 61 年	第 17 回	帝京高校	東京	10－8	愛知高校	東海・愛知県
昭和 62 年	第 18 回	堀越高校	東京	3－2	明石高校	近畿・兵庫県
昭和 63 年	第 19 回	中　止				
平成元年	第 20 回	東北高校	東北・宮城県	2－0	帝京高校	東京

		優勝校		スコア	準優勝校	
平成2年	第21回	国士舘高校	東京	11－3	木本高校	東海・三重県
平成3年	第22回	星稜高校	北信越・石川県	13－8	帝京高校	東京
平成4年	第23回	世田谷学園高校	東京	12－8	東海大相模高校	関東・神奈川県
平成5年	第24回	東北高校	東北・宮城県	5－2	拓大第一高校	東京
平成6年	第25回	創価高校	東京	6－3	星稜高校	北信越・石川県
平成7年	第26回	帝京高校	東京	7－3	福井商業	北信越・福井県
平成8年	第27回	上宮高校	近畿・大阪府	8－7	春日部共栄高校	関東・埼玉県
平成9年	第28回	横浜高校	関東・神奈川県	5－3	沖縄水産	九州・沖縄県
平成10年	第29回	日南学園高校	九州・宮崎県	10－9	日大第三高校	東京
平成11年	第30回	四日市工業	東海・三重県	14－13	敦賀気比高校	北信越・福井県
平成12年	第31回	東福岡高校	九州・福岡県	8－0	尽誠学園高校	四国・香川県
平成13年	第32回	報徳学園高校	近畿・兵庫県	10－1	関西高校	中国・岡山県

※平成14年以降は357～358ページ

バット」「金属製バット」の四つと定められており、木製バットを使用することは禁じられていない。

神宮大会の開始

四八年は秋の明治神宮大会で高校野球が始まった年でもある。戦前に明治神宮中等野球大会が開催されていたが、全国大会としてはこの年が最初。四五年に明治神宮鎮座五〇年を記念して行われた奉納大会が元で、最初の三回は大学野球のみだったが、四八年の第四回大会からは高校野球の部が始まった。

当初出場校は八校で、その代表校も秋季地区大会の優勝校とは限らず、地区によってバラバラであった。そのため、あまり重要な位置づけの大会ではなかったが、平成一四年以降は全一〇地区大会の優勝校のみが集う大会となり、さらにこの大会で優勝した学校の所属する地区には、選抜大会で一枠増枠されるといった恩恵ができたことから、重要な大会という位置づけとなっている。

イレブン池田と二十四の瞳

四九年の選抜では、部員わずか一一人の池田高校が出場し、準優勝した。

大会前にＮＨＫが「谷間の球児」という番組を制作、わずかの部員しかいない山間の県立高校が、狭いグランドをやりくりしての甲子園出場という内容で評判となった。当時の池田高校はまだ豪打のチームではなく、エース山本智久（四国銀行）を中心としてチームワークで接戦をしのいで勝ちあがってきた、いかにも高校生らしいチームで、独特の風貌の蔦監督とともに大きな人気を博していた。

決勝でも山本投手が報徳学園高校を五回まで一安打に抑えて押し気味に試合を進めていたが、六回裏にセンター前ヒットを捕りに行ったセンターが転倒する間に一塁ランナーがホームインして先取点を奪われ、八回表に1―1と追いついたものの、その裏には無死一三塁から一塁ゴロのバックホームが間に合わず決勝点を失った。

五二年選抜には、部員一二人の高知県の中村高校が初出場、山沖之彦投手（専修大―阪急他）の活躍で準優勝して、今度は「二十四の瞳」として話題になった。選抜大会の時期は二学年しかおらず、どの高校も部員の数は少ない。当時、投手は一人で投げ切るのが普通だったため、しっかりとしたレギュラーメンバーが固定されていれば少人数でも勝ち抜くことは可能だった。とはいえ、これだけ少ないと、けが人が出ると、その選手のポジションによっては試合が成り立たなくおそれもある。

平成以降になると、高野連もベンチ入りの人数を増やして複数の投手を持つことを奨励、甲子園に出場するようなチームでは投手は複数いるのが当たり前となった。層の厚い学校ではプロのようなワンポイントリリーフまで用意している学校も登場、今ではこれだけ少ない人数で勝ち進むのは困難になっている。

中村高校はこれ以降甲子園には一度も出場することができていないが、池田高校はのちに驚異の破壊力を有するチームに変貌し、全国の頂点に駆け上がっている。

関東三羽ガラスと原辰徳

四八年選抜で優勝した横浜高校の永川英植投手（ヤクルト）、夏に江川に投げ勝った銚子商業の土屋正勝投手（中日―ロッテ）はともに二年生で、これに土浦日大高校の工藤一彦投手（阪神）を加えた三人が同年の秋季関東大会で活躍し、関東三羽ガラスとして注目を集めた。

永川は一九〇センチ、工藤は一八九センチ、土屋は一八〇センチとともに大型の本格派投手で、翌四九年の選抜大会にはこの三人がそろい踏みした。初戦、永川は御所工業（御所実業）を一安打完封、土屋も岡山東商業を一安打完封、工藤は一点こそ取られたものの新居浜商業を二安打に抑えるという前評判にたがわぬ好投をみせ、揃って二回戦に進出した。ところが、二回戦では横浜高校が高知高校に延長一二回の末にサヨナラ負け、土浦日大高校も1―2で報徳学園高校に惜敗した。そして、勝ち残った銚子商業の土屋も準々決勝で報徳学園高校と対戦、徹底的な右打ちと、バント、盗塁を絡めた揺さぶり戦法に敗れた。この作戦を指揮したのが福島敦彦監督で、のちに慶大の監督として活躍した。

関東三羽ガラスのうち、土屋と工藤は夏に甲子園に戻ってきた。工藤の土浦日大高校が初戦で対戦したのが、同じ関東勢の東海大相模高校。かつて三池工業で初出場初優勝を達成した原貢監督に率いられた同校の五番を打っていたのが、監督の長男で一年生の原辰徳（東海大―巨人監督）である。この試合は1―2で迎えた九回裏、東海大相模高校が二死二塁からセンター前ヒット、センターがボールの処理を誤る間に同点に追いつき延長戦に持ち込んだ。そして、一六回までもつれた末に3―2で東海大相模高校がサヨナラ勝ちした。この試合、先制打をたたき出したのが一年生の原辰徳、延長で好投したのも一年生の村中秀人（東海大―東海大相模高監督―東海大甲府高監督）である。原は大会前から注目を集めていたが、この試合でさらに知名度をあげた。

初戦を劇的に突破した東海大相模高校は、準々決勝で鹿児島実業と対戦した。八回からナイターとなったこの試合も九回裏、原辰徳のヒットをきっかけに二死から同点に追いついて延長戦に入った。一四回表に鹿児島実業が一点をリードすると、その裏に東海大相模高は二死から追いつくという粘りをみせた。しかし、一五回表に鹿児島実業が押し出し四球で再び勝ち越すと、東海大相模高校もさすがに追いつけず、三時間三八分の激闘が終わった。完投した鹿児島実業の投手定岡正二（巨人―タレント）は二一三球を投げ、一八奪三振の力投。そして、この試合で定岡は一躍原に代わる人気選手に躍り出た。翌日の準決勝の防府商業戦でも定岡は先発して好投したが、三回の攻撃でホームに滑り込んでタッチアウト、この時に負傷して降板した。チームも九回裏に牽制悪投とカバーに入ったセンターのエラーでサヨナラ負けした。

黒潮打線全国制覇

四九年夏に優勝したのは銚子商業で、初戦のＰＬ学園高校にこそ一点を取られたものの、三回戦は中京商を三安打完封。準々決勝の平安高校も三安打で完封すると、準決勝の前橋工業は二安打完封。さらに決勝の防府商業も三安打で完封する一方、得点はすべて五点以上という横綱相撲をみせて圧勝で悲願の初優勝を達成した。この大会から甲子園でも金属バットが導入され、以後打高投低の時代に入るが、黒潮打線と恐れられた強打のこのチームで四番を打っていたのが二年生の篠塚利夫（巨人）で、大会通算一九打数八安打、五打点、二本塁打という好成績だった。

決勝で敗れた防府商業の井神国彦（専修大）の球速はわずかに一二〇キロ台にすぎず、準優勝できた秘密は針の穴を通す制球力といわれた、そのコントロールにあった。遊撃手として同校に進学した井神は、打撃投手をつとめていた際のコントロールを認められて投手に転向。甲子園初戦の延岡高校戦は無四球で完封したが、この試合では四球はおろか三ボールすら一度もなく、二ボールまでいったのもわずかに二人だけだった。三回戦、準々決勝もいずれも四球を与えず、三試合連続無四球試合を記録。準決勝の鹿児島実業戦で初めて四球を与えた選手が投手の定岡正二であった。すでにアイドルとして絶大な人気を得ていた定岡に対し、打たれたくないばかりに力んでしまったという。

決勝では銚子商業打線を五回までは一安打に抑えたものの、六回に銚子商業怒濤の攻撃で降板。しかし、金属バットによる打高投低時代が訪れるなか、井神の完璧なコントロールは一層注目を集めた。

この大会では東海大相模高校の一年生、原辰徳や村中が注目されたが、他にも、東洋大姫路高校の弓岡敬二郎（新日鉄広畑―阪急）、静岡商業の久保寺雄二（南海）など、のちにプロで活躍する一年生が登場していた。

また、この年から東京大会は東西に分裂、東東京地区から初出場した城西高校（城西大城西高校）のエースで四番を打っていたのが高橋慶彦（広島―ロッテ―阪神）。初戦では佐世保工業を二安打完封と好投、二試合目で郡山高校に打ち込まれて途中降板したが、その走塁がたまたまこの試合をみていた広島の名スカウト木庭教の目にとまって、秋のドラフトでは内野手として指名された。

史上最大の乱戦

五〇年の選抜は史上最大の乱戦で幕を開けた。

エース兼光保明（近鉄）を擁する倉敷工業と、名門中京高校という対決となった開幕試合はいきなりたいへんな試合となった。一回裏、中京高校が二死から四球二つと千賀儀雄（慶大―東邦ガス）のタイムリーで一点を先制、二回は両チーム無得点という無難な内容だったが、落ち着いた展開だったのはここまで。三回からはゲームが大きく動いた。三回表、倉敷工業は野田尊久のレフト前ヒットと安本知也の三塁打で同点、二つの四球で満塁にすると兼光の二塁打で3―1と逆転し、さらに二点をあげて5―1と大きくリードした。その裏、中京高校に安井隆のタイムリーで一点を取られると、四回表には一死から安本のライトオーバー二塁打に松嶋祥人、樋口真人、兼光の三連続四球で押し出し。降板していた安井が再登板すると、大本二郎、大倉一秀が二連打、そして野田が三ランホームランを打ち込んで、この回一挙に八点を入れて13—2と大量リード、一方的な試合展開となったかにみえた。

ところが、ここから中京高校が猛烈な反撃をみせた。四回裏一死満塁から近沢英二（ヤクルト）が三塁打すると、打った近沢も送球の乱れをついてホームインして一挙に四点。さらに五回裏には岡田忠雄（巨人）、千賀の連打に岡田寛の右中間二塁打で二点を追加。たまらず兼光に代わって塚岡広仁がリリーフしたが、近沢がヒット、これをライトの守備についたばかりの兼光が後逸して二点。さらにスクイズでこの回五点目を入れて13—11と接戦に持ち込んだ。六回表に倉敷工業が神土のタイムリーで一点取ると、七回裏には中京高校が日比野学の死球後、近沢は二ランホームラン。さらに一死三塁から千賀の犠牲フライでついに同点。八回表倉敷工業の石原敏正がレフトスタンドに打ち込んで再び一点リードすると、その裏には中京高校も岡田寛の三塁打とスクイズでまた15—15の同点。

そして迎えた九回表、倉敷工業先頭の野田が三塁手を強襲するヒットで出塁、安本がバントで送り、二死後樋口がレフトオーバーの二塁打を打ってこの試合三度目のリード。そして、その裏、中京高校の攻撃を塚岡投手が三者凡退に斬ってとり、一目では得点が計算できないような史上空前の大乱打線にピリオドを打った。

文章を読んだだけではよくわからない得点経過は次の通り。

倉敷工業	0	0	5	8	0	1	0	1	1	—16
中京高校	1	0	1	4	5	0	3	1	0	—15

原と杉村の対決

この大会は、エース村中秀人にクリーンアップを打つ原辰徳・津末英明（東海大―日本ハム―巨人）という二年生トリオの東海大相模高校と、三塁手で四番を打つ主砲杉村繁（ヤクルト）や本多利治主将（日体大―春日部共栄高監督）のいる高知高校の評判が高く、揃って決勝に進出した。東海大相模高校は準々決勝で、豊見城《とみしろ》高校を九回裏二死からの逆転サヨナラ勝ちで降しての決勝進出だった。試合は一回裏に東海大相模高校が原の左中間のスタンドに入るホームランなどで三点を先行。二回に両校一点ずつ取り合ったあと、今度は高知高校の杉村が三回表に右中間に豪快なタイムリー三塁打、五回にはセンター前タイムリーと主砲の活躍で同点となった。七回表に相手エラーなどで高知高校が逆転すると、八回裏、原の三塁打をきっかけに再び同点。試合はそのまま延長戦に突入した。

一二回裏、東海大相模高校は二死から森正敏が左中間二塁打で出ると、高知高校は原を敬遠して一二塁。津末のライト前ヒットを、猛ダッシュしたライト松生栄司（駒沢大）が捕って好返球、本塁でタッチアウトにした。これが試合を決めた。続く一三回表、高知高校は好守の松生が右中間三塁打を打つと、杉村が左中間へ火の出るような当たりの三塁打を放って勝ち越し。以後スクイズ、ヒットを交えて一挙に五点をもぎ取って10―5で勝った。この決勝戦は、東西の優勝候補がぶつかったうえに、原・杉村の両主砲が直接対決でともに大活躍するなど、選抜を代表する好ゲームとなった。また、決勝の三塁打を放った杉村に三塁手の原が声をかけて言葉を交わす光景もみられた。

大逆転の連続

東海大相模高校との死闘を制して選抜で優勝した高知高校は、夏の高知県大会では片田統途（法政大―NTT）・伊藤滋宏（同志社大―三菱神戸―東京電力）という一年生投手二人が継投する土佐高校に敗退した。選抜優勝校にかわって出場した土佐高校は、初戦の桂高校戦で、三番センターの二年生玉川寿（慶大―日本石油）が、初打席こそファウルフライに倒れたものの、三回表に右中間スタンドへの二ランホームランを放つと、以後五回表にセンターオーバーの三塁打、七回表に左中間二塁打と続き、八回表の第五打席では一塁強襲のヒットと、左右にきれいに打ちわけて二六年振り二人目のサイクルヒットを記録した。

また、この大会では終盤の大逆転が三試合たて続けにあった。まずは三日目の第四試合、金沢桜丘高校と北海道日大高校（北海道栄高校）の試合。4―4の同点で迎えた九回表に北海道日大高校が一点を取ってリードしたが、その裏すぐに金沢桜丘高校は一点とって同点に追いつき、一〇回裏、二死からサヨナラ勝ちして甲子園初勝利をあげた。

翌日の第一試合では上尾高校と小倉南高校が対戦。一回表、小倉南高校は上尾高校の好投手今太（東芝）の立ち上がりを攻め、四球、死球のあと、エースで四番の二保茂則（法政大）がレフト前にヒット、これをレフトがエラーする間に一点を先制、さらにスクイズが相手のフィルダースチョイスを呼び、八番大津四男美もタイムリーを放って、一挙に三点をとって試合を優位に進めた。六回表には四点目をあげ、圧倒的に小倉南高校のペースで試合が進んでいた。しかし八回裏、二死一二塁から上尾高校の四番中村昭（三協精機―巨人）にレフトへホームランを打たれて3―4と追い上げられて、二保の調子がおかしくなる。九回裏には二死二塁から三番岩城則夫（東洋大）に一二塁間を破られてとうとう同点にされ、一〇回裏、先頭の五番塚原修（東洋大―電電東京）にライトへホームランを打たれてサヨナラ負けを喫した。前年夏に平安高校との死闘に敗れた上尾高校は、その経験を糧として今度は見事な逆転で初勝利をあげた。

さらに六日目の第二試合、二回戦で対戦した石川高校と浜松商業の試合も大逆転となった。石川高校はエース糸数勝彦（太平洋―西武）で初出場、初戦で新潟商業を破って初勝利をあげて二回戦に進んでいた。この試合では浜松商業と対戦、九回裏二死から高林基久（専修大）の大会史上初の逆転サヨナラホームランで5―6で敗れた。

千葉県勢二連覇

初戦を大逆転で勝った上尾高校は、三回戦では土佐高校に一点差で勝ち、準々決勝では原・津末のいた優勝候補・東海大相模高校をも5―4で降してベスト四に進んだ。しかし、準決勝で新居浜商業の前に屈し、決勝に進んだのは、習志野高校と新居浜商業の二校。

習志野高校は選抜にも出場していたが、初戦で豊見城高校に敗退。地元ファンからは「やっぱり銚子商業でないとダメだ」といわれていた。この大会では、初戦で旭川竜谷高校に五点を取られて以降はエース小川淳司が四試合連続完封勝ちするなど順当に勝ち上がってきた。しかし、準決勝の対広島商業戦で雨のために一時間四〇分ほど中断した際に肩を痛め、そのまま決勝戦を迎えた。

決勝戦では球威がなく、二回に新居浜商業の秋月健一のタイムリーヒットで一点、四回にもエラーと近藤正人のタイムリーで二点を失い、三点をリードされた。続く五回表、新居浜商業は村上博昭（明大）と続木敏之（阪神）の連続ヒットのあとダブルスチールを敢行、三塁走者のエース村上が本塁でタッチアウトとなった。その裏すぐマウンドにたった村上は先頭打者に四球、エラーが重なって、習志野高校は二点を取ったあとに、満塁から菱木大功の四球と神子文之（専修大）のセンター前タイムリーで4―3と逆転した。しかし、七回表二死から新居浜商業も三連続ヒットで同点に追いつき、最終回を迎える。九回裏、二番越智修一のレフト前ヒットを三番楠田康則が送り、四番岩崎勝己は敬遠で一二塁。五番の小川はライトフライに倒れたが、越智がタッチアップで三塁に進んで二死一三塁とした。ここで六番二年生の下山田清（専修大―本田技研）がライト前に弾き返し、サヨナラ勝ちを収めた。なお、この大会での習志野高校の打率三割九分は大会記録だった（当時）。

準決勝ですでに肩を痛めていた小川は、もともと習志野高校にも内野手として入学していたこともあり、中央大学で野手に転向、河合楽器を経てプロ入り。のちヤクルトの監督もつとめている。同校の石井好博監督は、六七年夏に優勝した習志野高校のエース。同校の二回の全国制覇は石井がエースと監督だった時の二回だ。一方、負けた新居浜商業の鴨田勝雄監督は、法政大学から請われて監督に就任。以後、八六年に退任するまで東京六大学リーグ優勝七回、大学選手権優勝三回という華々しい実績をあげた。

初出場の超高校級チーム

五一年は、春夏ともに超高校級といわれた崇徳《そうとく》高校と、各校の豪腕投手の競演となった。

崇徳高校は三六年夏に一度甲子園に出場したことがあるだけの無名の高校だったが、この年は黒田真二（日本鋼管福山―リッカー―ヤクルト）と応武篤良《おうたけ》（早大―新日鉄広畑―新日鉄君津監督―早大監督）の強力バッテリーの他、ショート山崎隆造（広島）、センター小川達明（広島）のメンバーで超高校級といわれたチームだった。

選抜の初戦では、鉾田一高の戸田秀明投手（日本楽器）と糸魚川《いといがわ》商工（糸魚川白嶺高校）の吉川正寿投手の好投手同士が対戦した。一回表、戸田は初球をノーバウンドでバックネットにぶつける大暴投。これは相手を驚かせるためにわざとやったが、次の打者から四球・死球・三振・四球でいきなり二死満塁のピンチ。ここを切り抜けると、その裏に四球で出た田口が二盗、四番戸田が一二塁間を抜いて一点を先制した。以後、戸田は七つの四死球を出しながら無安打に抑え、糸魚川商工の吉川も鉾田一高打線をわずか二安打に抑えたが、戸田が自らのタイムリーであげた一点を一〇奪三振ノーヒットノーランで守って勝ち上がった。戸田の投球内容は内野ゴロ九、内野フライ五、三振一〇で、外野への飛球はわずかに一個。それでも、前年秋の関東大会で対戦した小山高校の粂川部長は「昨秋の関東大会は、もっと速かったし、制球力もよかった」（朝日新聞、昭和五一年三月三〇日付朝刊）とコメントしている。

この戸田が二回戦で崇徳高校と対戦した。崇徳高校は初戦の高松商業戦では黒田投手が大乱調で乱戦となったが打ち勝っての二回戦。試合は黒田・戸田の両投手が好調で0―0の投手戦が続いた。とくに黒田投手は前試合の乱調が嘘のような快投で、七回まで四球一人だけというノーヒットノーランを続けていた。しかし八回裏、鉾田一高は先頭の四番戸田が二球目をライトスタンドにホームラン、初ヒットで一点を取られた崇徳高校は九回の攻撃を迎えた。九回表は戸田に二者連続三振に打ちとられたあと、二番樽岡靖はファーストゴロ、万事休すと思った瞬間一塁手が後逸。続く小川達明のショートゴロも内野安打となり、さらに四番永田泰展が三塁打を放って逆転、以後動揺した戸田投手の牽制悪送球などもあって計四点をもぎ取り、からくも勝利を収めた。

この試合で立ち直った黒田投手は準々決勝の福井商業戦でも八回二死まで完全試合の好投をみせ、準決勝、決勝も完勝して初出場初優勝を達成した。

この年秋のドラフト会議では、黒田が日本ハム（拒否）、山崎が広島から一位指名、さらに応武が近鉄三位（拒否）、小川が広島五位指名と、高校生チームとしては驚異的な評価をうけている。

豪腕投手の競演

五一年夏にはさらに新しい豪腕投手が出現した。「サッシー」と呼ばれた長崎県の海星高校の酒井圭一投手（ヤクルト）である。

離島壱岐の漁師の家に生まれた酒井は、子どものころから船に乗って海に出ていた。小さい時から櫓を漕いでいたことから、強靭な下半身になったという。三年生夏の長崎県大会三回戦の島原中央高校戦では、一回の先頭打者から六回一死まで一六人連続奪三振を記録。一七人目の打者がショートゴロを打ち、一塁に悪投したため完全試合を逃したが、七回コールドノーヒットノーラン。県代表決定戦の長崎工業戦もノーヒットノーランを達成したという記録を引っ提げての甲子園登場である。

選抜を制した崇徳高校は、初戦で東海大四高に10―8で勝ったあと、三回戦でこの酒井と対戦した。酒井は初戦の徳島商業戦を延長一〇回四安打、二回戦の福井高校は二安打と完璧に抑えて勝利していた。崇徳高校と海星高校の試合は、黒田・酒井両投手の投手戦となった。六回まで黒田にノーヒットに抑えられていた海星高校は、七回一死から加藤敦彦が初安打で出塁。二死一三塁から古川一彦が黒田の一〇〇球目をたたくと一塁線上にボテボテの当たり、バッテリーが一瞬見合ったのちに捕手が拾って一塁に投げたが間に合わず、この間に三塁ランナーがホームインした。酒井はこの一点を守り切り、選抜を強打で制した崇徳高校をわずか二安打に抑えて降した。さらに準々決勝の東北高校も三安打に抑えて準決勝に進み、PL学園高校と対戦した。

この試合は、2―1とPL学園高校リードで迎えた九回裏、海星高校は一死一二塁から二番平田勝男（明大―阪神）がショートゴロ、二塁はアウトとなったが、ダブルプレーをあせった二塁手が一塁に悪投し、二塁ランナーが三塁を回ってホームインし土壇場で同点に追いついた。酒井は一〇回までヒット五本に抑えていたが、一一回表に一死から五本目のヒットが三塁打となる。酒井自身、外野の頭を越す長打を打たれたのはこれが初めてだという。続く六番米村明（中央大—河合楽器—中日）にはレフトフェンス近くまで飛ばされて犠牲フライとなり、2—3で敗れた。

この大会で酒井と並んで注目を集めた豪腕投手が、星稜高校の二年生小松辰雄投手（中日）である。名門星稜高校もこの時はまだ二回目の甲子園出場という新進の学校だったが、小松投手の豪速球は話題を呼び、一躍その名が全国に広まった。

小松は初戦で日体荏原高校を二安打で完封すると、三回戦では天理高校の福家《ふくや》雅明（三菱自動車川崎—阪神）と投げ合って降し、準々決勝では東北高校を三安打に抑えて勝って、石川県勢として初めてベスト四まで進んだ。しかし、準決勝で桜美林高校に1—4で敗れ、豪腕二人はともに準決勝で甲子園を去った。

決勝東西対決

結局、この大会で決勝に残ったのは崇徳高校でも、豪腕投手を擁する海星・星稜の両校でもなく、それほど前評判の高くなかった夏の大会初出場の東京・桜美林高校と大阪のPL学園高校で、決勝は東京—大阪の東西対決となった。このあと一時代を築くPL学園高校も、この時はまだ二回目の決勝だった。

一回裏、桜美林高校は連投で疲れのみえるPL学園・中村誠治投手（早大—日産自動車）の立ち上がりを安田昌功が打ち、二死二塁から片桐幸宏（早大—桜美林高監督）の三遊間を抜くヒットで先制点をあげた。四回表、PL学園は先頭打者の背番号一四の二年生山本和久（亜細亜大—ヤマハ）がライト前にヒットで出ると、四番黒石厚（法政大—住友金属）のヒットで同点とし、水谷智行のレフトオーバー二塁打で逆転、さらに永田哲也のセカンドゴロが後逸される間に三点目が入った。

　ＰＬ学園高校は七回表に阪川英次が四球を選ぶと代走に吉田久二を起用、バントで二塁に進めたが、次打者山本の一球目に松本吉啓投手（明大―明治生命―埼玉栄高監督―千葉経済大付高監督）が二塁に牽制、リードの大きかったランナーがアウトとなった。その直後に山本が三塁打、結果的に試合を左右する牽制球となった。その裏、桜美林高校は二点を追って代打の切り札菊池太陽を起用、これが見事にあたって菊池はレフト線に大きな二塁打を打つ。一死後村田淳の内野安打で一三塁とし、安田の二塁打で同点に追いついた。続いて八回裏、桜美林高校は、松本・小野寺忠志の連続ヒットをバントで送って一死二三塁となり、八番菊池は一ストライク二ボールからスクイズ。しかし、ＰＬバッテリーはこれをウェストしてかわし、三塁ランナーが三本間に挟殺された。桜美林高校は九回も先頭の中田光一（法政大）が二塁打しながら送りバントが三塁挟殺となって得点できず、延長戦となった。

　一〇回表、ＰＬ学園高校は四球とヒットで二死満塁とし、六番永田を迎えるが、今度は松本がセカンドゴロに打ちとってアウト、ＰＬ学園に傾きかけた流れを再び桜美林高校に引き戻した。そして一一回裏、桜美林高校は先頭の本田一がセンター前ヒットで出ると、菊池の打った当たりはレフトラッキーゾーンの金網に当たる大飛球となった。背走していた羽瀬隆宏がフェンスに激突、一瞬球を見失った間に一塁走者の本田が長駆ホームインして４―３とサヨナラ勝ちを収めた。東京代表の夏の優勝は実に六〇年振りのことであった。

初戦で東京対決

　四九年から東京が東西の二代表になって四年目の五二年夏、甲子園で東京対決があった。当時はフリー抽選をしていたため、初戦で東東京代表の早稲田実業と、前年全国制覇した西東京代表の桜美林高校が対戦したのだ。以前なら東京都大会で甲子園をかけての戦いだったものが、甲子園球場に持ち越された形になった。

試合は早稲田実業・谷田部和彦、桜美林高校・小野寺忠志の両投手の投げ合いで始まった。谷田部は二年でエースとなったが、夏に脊椎カリエスで入院して三年生春には背番号七の外野手として出場。東京都大会では背番号一〇の控え投手となり、準決勝・決勝でエース弓田鋭彦（早大―新日本石油）に代わって完投したことから、甲子園で背番号一に復帰していた。早稲田実業は、三回表に四番荒木のタイムリーで先制、七回に同点に追いつかれると、八回表には荒木・渡辺のタイムリーにダブルスチールで三点をあげて4―1と突き放し、桜美林高校を降した。早稲田実業は三回戦で柳井商業に10―2と大勝し、ベスト八まで進んでいる。

バンビ坂本

この五二年夏の大会の話題を一人占めにしたのが、東邦高校の「バンビ」こと坂本佳一投手（法政大―日本鋼管）である。硬球を握ってわずか五ヶ月の夏の愛知県大会には背番号一〇で出場、県大会決勝では先発して名古屋電気（愛工大名電高校）を降し、甲子園出場を決めた。

甲子園ではエースナンバーとなり、一年生エースを上級生が盛りたてるこのチームは、高松商業、黒沢尻工業、熊本工業、大鉄高校と破って決勝戦にまで進出。しかも、黒沢尻工業は六安打、熊本工業は二安打で坂本が完封しての勝利だった。華奢な体と、マウンド上で先輩から声をかけられるたびに返す笑顔で、「バンビ」というニックネームがつけられ、甲子園のアイドルとなった。「甲子園球場内、バンビさま」という宛名で大会本部に五通の電報があったという（『全国高等学校野球選手権大会史（第五一～六〇回）』一九七八）。

決勝は坂本の東邦高校とエース松本正志（阪急）を擁する東洋大姫路高校の対戦となった。二回表、東邦高校が一点を先制、四回裏には東洋大姫路高校がスクイズのサインで三塁走者が飛び出した際に三塁手とランナーが交錯し、球がファウルグランドに転々とする間にホームインして同点に追いついた。そのまま松本―坂本の力投で延長戦となり、一〇回裏、東洋大姫路高校は一番田村敏一（東洋大―川鉄千葉）がレフト前にヒット、二番松田裕之（東洋大―本田技研）がバントで送ると、三番松本は敬遠で二死一二塁。ここで、四番安井浩二主将（明大）が五球目をライトのラッキーゾーンに打ち込んで決着をつけた。

以後、坂本選手は一度も甲子園には出場しなかったにもかかわらず、卒業まで絶大な人気を保ち続けた。卒業後は法政大学、日本鋼管と進み、プロ入りはしなかった。

この翌年の五三年からは、夏の大会は一県一代表となり、すべての都道府県の代表が毎年必ず甲子園の土を踏むことになった。これによって、高校野球は全盛期を迎えることになる。

高校野球年表5

年次	全国大会		優勝校	事項
一九五三年（昭和二八年）	春	第二五回	洲本高校	洲本高校、離島チームとして春夏通じて唯一の優勝
	夏	第三五回	松山商業	ＮＨＫテレビが実況中継を開始
				松山商業の空谷投手がプロ入りにあたって入札で決定
一九五四年（昭和二九年）	春	第二六回	飯田長姫高校	飯田長姫高校の小さな大投手・光沢毅が活躍
	夏	第三六回	中京商業	宮崎県から高鍋高校が出場、沖縄を除いて全県から甲子園に出場 中京商業で優勝旗が盗まれる
一九五五年（昭和三〇年）	春	第二七回	浪華商業	この大会から大会回数を戦前からの通算に戻す 桐生高校の今泉喜一郎が明星高校戦でノーヒットノーランを達成
	夏	第三七回	四日市高校	大会終了後、代表一七人が初めてハワイに遠征
一九五六年（昭和三一年）	春	第二八回	中京商業	中京商業の富田虎人が準決勝・決勝で八打数連続安打を記録
	夏	第三八回	平安高校	伊那北高校─静岡高校の試合が大会初のナイターに
一九五七年（昭和三二年）	春	第二九回	早稲田実業	選抜大会で初めて関東勢が優勝
	夏	第三九回	広島商業	岐阜商業の清沢忠彦投手が津島商工戦でノーヒットノーランを達成 早稲田実業の王貞治投手が寝屋川高校戦で延長一一回ノーヒットノーランを達成

一九五八年（昭和三三年）	春	第三〇回	済々黌高校	浪華商業が出場を辞退し、和歌山工業が代わりに出場 準々決勝で済々黌高校と熊本工業の熊本県勢対決
	夏	第四〇回	柳井高校	記念大会として一県一代表となり、西宮球場も使用して開催された 首里高校が沖縄代表として初めて甲子園に出場 高知商業の森光正吉投手が松阪商業戦でノーヒットノーランを達成 徳島商業―魚津高校戦が史上初めて引き分け再試合に
一九五九年（昭和三四年）	春	第三一回	中京商業	
	夏	第四一回	西条高校	北海道大会が南北に分割 大会後、日本代表一七人が初めて米国本土に遠征
一九六〇年（昭和三五年）	春	第三二回	高松商業	選抜大会に沖縄県代表が出場 米子東高校が山陰代表として春夏通じて唯一の決勝進出
	夏	第四二回	法政第二高校	滋賀県大会組み合わせ抽選日に、優勝候補といわれた近江高校のエースが前年一〇月の転校のため失格に
一九六一年（昭和三六年）	春	第三三回	法政第二高校	法政第二高校が夏春連覇
	夏	第四三回	浪商高校	報徳学園高校が倉敷工業に奇跡の大逆転
				夏の優勝投手の浪商高校の二年生尾崎行雄が中退してプロ入り
一九六二年（昭和三七年）	春	第三四回	作新学院高校	作新学院高校―八幡商業の試合が延長一八回引き分け再試合に 北海道で春季大会が始まる
	夏	第四四回	作新学院高校	エース八木沢が赤痢の疑いで離脱するも、作新学院高校が史上初の春夏連覇を達成

年次	全国大会		優勝校	事項
一九六三年（昭和三八年）	春	第三五回	下関商業	北海高校が北海道勢として春夏通じて初めて決勝に進出
	夏	第四五回	明星高校	予選参加校が二〇〇〇校を突破 首里高が沖縄県勢として甲子園初勝利をあげる
一九六四年（昭和三九年）	春	第三六回	徳島海南高校	選抜史上初めて初出場同士の決勝戦となる
	夏	第四六回	高知高校	開幕試合で八代東高校―掛川西高校の試合が延長一八回引き分け再試合に 高知高校がエースと主将を欠きながら優勝
一九六五年（昭和四〇年）	春	第三七回	岡山東商業	岡山東商業の平松政次投手が三九イニング無失点を記録
	夏	第四七回	三池工業	三池工業が初出場初優勝、工業高校としても初優勝
				第一回ドラフト会議が開催される
一九六六年（昭和四一年）	春	第三八回	中京商業	
	夏	第四八回	中京商業	中京商業が春夏連覇を達成
				ドラフト会議で大阪学院高校の江夏豊投手が四球団から一位指名を受け、抽選の結果阪神に入団
一九六七年（昭和四二年）	春	第三九回	津久見高校	市立和歌山商業の野上俊夫投手が三重高校戦でノーヒットノーランを達成 稲川東一郎桐生高校監督が春季大会で倒れて死去
	夏	第四九回	習志野高校	報徳学園高校がホームスチールで大宮高校に逆転サヨナラ勝ち
一九六八年（昭和四三年）	春	第四〇回	大宮工業	大宮工業は、工業高校としても埼玉県勢としても春夏通じて初優勝
	夏	第五〇回	興国高校	五〇回大会を記念して開会式に皇太子夫妻を迎える 甲子園に興南旋風
				夏の大会で準優勝した静岡商業の一年生エース新浦寿夫が中退してプロ入り

一九六九年（昭和四四年）	春	第四一回	三重高校	松商学園高校の降旗英行投手が三笠高校戦でノーヒットノーランを達成
	夏	第五一回	松山商業	決勝の松山商業―三沢高校戦が延長一八回引き分け再試合に 三沢高校の太田幸司投手がコーちゃんとして大人気に
				太田幸司が近鉄のドラフト一位指名でプロ入り
一九七〇年（昭和四五年）	春	第四二回	箕島高校	
	夏	第五二回	東海大相模高校	決勝戦が東海大相模高校とPL学園高校の東西対決となる
				甲子園で人気となった箕島高校の島本講平投手が南海のドラフト一位指名でプロ入り
一九七一年（昭和四六年）	春	第四三回	日大第三高校	北海高校が甲子園に向かう青函連絡船上で在校生の暴力事件が発覚して出場辞退。代わりに芦別工業が出場
	夏	第五三回	桐蔭学園高校	神奈川県勢が夏の甲子園二連覇
一九七二年（昭和四七年）	春	第四四回	日大桜丘高校	決勝戦が日大桜丘高校―日大第三高校という東京同士の対戦となる 優勝投手の仲根正広がジャンボ仲根として人気に
	夏	第五四回	津久見高校	
				仲根正広が近鉄のドラフト一位指名でプロ入り

年次	全国大会		優勝校	事項
一九七三年（昭和四八年）	春	第四五回	横浜高校	日大山形高校が選ばれ、全県の代表が選抜大会に出場 作新学院高校の江川投手が甲子園にデビュー
	夏	第五五回	広島商業	作新学院高校の江川投手、雨中の二回戦で銚子商業に敗れる 北陽高校の有田二三男が高鍋高校戦でノーヒットノーランを達成
				明治神宮大会高校野球の部が開始 阪急にドラフト一位で指名された江川卓が拒否して法政大学に進学 習志野高校の掛布雅之が阪神のドラフト六位指名でプロ入り
一九七四年（昭和四九年）	春	第四六回	報徳学園高校	部員一一人の池田高校が準優勝 春の地区大会から金属バットが導入される
	夏	第五六回	銚子商業	東京大会が東西に分かれる 甲子園でも金属バットが使用開始
				第五回明治神宮大会で日大山形高校の金子投手がノーヒットノーランを達成 鹿児島実業の定岡正二が巨人のドラフト一位指名でプロ入り
一九七五年（昭和五〇年）	春	第四七回	高知高校	門司工業が大会直前に在校生の不祥事で辞退。代わりに佐世保工業が出場
	夏	第五七回	習志野高校	土佐高校の玉川寿選手がサイクルヒットを記録 浜松商業の高林選手が大会史上初の逆転サヨナラホームラン 千葉県勢が夏の大会二連覇
				肋膜炎で療養中の銚子商業の篠塚利夫が巨人のドラフト一位指名で入団

一九七六年（昭和五一年）	春	第四八回	崇徳高校	鉾田一高の戸田秀明投手が糸魚川商工戦でノーヒットノーランを達成 超高校級チームといわれた崇徳高校が初出場で優勝
	夏	第五八回	桜美林高校	海星高校の剛腕・酒井圭一投手が話題に
				選抜で優勝した崇徳高校から四人がドラフトで指名、うち二人は一位指名
一九七七年（昭和五二年）	春	第四九回	箕島高校	部員一二人の中村高校が準優勝
	夏	第五九回	東洋大姫路高校	東邦高校の坂本投手がバンビとして大人気に 安井選手の史上初の決勝戦サヨナラホームランで優勝
				夏の優勝投手の松本正志と、人気の高かった福島商業の三浦広之がともに阪急からドラフト指名されてプロ入り

第六章　一県一校と高校野球の全盛

一県一校時代への道

昭和二三年夏に新制高校による選手権大会が始まった時、甲子園に出場した代表校の数は全国で二三校だった。一県で一代表を甲子園に送ることができるのは、北海道・東京都・神奈川県・愛知県・大阪府・兵庫県・福岡県の七都道府県のみで、残りの府県はすべて近隣の他県とともに二次予選を経て甲子園に出場することができた。

その後、人口の増加に加えて高校進学率が上昇し、各地で高校の数が増加した。また、高校野球の人気の高まりとともに野球部を創部する高校も増え、各地の予選に参加する高校の数が毎年増えていった。そこで三四年に参加校が突出して多い北海道を南北に分割し、長野県・静岡県・広島県を独立させて一代表としたほか、予選地域の編成替えをして代表を二九校に増やした。以後、複数県で一代表を争う地区の分割をはじめ、参加校を少しずつ増やしていった。そして、記念大会を一県一校で行って運営が可能であることを確認すると、四九年には東京都を東西に分割して二代表とし、翌五〇年からは一県一代表制度に向けて急速にシフトしていった。

五三年の第六〇回記念大会で、最後まで残っていた奥羽大会など八地区が分割され、東京と北海道が二代表で残りの府県が一代表ずつという、夏の四九代表制度が完成した。実は、この方針が高校野球のさらなる隆盛を生むとともに、のちにひずみが生じる源となった。

昭和五〇年以降の一県一校制への過程

昭和五〇年　三岐大会が岐阜県と三重県に分割
東中国大会から岡山県が独立し、鳥取県は山陰大会に
西中国大会から山口県が独立し、島根県は山陰大会に
南九州大会が宮崎県と沖縄県に分割

昭和五一年　東北大会が宮城県と山形県に分割
北四国大会が香川県と愛媛県に分割
中九州大会が熊本県と大分県に分割

昭和五三年　奥羽大会が青森県と秋田県に分割
北関東大会が群馬県と山梨県に分割
北陸大会が富山県と石川県に分割
福滋大会が福井県と滋賀県に分割
紀和大会が奈良県と和歌山県に分割
山陰大会が鳥取県と島根県に分割
南四国大会が徳島県と高知県に分割
西九州大会が佐賀県と長崎県に分割

各県から一代表を送ることで、夏の大会にはどの都道府県に住んでいる人も、地元の高校が参加していることになる。人口が少ないから隣の県も地元と考える人は滅多におらず、人口の多少にかかわらず、「地元」とは基本的に都道府県単位である。つまり、一県一代表を実現したことで、どの県でも地元の代表校を応援することができるようになったのだ。この、すべての人にとっての地元校の存在が、高校野球を大きく発展させた。お盆でUターンした故郷で地元代表に声援を送るというのが、当時の日本人の生活様式に見事にはまったのだ。

しかし、一五〇～二〇〇校前後の中から甲子園出場をつかみ取るのと、三〇校未満の高校の中から甲子園に出場するのでは、やはりその難易度に差が生じるのはやむを得ない。参加校数の少ない地域の私立高校では、高校野球を強化して甲子園に出場することを最優先として経営の安定をはかろうとする学校が出現した。選手の側からみても、より甲子園に出場する確率が高い高校への進学を目指そうとすると、こうした参加校数が少ない県の高校が狙い目である、という考えが浮かぶ。こうした両者の思惑の隙間を埋めたのがいわゆる野球留学で、やがて平成時代にはこれが大問題となっていくが、その根本の原因はここにあった。

その後、第八〇回記念大会と第九〇回記念大会で、参加校数の多い埼玉県・千葉県・神奈川県・愛知県・大阪府・兵庫県の六府県も二代表とする五五代表が採用されたが、それ以外は四九代表で定着している。各府県の参加校数には、一時二〇〇校以上となった神奈川県から、三〇校を超したことのない鳥取県までかなりの格差がある。しかし、学校対抗であると同時に、都道府県対抗でもある選手権大会では、原則一県一校という現在の枠組みは堅持する方向とみられる。

史上初の完全試合

比叡山高校相手に完全試合を達成した前橋高校・松本稔投手
（昭和53年〔1978〕3月30日。写真提供：産経新聞社）

五三年春、甲子園史上初の完全試合があった。達成したのは前橋高校の松本稔投手（筑波大―中央高校監督―前橋高校監督）。同校は群馬県を代表する進学校で、選抜大会は初出場、夏の大会を含めても三〇年振りの甲子園出場だった。しかし、初戦で比叡山高校と対戦すると、松本投手は打者二七人を三振五、内野ゴロ一七、内野フライ二、外野フライ三にとって1―0で降し、選抜史上一一〇九試合目で、甲子園史上初の完全試合を達成した。

この試合での投球数はわずかに七八球。うちボール球は一一球しかなく、三ボールになったのも、二回表に六番堀雅人に対してフルカウントになったときだけである。外野に球が飛んだのはライトフライ三つだけで、センターとレフトには一回も飛んでこなかった。試合後のインタビューで比叡山高校の印象を聞かれた松本は「相手に申し訳ないことをしてしまいました」と答えている。

試合後は殺到するマスコミの攻勢のために宿舎に缶詰状態となり、二回戦の福井商業戦では一七安打を浴びて一四失点と大敗を喫した。

松本は筑波大学に進学して外野手に転向して主将をつとめた。卒業後は帰郷して高校教師となり、中央高校と母校の前橋高校を率いて甲子園に出場している。

PL 学園高校の人文字
（写真提供：産経新聞社）

逆転のＰＬ

五三年夏の大会は、ＰＬ学園高校が準決勝、決勝と二試合続けて奇跡の大逆転をみせ、「逆転のＰＬ」という異名をとった大会であった。

この年のＰＬ学園高校は西田真二（法政大―広島）と木戸克彦（法政大―阪神）という強力バッテリーで春夏連続して甲子園に出場し、夏は準決勝で中京高校と対戦した。中京高校・武藤哲裕（明大―日本鋼管）、ＰＬ学園高校・西田の両投手はともに無難な滑り出しをみせたが、四回表、中京高校は武藤のスクイズで先制点をあげると、六回には三塁打とタイムリーヒットで二点目を入れ、八回にも三塁打の粟岡英智（中日―西武）を犠牲フライで返して３―０とリードした。さらに九回表にはだめ押しともいえる四点目を入れて、勝負あったかにみえた。

ところが、九回裏にＰＬ学園高校は驚異の大反撃を開始した。先頭の西田がライト線を抜く三塁打を打つと、続く柳川明弘（近畿大―本田技研監督）のレフト後方への当たりがグラブをはじく二塁打となって一点を返し、一死後戎繁利のタイムリーヒットで二点目。さらに山西が三塁横を抜くヒットを打つと、中京高校は武藤投手をあきらめ一塁手の黒木光男（プリンスホテル）をリリーフに出した。ここでＰＬ学園高校は二点差ながら送りバントで二死二三塁とランナーを進める。黒木は制球が定まらず、一番の谷松浩之（ヤクルト）を歩かせて満塁。二番渡辺勝男との勝負となるが、黒木の動揺はあきらかで、渡辺に対してボールが三つ先行したところで一塁から武藤が再登板した。渡辺の当たりは二塁へのゴロとなり、セカンドがとってショートにトスするが二塁セーフ、一塁に転送したが一塁もセーフとなる。この間に、二死満塁で投球と同時にスタートを切っていたため三塁ランナーだけでなく二塁ランナーもホームインして、四点差を一気に同点としたのである。

試合は延長戦に突入し、再び武藤・西田両投手の投げ合いとなったが、流れはすでにPL学園に傾いており、一二回裏二死満塁から、荒木がストレートの四球を選んで、PL学園が押し出しでサヨナラ勝ちした。

奇跡の逆転劇で中京高校を降したPL学園高校は、決勝で高知商業と対戦した。三回表に高知商業が二点を先行。PL学園高校は四回裏に二死三塁とした以外はまったくチャンスもなく、八回までわずか三安打で九回裏を迎えた。しかし、この回先頭がヒットで出ると、前日の奇跡の逆転を思い出した球場は異様なムードに包まれた。動揺した二年生エースの森浩二（阪急―オリックス―ヤクルト）はストレートの四球を出し、バントで一死二三塁。センター犠牲フライで一点差となったあと、二死二塁から西田の当たりは一塁線を破って同点。さらに五番柳川は高めの球を強引にたたくと左中間に飛び、西田がホームインして、準決勝に続いて奇跡の大逆転劇をみせた。

以後、同校はしばしば奇跡的な逆転をみせ、「PL学園が後攻め」というだけで相手校からおそれられるようになった。一方、敗れた高知商業は、このあと次々と好投手を甲子園に送り込んで甲子園で活躍、PL学園高校とは何度も死闘を繰り広げる。

PL学園高校の逆転サヨナラはこれにはとどまらない。五六年選抜決勝の印旛高校（印旛明誠高校）戦でも、九回裏一死から代打佐藤公宏（早大―日本生命）の左中間三塁打で同点に追いつき、さらに西川佳明（法政大―南海―阪神）がライト戦を抜いて2―1と逆転サヨナラで優勝している。

ドカベン香川の登場

五四年の高校野球の話題をさらったのが、浪商高校の香川伸行（南海―ダイエー）である。その体型からドカベンと呼ばれ、満塁でも敬遠されたという逸話を持つその強打は各校の脅威でもあった。

春の選抜初戦の愛知高校戦では八回にセンターオーバーの推定飛距離一三〇メートルという、噂にたがわぬ大ホームラン。二回戦では高知商業の森浩二投手から、初回に先制の犠牲フライ。準決勝では大会二本目のホームランを含む三安打を放つなど、期待通りの活躍をみせた。

夏は二回戦の倉敷商業戦から、準々決勝の比叡山高校戦にかけて史上初の三試合連続ホームランを打つなど、甲子園で春夏合わせて一一試合を戦って、ヒットを打てなかったのは最後の試合のみ。八試合で打点をあげ、通算五本のホームランを打った。とくに飛距離には定評があり、ＰＬ学園高校の清原和博が登場するまでは、甲子園史上最強のホームランバッターであった。

最強バッテリー同士の決勝戦

五四年の選抜の決勝戦では、箕島高校と浪商高校が対戦、浪商高校の牛島和彦（中日―ロッテ）と香川、箕島高校の石井毅（住友金属―西武）と嶋田宗彦（住友金属―阪神）の両バッテリーが揃ってのちにプロで活躍した。

両チームとも初回に相手投手の立ち上がりをついて一点ずつを取ると、以後連投で疲れのみえる両投手に強力打線が襲いかかり打撃戦となった。三回裏、箕島高校が北野敏史のセンターオーバーの三塁打で二点を勝ち越し、四回裏には嶋田のタイムリーで４―１とリード。六回表、今度は浪商高校の香川がエラーで出塁、井戸隆義（大阪商大）のセンター前ヒットのあと、川崎の二塁打で二点。川崎はバックホームがそれる間に三塁に進み、代打森川康弘の犠牲フライでホームインして同点に追いついた。

六回裏に箕島高校が再び一点をリードすると、七回表には一死二塁から山本昭良（南海）の右中間三塁打、香川のライト線二塁打で浪商高校が6―5と逆転。するとすかさずその裏に箕島高校は北野がホームランを打ち、上野敬三（巨人）の三塁打にスクイズで7―6と再逆転。八回裏、二死二塁で北野という場面で浪商高校バッテリーはベンチからの敬遠の指示に従わずに勝負、右中間に二塁打を打たれて6―8の二点差となった。この二塁打で北野は選抜大会史上初のサイクルヒットを達成している。

九回表、浪商高校は四球の山本を一塁に置いて、香川がレフト線に二塁打を打って一点差と詰め寄ったものの、八回の一失点が大きく響き、結局一点差で敗れた。二転三転する試合運びのなか、バントなどを巧みにおりまぜた箕島高校が、牛島と香川の強力バッテリーをかわした。

高校野球全盛期を迎える

昭和五〇年代後半から昭和末にかけては、高校野球の全盛期であった。一県一校となって各県から代表校が甲子園につどい、地元の期待を背負って戦った。その試合はすべてNHKを通じて全国放送され、右肩上がりの社会とともに、過熱していった。

また、この頃は野球留学も少なく、甲子園に出場する選手はほぼ地元の選手達だった。おらが町の野球少年達が、ブラウン管の向こうで戦う姿に熱狂したのだ。また、当時は地方から東京や大阪といった大都会に多くの人が集まってきた時代でもある。彼らもまた、甲子園で戦う郷土の代表によって郷土意識をよびさまされ、その活躍に一喜一憂することになる。

さらに、各地である程度の強豪校が固定化していたことから、実力のある中学生はみな地元の特定の有力高校に進学した。そのため、必然的にレベルが高くなっていたことも見逃せない。

そして、選手の体格や使用する用具が向上し、投手中心の時代から強打者が激しく打ち合う展開も増えてきた。単純に試合をみている分には、ある程度の打撃戦のほうが面白いのだ。

これらの要素がからまったこの時代は、まさに高校野球の黄金期であったといえる。

甲子園史上最高の試合

甲子園で数多く行われた試合の中で、最高のゲームといわれるのが五四年夏の箕島高校と星稜高校の試合である。

この年の選抜を制している箕島高校は春夏連覇を狙って三回戦で星稜高校と対戦した。一方の星稜高校も好投手・堅田外司昭（松下電器）を擁しており、やはり選抜に続いての連続出場であった。星稜高校は選抜では初戦で敗退していたが、夏は初戦で宇治高校に圧勝し、ベスト八進出をかけて両校が対戦した。

この試合は1—1で延長戦に突入。一二回表、星稜高校は一死一二塁からセカンドゴロエラーの間に勝ち越し点をあげた。その裏、二死無走者となったあと、箕島高校の嶋田は、尾藤監督に「ホームランを狙う」ことの了承を得て打席に入り、三球目に本当にレフトラッキーゾーンにホームランを打ち込んで同点にした。

一六回表に星稜高校は二死一三塁から山下靖のライト前ヒットで再び一点をリードした。その裏、箕島高校は二死から六番森川が初球を一塁ファウルグランドに打ち上げた。一塁手は落下点近くに入り誰もが決着がついたと思ったその瞬間、人工芝に足を取られて転倒したのである。命拾いした森川は、四球目を左中間スタンドにたたき込んでまた試合を振り出しに戻してしまった。

規定上延長のなくなった一八回表、星稜高校は二死満塁のチャンスを逃し、勝ちを失った。その裏、堅田投手は疲労から制球を乱し四球二個で一死一二塁。続く上野にも二ボールとなったあと、ど真ん中に投げた三球目、通算二〇八球目をレフト前に打たれ3―4でサヨナラ負けを喫した。二度にわたる奇跡の同点劇と、再試合直前のサヨナラゲームで、この試合は高校野球史上最高のゲームとされている。

箕島高校と尾藤監督

星稜高校との奇跡の試合を制した箕島高校は、そのまま勝ち上がって全国制覇、史上三校目の春夏連覇を達成した。春夏連覇した学校は、箕島高校以外に、作新学院高校、中京商業、ＰＬ学園高校、横浜高校、興南高校、大阪桐蔭高校とあるが、箕島高校以外はすべて私立高校である。いずれも学校の方針として有力中学生をスカウトし、実力のある選手がそろったチームだった。それに対し、公立の箕島高校では他県から選手をスカウトしてくるということはできない。実際、エースの石井は有田市立保田中学、捕手の嶋田は有田市立箕島中学の出身であるなど、選手は学校のある有田市とその周辺の選手達である。こうした近隣の中学生だけで春夏連覇を達成したのが、名将尾藤公《びとうただし》監督である。また、多くの名監督はその高校の教諭であった。横浜高校の渡辺監督のように、監督としていい指導をするためには教諭であることが必要、と感じて途中で教員資格を取得した監督もいるのに対し、尾藤監督はずっと教諭ではなかった。

尾藤監督は、昭和一七年一〇月二三日地元の和歌山県有田市の生まれ。箕島高校では捕手としてプレーしたが、近畿大学に進学後腰痛のため選手を断念。四一年に母校・箕島高校の監督に就任すると、三年目の選抜には早くも初出場し、いきなりベスト四まで進んだ。四五年の選抜では決勝で北陽高校（関大北陽高校）と死闘を繰り広げて降し初優勝、弱冠二八歳での選抜制覇で一躍注目を集めた。以後、昭和の後半には公立の強豪校として全国に知れ渡り、決勝戦に四回進んでいずれも優勝している。尾藤監督の真骨頂は「負けない野球」にあった。和歌山県の小都市にある県立高校としては、毎年優秀な素材を集めることはできない。そこで、限られた人材の中で、徹底的に負けない野球を追求したのである。しかし、平成に入ると厳選された人材を集めた智弁和歌山高校の台頭によって甲子園に出場できなくなり、平成六年監督を引退した。

この時代は、箕島高校の尾藤監督以外にも、各地の名門公立校に名将達がいた時代でもあった。公立高校の活躍は、こうした名将達に支えられていた。とくに商業高校にはこうした名監督が多く、銚子商業の斉藤監督、高知商業の谷脇監督、宇部商業の玉国監督などが有名である。

銚子商業・斉藤監督

千葉県の銚子商業には斉藤一之監督がいた。斉藤監督は、昭和四年七月三日千葉県佐原市（現香取市）の生まれ。旧制佐原中学（佐原高校）では主将をつとめ、中央大学在学中はクラブチームのオール佐原の一塁手をつとめていた。卒業後、銚子一中の野球部兼ソフトボール部監督となると、野球部は県大会で三回優勝。これが注目を集め、三一年に銚子商業の後援会から同校の監督就任の話がもたらされた。中学野球の実績から白羽の矢がたったのだが、当時の斉藤は中学教諭の資格しかなかったため、中学教諭の傍ら法政大学の通信制で学んで高校教師の資格を取得し、三七年に銚子商業に地理教諭として赴任、監督に就任した。

就任した翌年の三八年夏には早くも甲子園で三つ勝って準々決勝まで進出、四〇年には決勝戦まで進んで、銚

コラム6―1　文武両道の八重樫選手

戦前から戦後すぐにかけての時代には、甲子園にも進学校が多数出場し、野球と関係なく一流大学に入る選手は多かった。昭和二四年夏に全国制覇した湘南高校の選手の進学先は、東大二人、早大三人、慶大三人、横浜国大一人。この中には、東大でも選手として六大学のベストナインとなり、社会人野球でもプレーしたあと、社業に専念しては鐘紡の役員になり、その後高野連会長となった脇村義夫のような超人的な選手もいた。

しかし、昭和も後半となると、甲子園に出場するのは野球で知られた学校がほとんどで、普通の進学校が予選を勝ち抜いて出場することは珍しくなった。なかには高い進学実績がある高校も出場するが、その多くは進学クラスと野球選手のクラスは別という「文武別道」がほとんどで、高野連の掲げる文武両道の選手は滅多に登場しない。

そうしたなか、戦後の甲子園出場選手を代表する文武両道選手が、五三年夏の甲子園に出場した盛岡第一高校の一年生、八重樫永規選手である。

八重樫選手は一年生の夏に三塁手で五番を打って甲子園に出場。三年生の夏は四番を打って県内では強打者として注目されたが、残念ながら甲子園には出場していない。卒業後は東大文科系学部の中でも最難関の文科Ⅰ類（法学部）に現役で進学。東大二年生の時に二塁手として東京六大学リーグのベストナインに選ばれ、四年生ではセンターで四番を打って主将もつとめた。さらに、大学卒業後は外交官試験に合格して外務省入りしている。

子商業は一気に全国区に躍り出ると同時に、斉藤監督は名監督としての評価が固まった。銚子商業はその後も毎年のように甲子園に出場し、四九年夏に悲願の全国制覇を達成した。

斉藤監督の手腕により、「銚子商業」という名前だけで相手を威圧できるほどの強豪となった。しかし、野球が盛んな土地柄だけに、負けた試合のあとでは、罵声を浴び、嫌がらせの電話が自宅にかかってくるなど、神経を休めるために酒量が増加したという。そのため、優勝した直後には胃潰瘍で倒れるなど四回の入退院を繰り返し、平成元年春には肝臓癌で入院。一一月九日に死去するまでの半年間に見舞いに訪れた教え子や父母は三五〇人にものぼった。享年六〇、銚子商業野球部にささげた人生であった。

斉藤監督は夏の大会中はヒゲを剃らないことで有名だった。そのため、甲子園に出場した時はいつもヒゲがかなり伸びており、「ヒゲの監督」としても知られていた。

高知商業・谷脇監督

高知商業には投手を育てる名伯楽、谷脇一夫監督がいた。谷脇は昭和一九年四月一五日高知県吾川郡伊野町（いの町）の生まれ。高知商業時代に高橋善正（東映―巨人）とバッテリーを組み、三六年夏の甲子園に出場している。卒業後は鐘ヶ淵化学で一一年間捕手をつとめたのち、四八年に現役引退、五〇年九月に母校・高知商業に監督として招聘された。

五三年夏には甲子園で決勝まで進み、九回裏までＰＬ学園高校をリードしていながら、逆転サヨナラで敗れて準優勝となった。そして、五五年選抜で中西清起投手（リッカー―阪神）を擁して悲願の優勝を果たしている。谷脇は毎年のように好投手を擁して甲子園に出場した。平成五年夏に引退するまでの間に、谷脇は森浩一（オリックス他）、中西清起、津野浩（日本ハム他）、中山裕章（大洋―中日）、岡林洋一（専修大―ヤクルト）、岡幸俊（ヤクルト）らを擁して甲子園に出場。公立高校で短期間の間にこれだけの好投手を輩出した例は少ない。また、坂上博文（近畿大―日本ＩＢＭ野洲監督）、森田洋生（明大―四国銀行監督）、正木陽（同志社大―高知商業監督）ら指導者が多いのも特徴。

その後は、高知市と姉妹都市になっている縁で北海道の北見市に招聘され、北見柏陽高校野球部の指導にあたった。

宇部商業・玉国監督

ＫＫ（桑田・清原）時代のＰＬ学園高校と死闘を繰り広げた宇部商業の玉国監督は、高校野球の指導者には珍しくドラフト会議で指名された経験がある。

玉国光男監督は二三年四月三日山口県宇部市の生まれ。宇部商業では四一年の選抜で甲子園初出場を果たすと、金沢高校との試合で二塁ランナーとして甲子園史上初の二ランスクイズを成功させている。この年のドラフト会議で西鉄から指名されたが、すでに鐘ヶ淵化学に内定していたため拒否して社会人入りした。しかし、体をこわして半年で退社。帰郷して山口マツダや協和醗酵に入り、五〇年に県大会でも勝てなくなっていた母校の後援会からの要請を受けて監督に就任、二足のワラジをはくことになった。

翌五一年夏には早くも甲子園出場を果たした。五八年夏には初戦で帝京高校と対戦、九回裏無死から内野安打と逆転ホームランで監督としての甲子園初勝利をあげると、以後、玉国監督率いる宇部商業は甲子園で印象に残る試合を次々とみせた。

六三年夏の東海大甲府高校戦では1―2とリードされた九回表一死二三塁の場面で、一年生の宮内洋（住友金属―横浜）が史上初の代打逆転ホームラン。また、六〇年夏には三年生となった桑田・清原コンビを擁して史上最強といわれたPL学園高校と決勝で対戦、結局3―4で敗れたが、スター選手のいない地方の県立高校が、驚異的な破壊力を持つPL学園高校と互角に渡り合うという大健闘に、宇部商業と玉国監督の名前が全国に鳴り響いた。六三年選抜の二回戦では中京高校の木村龍浩（青山学院大―巨人）に九回まで完全試合に抑えられていたが、四球でランナーを出すと、続く坂本雄が二ランホームランを放って逆転勝ちしている。

一方、劇的な試合で敗れることもあった。平成一〇年夏の二回戦の豊田大谷高校との試合は九回裏に二死一三塁から重盗を決められて延長戦となり、一五回裏に無死満塁から二年生の藤田修平投手（福岡大）のボークでサヨナラ負けを喫している。

巨星墜つ

五五年の選抜大会開幕を間近に控えた三月二二日、佐伯達夫高野連会長が肺炎のため大阪市の阪大附属病院で死去した。八七歳だった。第三代会長に就任したのは四二年で、その会長在任期間は一三年間だが、戦後の高野連創立からその中枢部におり、三〇年間以上にわたって高野連の実質的な指導者であった。戦後いち早く中等学校野球の再開に尽力、さらに選抜大会の危機を救ったことはすでに述べた。そして、高校野球界の頂点にたちながらも可能な限り現場にたち、つねに自らを戒めて、終始一貫して高い理想のもとに高校野球のあり方を追求した姿勢は称賛に値するが、晩年にはその理想と現実の激しいギャップの中で苦しんだ。その結果、理想に基づいた自らの信念を貫き、反対意見を封じ込めることによって高校球界を特異な世界に押し込めたことは否めない。

また、カリスマ的な力を持った佐伯会長の影響はその没後も長く続いた。

佐伯のあとの第四代会長の座は一年間の空白をおいて、翌五六年に牧野直隆副会長が就任した。牧野は明治四三年一〇月六日鹿児島市山下町の生まれで、当時七〇歳。三歳の時に一家で上京、以後東京・虎ノ門に住んだ。鞆絵小学校時代に四歳上の兄がつくったチームで野球を始め、慶応商工を経て慶応義塾大学に進学。予科三年生でショートのレギュラーとなり、本科二年生から二年間主将をつとめた。三遊間を組んだ水原茂とは同期である。在学中に東京六大学リーグで優勝。昭和九年卒業後は鐘紡に入社、都市対抗には全大阪の三塁手として出場して優勝。秋には全日本のメンバーとして大リーグ選抜チームと対戦したが、翌一〇年には応召した。

戦後、二一年一月に復員し、まもなく鐘紡淀川に野球部を創部。また、自ら世話役となって近畿社会人野球連盟を創設し、会長に宮原清、副会長に佐伯達夫を迎えた。二四年には関東地域と合併して日本社会人野球協会が設立されて常任理事に就任。二五年鐘紡全社から選手を選抜した全鐘紡チームが編成されて総監督となり、同年から都市対抗三連覇を達成。三〇年にはノンプロ世界野球選手権大会の日本チーム総監督をつとめるなど、社会人野球の重鎮であった。

一方、一二年から中等学校野球の審判をつとめるようになり、戦後は、二二年に復活した選抜大会の選考委員に就任。三五年日本高野連理事となり、四四年副会長に就任。佐伯達夫会長とともに戦後の高校野球発展の基礎を築いた人物で、会長代理を一一年間つとめていた。そのため、会長就任後も佐伯路線を継承した。実に九三歳になるまで会長の座にあり、引退するまで春夏の甲子園では閉会式で講評を行っていた。

平成三年の朝鮮高級学校の参加や、八年の女子マネージャーを含む記録員のベンチ入りなど、枠組みの拡大には積極的に取り組んだが、連帯責任制の廃止など時代に即した改革が行われるのは第五代会長脇村春夫の登場まで待たなければならなかった。さらにプロ球界との正常な接触が認められたのは、実に佐伯の没後二四年目のことであった。

新しい野球留学の始まり

この頃から、甲子園出場を目指した野球留学が始まった。野球留学そのものは戦前からあり、戦後もＰＬ学園高校や東海大相模高校のように、全国から有望選手をスカウトしている学校はあったが、これらの学校は、すでに名門として知られた学校にあこがれて地方の選手が入学する、というスタイルが主流であった。そのため、中心はあくまで地元の選手で、その中に留学生が混じっているという選手構成だった。それに対してこの頃から始まったのが、参加校数の少ない県や、あまり野球が強くない県のまだ無名の私立高校に、リトルリーグやボーイズリーグの盛んな関西などから、甲子園に出場することを目的として大量に留学することである。そして、レギュラーのほとんどをこうした野球留学生で固めた学校が甲子園に登場した。

その先鞭となったのが、鳥取県の倉吉北高校と茨城県の江戸川学園取手高校である。当時の鳥取県では公立名門の鳥取西高校と米子東高校が圧倒的に強く、同県の甲子園出場はこの二校の寡占状態にあったが、それに風穴をあけたのが私立の倉吉北高校であった。同校は昭和三六年に創立、四四年に軟式からの移行で創部した。そして五〇年選抜で初めて甲子園に出場すると、五三年夏に早稲田実業を３―２で降したことで知名度があがって選手が集まるようになり、五四年春にはベスト八、五六年春にはベスト四に進んだ。とくに五六年のメンバーは登録一五人のうち一三人が関西からの留学生だったことから、そのチーム構成が議論を呼んだ。鳥取県は全国で最も参加校が少なく当時はわずか二〇校しかなかったことから、野球留学生を主体としたチームづくりに対する是非が問われた。

五五年夏に初出場した茨城県の江戸川学園取手高校は、五三年に創立と同時に野球部を創部、静岡県と東京のポニーリーグから選手を集め、彼らが三年生となった五五年夏に甲子園に初出場した。しかも同校は、甲子園出場は知名度のアップが目的で、今後は方針を転換して進学校化するとしたことから、倉吉北高校とは違う意味で話題になった。その後、五八年夏と六一年夏には県大会準決勝まで進んでいるが、以後は既定方針通り進学校化し、野球部の活躍はみられない。甲子園に出場した学校がのちに進学校化して甲子園から遠ざかっていくことは珍しくないが、甲子園に初出場したことで目的を達成したとして強化をやめる学校はこれ以降もみられない。

都立高校の出場

五五年夏、西東京の代表に都立国立《くにたち》高校が決まると、NHKの全国ニュースでも取り上げられる大きなニュースとなった。当時はまだ全国的に公立高校が優勢の時代だったが、東京では明治の草創期から私立大学の系列中学が野球界をリードしてきたことから、戦前戦後を通じて一貫して私立校が中心となっていた。全国大会に公立高校が出場したのは戦後第一回の東京高等師範学校附属中学以来だが、同校は国立校だったことから、都立高校の甲子園出場は初めてのことだった。しかも、出場したのが都立高校の中でも進学校として知られる国立高校だっただけに、より大きな話題となった。

国立高校のエースは一六八センチと小柄で、変則モーションの市川武史。西東京大会準々決勝の佼成学園高校戦では延長一八回1—1の引き分けと、翌日の再試合を完投。さらに準決勝では堀越高校を2—0、決勝でも駒大高校を2—0と完封するなど、市川が八試合八一イニングを一人で投げぬいたほか、決勝では九回に自らのスクイズで決勝点をあげての出場だった。

甲子園では一回戦で前年に春夏連覇した強豪・箕島高校と対戦。甲子園では人気の高い箕島高校だが、この試合だけはまったく別で、箕島高校のアルプス席以外はほぼ国立高校を応援。国立高校の打者のカウントが有利になっただけで手拍子が起きるというアウェーの状況にもかかわらず、実力の違いはいかんともしがたく、国立高校は箕島高校の宮本貴美久投手の前に散発三安打で0―5と完敗した。「これ以上のぞむのは酷」（国立高校・市川監督）、「二度と国立高校とはやりたくない」（箕島高校・宮本投手）というコメントが試合を象徴している。

なお、この国立高校のメンバーは、市川武史と川幡卓也のバッテリー、二年生で一番を打っていた布施英一二塁手が東大、ライトで四番を打っていた名取光広主将は一橋大学に進学している。

荒木大輔の登場

この年の東東京の代表は早実で、同校には太田幸司と並ぶ戦後高校野球界の二大アイドルの一人、荒木大輔（ヤクルト―横浜）がいた。

この年の早実のエースは二年生の芳賀誠（早大）だったが、東東京大会開幕直後の練習で故障。そこで、背番号一六の一年生の荒木大輔をエースに起用して東東京大会を制し、甲子園に出場した。荒木は甲子園では背番号一一をつけたが、実質的にはエースとして登板した。

荒木は、初戦の北陽高校戦に先発すると一安打で完封。以後、四四と三分の一イニング無失点を続け、決勝戦まで進出したのである。上級生に囲まれてマウンドを死守する名門校の一年生エースというだけでなく、ルックスも申し分なく、甲子園の女性ファンに大きな人気を巻き起こした。

決勝は東京と神奈川の京浜対決となった。チームカラーもエースで三番の大黒柱・愛甲猛（ロッテ―中日）を擁して優勝候補とみられていた横浜高校と、一年生エース荒木大輔の早実という対照的な対戦である。

一回表、早実はスクイズで一点を先行したが、その裏、横浜高校は一死から足立勝・愛甲が連続センター前ヒットで一三塁とし、四番片平保彦（関東学院大中退―大洋）のセンター前ヒットで同点。これは、荒木大輔の四四と三分の二イニング目の甲子園初失点で、無失点記録更新の直前で潰えた。続く牧田圭一郎（関東学院大）はスクイズを空振り、愛甲は三本間に挟まれたものの、今度は捕手の送球が愛甲のヘルメットに当たってセーフとなった。二死後、六番吉岡浩幸への二球目、投球モーションに入った荒木の右手が腰に当たってボールを落としてボークとなり、三塁から愛甲が生還して2―1と逆転した。

早稲田実業高校の荒木大輔投手
（写真提供：産経新聞社）

以後、動揺した早実守備陣は浮き足立って送球ミスが続き、三回までに五点を奪われて荒木はノックアウト、四回からエースナンバーをつけた二年生の芳賀誠がリリーフした。

一方、横浜高校の愛甲も疲れから球威がなく、早実は四回表に連打で二点、五回には小山寛陽のタイムリーヒットで一点差と詰め寄った。六回表、ついに愛甲は一塁に退き、これまで殆ど登板の機会のなかった川戸浩（日産自動車）がリリーフ。愛甲―荒木の大会を代表する好投手の投げ合いで始まった決勝戦は、川戸―芳賀という二番手投手同士の戦いとなった。

六回裏、横浜高校先頭の安西健二（巨人）がセンター前にヒット、送りバントのあと、愛甲の当たりは一塁ゴロだったが、一塁手の手前で大きくバウンドしてライト前に抜け六点目をあげる。以後、両投手は好投を続けて九回まで進んだ。九回表、早実は二死一三塁と攻めたが、川戸は次打者佐藤孝治（早大―日本石油）を三振に斬ってとり、二度目の全国制覇を果たした。

つねに愛甲の蔭に隠れていた川戸は胴上げ投手となり、敗れた早実の荒木は以後アイドルの道を駆け上がった。

好投手の競演

翌五六年夏の大会は、二年生となった早稲田実業・荒木大輔の他にも、秋田経大附属高校（明桜高校）・松本豊、福島商業・古溝克之、前橋工業・渡辺久信、名古屋電気（愛工大名電高校）・工藤公康、北陽高校（関西大北陽高校）・高木宣宏、報徳学園高校・金村義明、鳥取西高校・田子譲治、岡山南高校・川相昌弘、今治西高校・藤本修二、福岡大大濠高校・森山良二、興南高校・竹下浩二と、のちにプロに進んだ好投手がそろった大会だった。

なかでも、第六日には第一試合に前橋工業の一年生渡辺が先発、敗れたものの準優勝した京都商業に好投して注目を集めた。第二試合では名古屋電気の工藤が縦のカーブで長崎西高校から一六個の三振を奪ってノーヒットノーランを達成。第三試合では福岡大大濠高校の森山が函館有斗高校（函館大有斗高校）に完投勝ちしている。

工藤は続く北陽高校からも延長一二回で二一奪三振という好投をみせ、プロ入りを拒否していたが西武が六位で指名してプロ入り。二年後には前橋工業の渡辺が西武のドラフト一位指名で入団。六二年秋には北九州大学を中退して野球部のないＯＮＯフーズに就職していた森山を西武が一位で指名、これはドラフト史上最大の隠し玉といわれている。この三人はのちに西武でそろって先発投手として活躍、甲子園で同じ日に登板した三人の投手が西武黄金時代を支えることになった。

これらの好投手の中で勝ち上がったのが報徳学園高校の金村である。エースで四番の金村義明（近鉄―中日―西武）を擁した報徳学園高校は、三回戦で荒木大輔の早実と対戦した。この試合、九回まで早実が4―1とリードしていたが、九回裏二死から金村が二塁左への内野安打で出ると、西原が死球。代打浜中のレフト線二塁打で同点とし、延長一〇回裏二死から金村がレフトに二塁打、続く西原がワンバウンドでレフトフェンスに当たる打球で金村がホームイン、サヨナラ勝ちした。

決勝の相手は一六八センチの好投手井口和久（同志社大―トヨタ自動車）を擁した京都商業。一番にはショート水本啓史（中日）、三番には二年生の堀田徹投手（巨人）が一塁手として出場していた。前評判は高くなかったものの、初戦の前橋工業戦を一点差で勝つと、井口が三試合連続で完封、準決勝の鎮西高校戦は一三奪三振の好投で決勝戦に進んでいた。決勝では四連投の報徳学園高校の金村が、京都商業を三安打で完封して優勝、京都商業は二度目の準優勝となった。

明徳高校登場

この頃、のちに甲子園の常連となる学校が次々に初出場を果たしている。五七年春に初出場したのが明徳高校だった。創部六年目、高知商業で二回準優勝した名将松田昇監督が就任して二年目での初出場で、野球留学で有名な同校も当時はまだ地元中心のメンバーだった。

一回戦で瀬田工業を大差で破ると、二回戦で優勝候補の箕島高校と対戦。試合は弘田旬（東洋大）と箕島高校の好投手上野山辰行（同志社大）との投手戦となり、0―0のまま延長戦に突入した。一二回まで両校0行進が続いたが、そのあと激しく試合が動いた。一三回表に明徳高校がスクイズと藤本茂喜（巨人）の三塁打で二点をあげ、勝負あったにみえたが、その裏、箕島高校は二走者を置いて泉秀和（近畿大）が左中間を破って同点。続く一四回表、明徳高校は二つの四球のあと武田のスリーバントが内野安打となって無死満塁。ここで堀尾昭典（駒沢大）がセンター前にヒットして三塁走者がホームインして再び勝ち越し。この時二塁走者も本塁をついたが、箕島高校の捕手・住吉義則（プリンスホテル―日本ハム他）のブロックでタッチアウトとなり一点にとどまった。その裏、箕島高校は、木戸敏光の二塁打とエラーのあと、杉山基浩（三菱重工神戸）が三塁線を破って逆転サヨナラ勝ち。箕島高校は三年前の夏の星稜高校戦を彷彿とさせる粘りをみせ、明徳高校は敗れはしたものの、この一戦で初出場ながら全国にその名が轟いた。

試合後、疲労困憊した松田監督は、お立ち台に腰を掛け「老いた武蔵が若き小次郎に敗れました」と尾藤監督を讃えた。この年の夏に入院、一度は復帰したものの、秋季大会途中で倒れて亡くなった。

このあと、同校は五九年に明徳義塾高校と改称、平成二年に馬渕史郎監督が就任して、西日本各地から集まってくる野球留学生を擁して甲子園で活躍する。

中京高校、甲子園通算一〇〇勝

五七年選抜の二回戦で中京高校は大成高校を1―0で破り、春夏通算一〇〇勝目をあげた。

この大会が始まる前の時点で中京高校は春夏通算して九八勝三二敗となっており、あと二勝で史上初の一〇〇勝に到達するところまできていた。この時、第二位の高松商業が五一勝、三位の浪商高校が四八勝と、ライバルを大きく引き離していた。

この大会にはエース野中徹博（阪急―台湾俊国―中日―ヤクルト）とレフトで控え投手の紀藤真琴（広島―中日―楽天）という二年生の好投手コンビで出場、初戦で桜宮高校に快勝して九九勝目をあげると、二回戦では森田範三（NTT東海）の二試合連続ホームランが出て1―0で大成高校を降し、通算一〇〇勝を達成した。

戦前から名門として活躍する同校だが、実は第一回大会の始まった大正四年にはまだ創立さえされていなかった。同校の創立は大正一二年で、創立と同時に創部、昭和六年選抜で初出場を果たすといきなり決勝に進出、同年夏には早くも優勝すると、そのまま夏の三連覇を達成した。以後は戦前・戦後を通じて名門として活躍し、創部から五九年で通算一〇〇勝を記録した。

なお、平成二七年春の大会終了時点では、中京大中京高校は通算一一七勝で最多の座を守っているが、二位にはPL学園高校と龍谷大平安高校がともに九六勝と激しく追い上げている。

死球で逃した完全試合

選抜大会ではすでに前橋高校の松本投手が完全試合を達成していたが、夏の大会では一度も記録されたことがない。唯一その一歩手前までいったのが、五七年夏の二日目第一試合に登板した佐賀商業の新谷《しんたに》博投手（駒沢大―日本生命―西武）である。

この大会に、新谷と田中孝尚（阪急）のバッテリーに、四番三塁為永聖一（駒沢大―NTT東京）を擁して出場した佐賀商業は一回戦で木造高校と対戦した。佐賀商業は一回裏に三番田中が二ランホームランを打つと、新谷投手は九回二死まで木造高校を完全試合に抑えた。

史上初の完全試合まであと一人と迫った場面で、木造高校は二七人目の打者として代打を送った。打席に入ったのは、公式戦初出場の一年生世永幸仁で、新谷投手のできからみて完全試合達成か、と思ったその時、新谷は世永に死球を与えて完全試合を逃してしまった。すぐに気を取り直して次の打者をセカンドゴロに打ちとり、ノーヒットノーランは達成したものの、初打席の一年生に死球を与えて完全試合を逃すという結果に固唾をのんでみていたファンは大きなため息をついた。

なお、夏の大会での完全試合はその後も出ていない。

四アウト事件

この大会の二回戦、益田高校と帯広農業の試合で不思議な事件が起こった。それが四アウト事件である。

益田高校が4―2とリードして迎えた九回表、一死二三塁から四番豊田のタイムリーヒットで三塁ランナーがホームイン、続いてホームを狙った二塁ランナーはタッチアウトとなり二死一塁。五番金原は二塁フライに倒れてチェンジとなるはずであった。ところが、六番池永はまだ二アウトだと勘違いして打席に入ってしまった。帯広農業の加藤浩一投手はおかしいとは思ったものの、誰も何もいわないため自分の勘違いだと思ってそのまま第一球を投じた。この時、公式記録員からは合図が送られたが審判も気がつかず、池永は二球目を打ってサードゴロに倒れ、四つ目のアウトでチェンジとなった。攻守交代の際に、マウンドから小走りに戻ってくる加藤投手は手で「四」を示しながら首をひねっていた。その裏の帯広農業の攻撃は無得点に終わったため、試合の結果には影響は出なかった。

試合後の調査で、池永は「僕が打席に入る時スコアボードをみたら二アウトになっていた」といい、実際にスコアボードの表示ランプは二死の時点でまだ一アウトの表示だったことから、主審が勘違いしたものと判明した。また打席に入った池永をのぞいて、かなりの選手がミスに気がついていたこともわかった。池永の打席は公式記録上には記載されず、幻の打席となっている。

猛打の時代

五七年夏の大会は池田高校のパワーが爆発した大会だった。四九年の選抜でわずか一一人の部員で準優勝した池田高校が、一〇年もたたないうちに強力打線を看板に全国の球児の頂点に立つことを想像していた人は皆無だったに違いない。

この時の池田高校は、エースで四番の畠山《はたやま》準（南海―横浜）を中心に、三番江上光治（早大―日本生命）、五番水野雄仁（巨人）で固めた強力クリーンアップに、一番から九番までまったく切れ目のない打線という、高校生離れした破壊力を持ち、すべて圧勝で決勝まで勝ち進んできた。

そして、決勝では名門広島商業との対戦となった。「広商野球」という言葉があるように、広島商業は投手が好投するなか、バントを多用した緻密な攻めで少ないチャンスをものにして相手を破るという、典型的な甲子園野球をみせる学校で、池田高校とは対照的なチームカラーであった。

しかし、池田高校はこうした広商野球をさせる間もなく、一回表から広島商業の先発池本和彦（早大）に容赦なく襲いかかった。簡単に二死となったあと、江上・畠山・水野の強力クリーンアップが三連打で満塁とし、六番宮本の押し出し四球でまず一点を先制した。さらに七番山下・八番木下の連続二塁打と、九番山口のタイムリーで一挙に六点を奪い、初回で試合をほぼ決めてしまった。池田高校は五回にも一点を追加すると、六回には二死から畠山の本塁打などで五点をあげ、広島商業の繰り出す、池本・工《たくみ》・田中の三投手をこっぱみじんに粉砕してしまった。

一方、広島商業もこれだけの大量点を取られながら決して試合をなげることはなかった。二回裏には先頭の久山が三塁打で出ると、田村はスクイズを敢行（失敗）して一点を取りにいったほか、一一点差の六回裏にも大量点を狙わず一点を返すなど、広島商業らしい緻密な野球をみせた。

結局この試合は、一番から九番まで金属バットを目一杯長く持って思いっきり振ってくる池田高校のパワー野球が、広島商業に代表されるようなバントを基本とした従来の甲子園野球を粉砕するという、この大会を象徴するような試合となった。

池田高校の蔦監督

池田高校の驚異的な破壊力を持つ強力打線をつくりあげたのが同校の蔦監督である。

蔦文也監督は大正一二年八月二八日徳島市の生まれ。前述の尾藤監督はじめ、斉藤監督、谷脇監督、玉国監督らと比べてはるかに年上である。つまり、それだけ遅咲きの監督だった。それは指導していた学校が田舎の小さな県立高校で、選手に恵まれなかったことが大きい。実家は池田町の旧家で、徳島商に進学して昭和一四年選抜には一塁手で四番、翌一五年には投手として春夏連続して甲子園に出場した。卒業後は同志社大学に進学して一年生から活躍したが、海軍に応召。特攻隊となり二度の出撃命令を受けたが飛行機不足のために命拾いした。この時に恐怖をまぎらわすために酒を飲むようになったという。戦後は社会人の全徳島から都市対抗に三回出場、二五年にはプロ野球の東急に入団している。〇勝一敗という成績で一年限りで解雇されたが、元プロという肩書きの監督であった。帰郷して地元池田高校の教諭となると、翌二七年に野球部監督に就任。以来、稲原監督譲りの猛練習で選手を鍛え、三二年夏には南四国大会に出場したが、あと一歩で甲子園に出場できない時代が長く続いた。

監督就任二〇年目の四六年夏に南四国大会決勝で宿敵徳島商業を延長一〇回サヨナラ勝ちで降し、悲願の甲子園初出場を果たした。そして四九年選抜にはわずか一一人の部員で準優勝。

以後、学区外進学の制度を利用して徳島県内各地から蔦監督を慕った有望選手が集まるようになり、池田高校は徳島県を代表する強豪校になっていった。五四年の選抜大会三回戦では東洋大姫路高校と雨の中で壮絶な戦いを繰り広げ、その最後まで諦めない姿勢は多くの共感を呼んだ。五七年夏には畠山・水野らを擁して驚異的な破壊力で各校をなぎ倒して圧勝で優勝、金属バット時代の新しい高校野球のあり方を示すとともに、池田高校と蔦監督は高校野球の頂点に立った。定年後も監督を続け、六一年選抜で優勝するなど、甲子園に一四回出場して、優勝三回、準優勝二回を数え、数多くの選手を育てた。平成三年夏に甲子園に出場した際には岡田康志代理監督が指揮をとり、翌年に正式に引退した。

「攻めダルマ」といわれるほど徹底した攻撃が好きで、一番打者から九番打者までが金属バットを目一杯長く持って振りぬく池田高校は、相手投手から恐れられた。このパワー野球の流れは、以後ＰＬ学園高校、智弁和歌山高校と受け継がれている。一三年四月二八日肺癌のため死去した。

ＰＬ・一年生のエースと四番

当時無敵とも思われた強打の池田高校に代わって高校野球の頂点に君臨したのが、ＰＬ学園高校である。

野球選手にとって、高校生は成長の著しい時期である。一学年違えば体格も実力も大きく違い、下級生が上級生からポジションを奪うことは難しい。選手の少ないチームでは、たまま空いたポジションを下級生が埋めることは珍しくないが、甲子園に出場するチームは選手層が厚く、下級生がレギュラーとなるのは困難だ。とくに入学して間もない一年生は、ベンチ入りするだけでも困難で、実際に甲子園の舞台に立てる選手はきわめて珍しい。

こうしたなか、甲子園に出場した強豪ＰＬ学園高校では、背番号一一ながら実質エースをつとめる投手と、四番打者がともに一年生というので話題になった。しかも、この二人の活躍で同校は、無敵とみられていた池田高校をも降して優勝したのだ。

PL 学園・桑田投手と清原内野手
（写真提供：産経新聞社）

投手はのちに巨人のエースとなる桑田真澄。四月一日生まれという同学年最年少で、まだ一五歳になったばかりだった。一方、四番を打っていたのが、のちに西武などで主砲として活躍する清原和博選手。すでに堂々たる体格で、とても一年生とは思えない風格を漂わせていた。

この二人を中心に、脇役も優れた選手で固めた同校は圧倒的な強さを誇り、以後三年間高校球界はＰＬ学園高校を中心に回っていた。出場できる五回の大会すべてに出場、すさまじい破壊力をみせながら優勝したのは一年生の五八年夏と三年生の六〇年夏の二回だけ。二年生春は決勝で春夏通じて初出場の岩倉高校と対戦し、山口重幸投手（阪神―ヤクルト）の前に一安打完封。夏は決勝でやはり無名の取手二高と対戦し、九回二死から得意の同点劇で延長戦に持ち込んだが、延長一〇回に中島彰一（東洋大―住友金属鹿島監督）の三ランホームランなどで敗れた。三年生の春は準決勝で春夏通じて初出場の伊野商業と対戦し、清原が渡辺智男（NTT四国―西武―ダイエー）に無安打で三つの三振と完璧に抑えられて決勝にも進めなかった。それでも、優勝二回、準優勝二回、ベスト四が一回という戦績は特筆すべきものである。

ワンバウンドホームラン

前年からのパワー野球の流れは、五九年選抜大会の開幕試合、初出場の私立神港高校（神港学園高校）の先頭打者田中優嗣がいきなりレフトスタンドにホームランを放ったことにも象徴される。PL学園高校は砂川北高校戦で六本のホームランを打つなど、甲子園球場にホームランが乱れ飛んだ。そうしたなか、ワンバウンドホームランという怪事件が起こっている。

一回戦の佐賀商業と高島高校の対戦は、佐賀商業が17―4という大差で高島を破ったのだが、五回裏に出た中原康徳の満塁ホームランは実は入っていなかったのである。

試合終了後、観客やテレビで観戦していた人達から、ホームランでなかったという抗議が大会本部に殺到した。NHKの映像でも、レフトに飛んだ打球はラッキーゾーンの前でワンバウンドしてからフェンスを越える様子がはっきりと映っていた。結果的には大差がついたため問題はなかったのかもしれないが、エンタイトル二ベースと満塁ホームランではやはり相当の違いがあるといわざるを得ない。

この時も、球を追いかけていたレフトの選手は、目の前で球がワンバウンドしたわけで、当然ホームランでないことに気がついていた。しかし、一定時間を過ぎると審判の判定をくつがえすことはできないため、大会本部はミスを認めたうえで、判定自体の変更はしなかった。ミスに気がついても、選手や監督が抗議しないという姿勢、あるいは抗議を許さないという風潮に対して、いろいろな意見が交わされた試合であった。

ノーヒットノーランで負ける

甲子園では三〇回ほどノーヒットノーランが記録されている。この中には早実の王貞治投手が寝屋川高校戦で記録した延長戦ノーヒットノーランというものもあるが、五九年夏の大会では、九回までノーヒットノーランに抑えながら敗れてしまうという試合があった。

五九年夏の一回戦、鳥取県の境高校と西東京の法政一高（法政大高校）の試合は、境高校・安部伸一（三菱重工三原）、法政一高・岡野憲優両投手の投手戦となった。両投手ともよかったのだが、とくに安部投手は桂木監督が「入学以来最高の出来」という完璧なピッチングで、速いスライダーを軸にした緩急をつけた投球で、三回に先頭打者をストレートの四球で歩かせた以外は、法政一高打線を完全に抑え込んでいた。法政一高打線は途中から、下位打者はバントの構えからのヒッティングに切り替えるが、それでも安部を打つことはできなかった。

一方、法政一高の岡野投手は超スローボールを駆使し、境高校打線はまったくタイミングがあわない。七回には二死一二塁、八回には一死一二塁と攻めながら得点をあげることはできなかった。結局九回を終わって岡野投手は四安打一つの四球、境高校の安部投手は一つの四球のみの無安打に抑えており、本当ならここでノーヒットノーランであった。しかし、両チームとも得点が入らないため、試合は0―0のまま延長戦に突入した。

一〇回裏、安部投手は七球で簡単に二死をとって三番の末野芳樹を迎えた。ここで初球のスライダーがまん中高めに痛恨のコントロールミス、初球を狙っていた末野がフルスイングすると、打球は左中間のラッキーゾーンに飛び込むサヨナラホームランとなった。安部は一〇回二死からの初安打がサヨナラホームランという残酷な結果になってしまった。

伊野商業の活躍

六〇年選抜には、また四国から豪腕投手を擁した初出場校が登場して活躍した。

前年秋の高知県大会で準優勝、四国大会でも準優勝した伊野商業は、六〇年選抜にエースで四番の渡辺智男（NTT四国―西武―ダイエー）、一番センター中妻章利主将（のち中内姓、大阪ガス監督）らを擁して甲子園初出場を果たした。

甲子園の初戦は渡辺の投打にわたる活躍で東海大浦安高校に快勝。二回戦では渡辺が不調だったが、鹿児島商工に逆転勝ち。準々決勝では渡辺が西条高校を七安打で完封し、準決勝では最上級生となったKKコンビを擁するPL学園高校と対戦した。

この試合、伊野商業は一回に二点を先行すると、渡辺は清原を無安打三奪三振と完璧に抑えて3―1で降した。桑田・清原にとっては甲子園に五回出場して、唯一決勝に残れなかった大会となった。また、すでに高校生の域を遥かに超えていると思われる清原（実際翌年には日本一のチームで四番を打っている）を、これだけ完璧に抑える高校生がいるとは思えなかった。しかも、ただ三振を取ったというだけではなく、第二打席では三ボールから三球連続ストレートで空振り三振、八回二死一塁での第四打席はなんと三球三振。渡辺は一九球投げ、清原のバットは一度もかすりもしなかった。渡辺は決勝戦でも、エース小林昭則（筑波大―ロッテ）、センターには河田雄祐

（広島—西武）を擁した帝京高校を、毎回の一三奪三振で完封して初出場初優勝を達成した。

選抜を制した伊野商業だが、夏は高知県大会決勝で高知商業に敗れて甲子園に戻ってくることはできなかった。勝った高知商業のエースは二年前にＫＫコンビのＰＬ学園高校と乱打戦を展開した時に好投した中山裕章（大洋—中日）である。

ＫＫコンビ集大成の夏

桑田・清原のＫＫコンビの集大成が六〇年夏の甲子園である。このチームからは、エース桑田・四番清原以外にも、一番センター内匠《たくみ》政博（近畿大—日本生命—近鉄）、三番二塁松山秀明（青山学院大—オリックス）がおり、背番号二で控えにまわった今久留主《いまくるす》成幸（明大—横浜—西武他）という強力メンバーで圧勝で勝ち上がった。

過去四回の大会でも圧倒的な実力を誇りながら、一年生夏の優勝以降は、岩倉高校、取手二高、伊野商業という、無名の高校に優勝を阻まれ続けてきた。その鬱憤をはらすかのように、この大会では活躍した。とくに初戦の東海大山形高校戦では毎回得点を記録、29—7という甲子園の得点記録も樹立、途中から四番手投手として清原も甲子園のマウンドを踏んでいる。清原は強打者というイメージが強いが、他校ならエースを張れるといわれた投手でもあり、甲子園以外ではしばしば登板していた。三回戦では桑田が津久見高校を完封、準々決勝の高知商業戦は打撃戦となったが、清原・桑田の一イニング二者本塁打なども出て6—3で降し、準決勝の甲西高校戦も四本塁打を放って圧勝。決勝では宇部商業を接戦の末に4—3のサヨナラで降して優勝。桑田・清原は高校時代の集大成を全国制覇で飾った。

ドラフトの明暗

六〇年秋のドラフト会議の焦点は、最後の夏を優勝で締めくくったPL学園高校のKKコンビだった。甲子園通算二〇勝をあげた桑田真澄は早稲田大学進学を明言し、早稲田大学の監督も桑田受け入れを表明、進学は確実とみられていた。一方甲子園で一三本塁打という空前の大記録を樹立した清原和博は巨人希望を主張し、巨人側も清原指名を口にした。こうして、桑田―早稲田大学、清原―巨人という既定路線に対して、他球団がどう絡んでくるかが焦点となっていた。

ところがふたを開けると、清原には当時史上最多の六球団の指名が重複する一方、巨人は清原を指名せず桑田を単独で指名した。結局、清原は抽選で当たりくじを引き当てた西武に入団して、一年目から四番を打って活躍、桑田は早稲田大学受験を中止して巨人に入団、一年目はあまり活躍できなかったものの、やがて巨人のエースに成長した。

ドラフト会議は各球団の駆け引きの場で、過去にも予想外の指名で話題になることはあったが、この時の桑田指名は国会でもとりあげられるほど話題になった。

これ以降も、高校生とドラフトをめぐるトラブルは続く。平成元年には、巨人以外ならプロには行かないと表明していた上宮高校の元木大介に対して、巨人は慶応大学の大森剛を指名。そこで、野茂英雄の抽選に外れたダイエーが元木をはずれ一位で指名したが、元木は拒否すると進学も社会人入りもせずに浪人、翌年巨人の一位指名でプロ入りした。

一〇年には、ダイエー以外なら九州共立大学に進学と表明した沖縄水産の新垣渚投手に対して、ダイエーとオリックスの二球団が指名。抽選の結果オリックスが交渉権を得ると、新垣は予定通り拒否して九州共立大学への進学を決めた。すると、交渉を担当していたオリックスの三輪田勝利スカウトが自殺する騒ぎになっている。九州共立大学に進学した新垣は四年後に希望通りダイエーに入団している。

　ドラフト会議ではプロ球団に指名する権利があり、指名された選手には拒否する権利がある。元木や新垣はともにその権利を行使したにすぎず、ドラフト制度としては問題ない。しかし、プロ入り拒否を宣言して指名を回避しながら、特定の球団のみに指名を促す行為もみられるようになった。これはドラフト制度の根幹を揺るがすことになり、やがて高校生にはプロ志望届を義務付けるという方向に発展した。

新湊旋風

　六一年の選抜では、富山県の新湊高校が旋風を巻き起こした。

　エース酒井盛政（伏木海陸）を擁した新湊高校は、前年秋の富山県大会で三位だったものの、北信越大会では決勝まで進み、延長一一回サヨナラ負けで準優勝して選抜に出場した。

　選抜の初戦では享栄高校と対戦した。享栄高校は近藤真一（中日）と長谷部裕（中日）の強力バッテリーを擁した優勝候補で、この試合も新湊高校は近藤投手にわずか三安打、一二奪三振と抑えられている。しかし、酒井も好調で、絶妙のコントロールで享栄打線を六回までノーヒット。七回無死一三塁のピンチも近藤をショートゴロにとり、飛び出した三塁走者も挟殺して切り抜けると、二回に酒井が右中間三塁打で自らたたき出した一点を守り切って勝利した。

　二回戦でも木村英郎（川鉄千葉）と飯田哲也（ヤクルト—楽天）のバッテリーに四番一塁佐藤幸彦（ロッテ）を擁して優勝候補の拓大紅陵高校を、六回裏に一挙六点をあげるという集中打で逆転。さらに準々決勝の京都西高校戦では1―1で延長戦となり、一四回表二死一三塁の場面で一塁ランナーがサイン違いから盗塁、動揺した佐々木善丈投手（明大―三菱自動車川崎）のボークで決勝点をあげ、富山県勢初のベスト四まで進んだ。

準決勝では疲労のたまった酒井投手が打ち込まれて敗れたが、強豪を次々となぎ倒してベスト四まで進出、甲子園に〝新湊旋風〟を巻き起こした。球場に大応援団が駆けつけたほか、地元新湊市では市議選が行われていたが、試合中は選挙カーのボリュームを下げ、選挙事務所の一時休戦状態。商店街からは人影が消え、勝利が決まると、サランラップやティッシュが配られた。金沢鉄道管理局では、貨物専用の新湊駅から大阪駅までの臨時列車を九往復運転し、四三二六人を甲子園に運んだ（『新高健児　不滅の半世紀』二〇〇一）。続いて夏も出場しているが、優勝した天理高校と初戦で対戦し、九回表に猛反撃をみせたものの4―8で敗れた。

一〇人の甲子園

六二年の選抜に出場した和歌山県の大成高校（海南高校大成校舎）は部員が一〇人しかいなかった。前年秋、大成高校はエース山本友広、センター奈須要（東海大―日本通運）以下、部員わずか一〇人で県大会を制した。近畿大会では一回戦不戦勝のあと二回戦で敗れたため、一勝もできなかったが、翌六二年の選抜に選ばれた。

部員が一〇人しかいないと、交代要員がいないため守備練習では休んでいるひまがない。また、球拾いもいないため外野に飛んだ球は自分で拾いにいかなければならない。監督としては、けが人が出ると続行不能となるため、一〇人目の選手を試合に起用することはまずできない。その一方で、どのポジションの選手がけがをしても出場できるよう、あらゆるポジションの練習をしておく必要がある。大会直前の『サンデー毎日臨時増刊』でも

「一一人と一〇人では試合の組み立てがまったく違う」と語っている。

選抜出場が濃厚となると、県高野連から部員をあと二名増やせという指示があったが、大畠和彦監督は部員の意思を確認したうえで、この指示を無視した。一〇人で勝ち取った甲子園は一〇人だけで戦う、という意思表示をしたのである。

選抜では初戦で強豪・東海大甲府高と対戦した。四回裏には奈須の二塁打で先取点をあげ、同点にされた直後の六回裏には二点をとって八回まで3―2とリードしていたが、九回表に二点を奪われて逆転負けした。甲子園で勝利することはできなかったが、一〇人でも甲子園で戦えることを示した一戦であった。

なお、背番号一〇の唯一の補欠阪上は選抜で最後の打者として公式戦初出場を果たしている。

ＰＬ学園高校の春夏連覇

桑田・清原を擁した時にも達成できなかった春夏連覇を六二年のＰＬ学園高校が達成した。この時のチームも、エース野村弘（大洋―横浜）、三番ショート立浪和義（中日）、四番一塁片岡篤史（同志社大―日本ハム―阪神）、リリーフ投手に背番号一〇の橋本清（巨人―ダイエー）と四人がプロ入りする強力な布陣だった。この頃のＰＬ学園高校は全国屈指の選手層を誇り、全国の球児のあこがれであった。またこの年のＰＬ学園高校は、野村が先発して、橋本と岩崎充宏（青山学院大―新日鉄名古屋）の二人がリリーフする三エース体制という、当時としては画期的なチームであった。

春は、初戦で西日本短大附属高校の二年生エース石貫《いしぬき》宏臣（広島―ダイエー）から一〇安打を放って降すと、二回戦では野村と岩崎の継投で広島商業を完封。準々決勝の帝京高校戦は芝草宇宙《ひろし》投手（日本ハム―ソフトバンク）

とPL学園高校の三投手の投手戦となり、三人で一四個の三振を奪ったPL学園高校が延長一〇回裏にサヨナラ勝ち。続く準決勝も延長となると、一四回裏に長谷川将樹（近畿大）が二試合連続のサヨナラヒットで勝利。決勝では関東一高から一二安打で七点を奪って完勝で優勝した。

夏は、初戦で完全試合を達成した松本稔監督率いる初出場の中央高校と対戦、一時逆転され八回まで2―2の同点と苦戦したが、八回裏に一挙五点をあげて勝利。二回戦の九州学院高校に勝つと、三回戦の高岡商業は野村が完封、準々決勝の習志野高校は橋本が完投勝利。準決勝の帝京高校戦では初回から打線が芝草投手に襲いかかって一八安打で一二点を奪って大勝した。決勝では、三年前の決勝で取手二高監督としてPL学園高校を降した木内監督率いる常総学院高校と対戦。同校のエース島田直也（日本ハム―横浜他）から一三安打を放って5―2で降し、史上四校目の春夏連覇を達成した。

完全試合からの暗転

六三年選抜の三回戦、中京高校と宇部商業の試合は、それまでの試合の流れからはまったく予想できない展開の幕切れを迎えることとなった。

この大会、中京高校は好投手木村龍治（青山学院大―巨人）を擁して出場し、三回戦で同姓の好投手・木村真樹（日本石油―新日鉄光―新日鉄八幡）がエースの宇部商業と対戦した。この試合は予想通り投手戦となり、無得点で試合が進んでいった。とくに中京高校の木村投手は絶好調で、一人の走者も出さないまま完全試合のペースで試合が進行した。

八回裏、中京高校が四番伊藤太一の二塁打で一点を先制して均衡を破った。しかし、続く五番木村のセンターへのフライでランナーが飛び出して併殺となり、1―0の最少得点差で九回表を迎えた。中京高校木村投手の八回までの投球数はわずかに七九球。外角の速球と大きく落ちるカーブで、強打の宇部商業打線を完全に手玉に取っていた。九回も先頭打者をピッチャーゴロに打ちとり、前橋高校松本投手が達成して以来史上二人目の完全試合にあと二人と迫った。試合を見ていた人達は、ここまでの投球内容からみて、完全試合達成の可能性はかなり高いと思っていたはずである。

木村投手は二六人目のバッターとなる西田崇も簡単に二ストライク一ボールと追い込んだが、四球目の外角低めに投げたカーブにちょこんと出したバットに当たった球は、二塁手の横をゴロで抜けてライト前に達し、完全試合の夢が破れてしまった。

この一打で緊張の糸が切れた木村投手は、代打の小松誠に送りバントを決められて二死二塁。続く一番の坂本雄への初球、木村投手の投げた通算九一球目は、内角高めの好球となってしまった。坂本がこの球を強振すると球は左中間ラッキーゾーンに飛び込むホームランとなり、あと二人で完全試合という局面から、宇部商業は一転して2―1で逆転した。

宇和島東高校の初出場初優勝

前年夏に小川洋（専修大）と明神《みょうじん》毅（同志社大―三菱自動車京都）の二年生バッテリーを擁して甲子園に初出場した宇和島東高校は、六三年の選抜にも同じバッテリーで出場、準決勝で桐蔭学園高校と対戦した。一回裏、先頭の鮫島にいきなり三塁打を打たれて一点を先制され、三回にも宇佐美尊之（慶大―三菱自動車川崎）のタイムリーで追加点を入れられるが、以後立ち直り、五回表には相手捕手の投手への送球がそれるという珍しいミスで一点を拾った。

六回表には二つの四球と柴田要亮のセンターオーバー二塁打で逆転。しかし、八回裏に一点を取られて3―3で延長戦に入った。一〇回表、川崎源八の右中間三塁打で一点を勝ち越すが、その裏、一点取られて一一回に進む。一六回表、先頭の橋本久（NTT四国）の打球はライトオーバーの二塁打となり、小川が送って一死三塁。次打者はこの試合初打席となる途中出場の宮崎。通常スクイズの場面だが、しないまま簡単に2ストライクと追い込まれる。しかし、二球ボールを選んだ五球目、カーブを泳ぎながらもうまくミートした打球は左中間に落ちて二塁打となり、5―4と再び勝ち越した。その裏、一死満塁と詰め寄られたが、小川が落ち着いたピッチングでかわし、初出場で決勝戦に進んだ。延長に入ってから三回も満塁と攻められながら、サヨナラ負けを防いだ小川の冷静なピッチングの光った試合だった。

決勝では小川が東邦高校を五安打完封、宇和島東高校は選抜初出場で初優勝を達成した。

浦和市立高校の快進撃

六三年夏の大会、快進撃を続けて多くの人の記憶に残るチームが出た。埼玉県から初出場した浦和市立高校（市立浦和高校）である。平均身長はわずかに一七一センチ、地方大会のチーム打率は二割五分四厘で、ともに出場四九チーム中最低だった。

同校はエース星野豊（明治学院大）、レフト奘手《そうて》克尚主将（草加南高監督）、センター松岡英明（明大―さくら銀行）らでノーシードから県大会を制して甲子園に初出場。初戦で佐賀商業の三人の投手から一五安打を奪って快勝すると、大会が雨で延びたのをみて埼玉に二日間帰郷。リフレッシュして甲子園に戻ると、二回戦でも常総学院高校の四投手から一〇安打で六点を奪って勝った。さらに、三回戦の宇都宮学園高校戦では八回に同点に追いついて延長戦に持ち込み、一〇回表にエラーで出たランナーを四番横田和宣のレフト線二塁打で戻し、2—1で勝利した。翌日の準々決勝宇部商業も延長戦となったが、一一回表に一死満塁から再び横田が右中間を破る走者一掃の三塁打を放って勝ち、準決勝まで進出した。

試合中笑顔の絶えなかった同チームは「ニコニコ野球」「さわやか野球」といわれて人気が出た。

初出場の四国代表は怖い

昭和後期から平成にかけて、選抜大会の潮流の一つが「四国の初出場は怖い」というものだった。その先鞭となったのが昭和四九年に一一人で準優勝した池田高校（徳島県）である。次いで、五二年にエース山沖之彦（専修大—阪急他）以下一二人の中村高校（高知県）が準優勝。その後しばらく途絶えていたが、六〇年には高知県の伊野商業が春夏通じて初出場で、三年生となった桑田・清原のいるPL学園高校を降して優勝した。さらに、六三年には春は初出場の愛媛県の宇和島東高校が優勝、平成二年には春夏通じて初出場の新田高校（愛媛県）が準優勝。そして、阪神大震災のあった七年には香川県から春夏通じて初めて出場した観音寺中央高校が優勝した。

四九年の池田高校以降、二一年間で四県から出場した六校の初出場校が選抜の決勝にまで進んでいる。それ以外の決勝進出校は常連校が多数を占めていることから、四国の初出場校の決勝進出率の高さが際立っているのは一目瞭然である。

当時はまだ北国では冬季の練習は思うようにできず、雪積がなく冬場でもグランドで充分な練習ができる四国は基本的に選抜での勝率は高かった。したがって、夏と違って三二校前後しか出場できない選抜大会でも四国からは夏と同じ四校が選抜されることが多かったことも大きい。また、各県一校で四校が選ばれるのではなく、四国から四校を選抜すると、同県の常連校のもとで惜しくも甲子園出場を逃していた学校が選抜された。この六校はいずれも、あと一歩で常連校に甲子園出場を阻まれてきた学校で、そもそも実力的には他の出場校に遜色がなかった。実際、池田高校と宇和島東高校はその後全国的な強豪校への道を歩んでいる。

球は転々右中間

平成元年選抜の決勝戦は、信じられないような偶然で決着がついた。この大会、上宮高校は四連投の二年生エース宮田正直（ダイエー）を擁しており、元木大介（巨人）、種田仁（中日—横浜）、小野寺在二郎（ロッテ）という好選手を揃えて決勝に進んだ。決勝戦の相手は、前年の準優勝に続いて二年連続で決勝戦に進出してきた東邦高校であった。

試合は上宮高校・宮田、東邦高校・山田喜久夫（中日—広島）の両エースの投げ合いで始まった。上宮高校は、一回表に二番内藤秀之（明大—日本生命）がヒットを打つが併殺で倒れ、二回表にはヒットの元木が二盗に失敗と、好機をつぶしていた。五回表に九番岩崎勝己（東京農大—三菱自動車岡崎）のスクイズでやっと先制点を奪ったものの、その裏にすぐ同点に追いつかれてしまう。八回にも二死一二塁と攻めたが得点が入らず、1—1で上宮高校優位のまま延長戦に入った。

一〇回表、上宮高校は二死一二塁から岡田選手が三塁線を抜くヒットを打って2—1とリードした。さらにこの回二三塁と攻めたが、鈴木選手が三振に取られて一点にとどまった。その裏、宮田投手は先頭打者を死球で出塁させたものの、九番安井を併殺にとって二死無走者となり、誰の目にも上宮高校の初優勝が決まったかにみえた。

しかし、勝ちをあせった宮田投手は東邦高校の一番山中竜美（東海大―日立製作所）をストレートの四球で歩かせてしまう。二番の高木にはフルカウントからのラストボールをショート左に内野安打され一二塁。三番原浩高（青山学院大―日本石油）はつまらせたもののセンター前に運ばれ、同点に追いつかれた。

この時、二塁をオーバーランしていたランナーの高木を刺そうと、上宮高校の塩路捕手は三塁の種田選手に送球した。受けた種田はランナーを二三塁間に挟むが、二塁手に投げた球がワンバウンドしてライトの前に転がった。鍛えられた上宮高校の守備陣はライトの岩崎がバックアップに入っており、すかさず捕球しようとしたその瞬間、球は岩崎の手前で高くはねあがって方向が変わり、誰もいない右中間に転々と転がっていったのである。

あまりの出来事に呆然と立ち尽くす上宮ナインの中、ランナーの高木は一挙にホームイン、上宮高校は逆転サヨナラ負けとなってしまった。

仙台育英高校「白河越え」ならず

平成元年夏の決勝戦は、吉岡雄二（巨人―近鉄）を擁する帝京高校と、大越基（早大中退―ダイエー―早鞆高校監督）を擁する仙台育英高校の対戦となった。東北勢の決勝進出は、昭和四六年の福島県の磐城高校以来一八年振り。悲願の「白河越え」をかけた戦いとなった。

仙台育英高校は、初戦で大越が鹿児島商工（樟南高校）に一一安打されながら7―4で勝利。二回戦の京都西高校戦は大越が八回まで四球三個のみで無安打に抑えていたが、九回に代打で出場した二年生の筒井現にセンター前にヒットを打たれてノーヒットノーランは達成できなかったものの一安打完封。三回戦では弘前工業と対戦、

1―1で迎えた八回裏に大越の決勝ホームランで勝利。準々決勝では元木大介を擁して選抜で準優勝した上宮高校と対戦、2―0とリードしたあと、七回表に宮田正直から八連打で七点をあげて10―2と大勝。準決勝では九回裏に尽誠学園高校に同点に追いつかれて延長戦となり、一〇回表一死二塁から茂木武（専修大―ヨークベニマル）がセンター前にヒットを打つが、吉田憲一（大阪学院大―NTT北陸）の好返球でタッチアウト。しかし続く大越もセンター前に返し、茂木がホームインして、宮城県勢として初めて決勝戦に進出した。

ともに好投手を擁した決勝戦は0―0で延長戦となり、一〇回表一死二三塁から鹿野《しかの》浩司（ロッテ）のタイムリーヒットで二点をあげた帝京高校が振りきり、東北初優勝の夢は再び断たれた。

沖縄、二年連続決勝へ

続いて二年夏には沖縄水産が決勝に勝ち上がった。当時すでに全国的に名前が聞こえていた大野倫《りん》（九州共立大―巨人―ダイエー）が故障持ちのためライトに入り、神谷善治（沖縄電力）がエースで四番、一番三塁には新里紹也（沖縄電力―ダイエー）が入って出場した。初戦は高崎商業を三安打に抑えて完投。二回戦では新里の二ランホームランなどで甲府工業に12―5で快勝。三回戦も一三安打で八幡商業に打ち勝った。準々決勝の横浜商業戦は8―5で勝ち、準決勝では毎回安打で山陽高校に完勝して、沖縄県勢として初めて決勝戦に進出した。決勝では神谷が天理高校を五安打に抑えながら、九回裏二死二塁からレフトに飛んだ大飛球を捕られて0―1で天理高校に敗れた。

翌三年夏は大野がエースとなって二年連続甲子園に出場した。しかし、前年の準優勝によって全国各地からの招待試合を受けているうちに大野の右ひじは故障していた。大野自身、「すぐに病院へ行っていたらドクターストップだったでしょうね…（中略）…大会前にメディカルチェックがあるじゃないですか。あの当時にあったら間違いなくアウトですよ」（『別冊宝島二二〇六　分析！　高校野球名勝負』二〇〇五）と語っている。しかし、控え投手も故障していたために、大野は、甲子園でも一回戦からすべてに登板、毎試合打たれながらも打線のふんばりで打ち勝った。

初戦の北照高校戦は4―0から九回表に三点を取られて辛勝。二回戦の明徳義塾高校戦は打撃戦となり一点差で勝利。三回戦も一五安打で七点をあげて宇部商業に勝ち、準々決勝では柳川高校に6―4。準決勝の鹿児島実業戦は両チーム合わせて二七安打の打撃戦の末に八回裏に逆転して勝ち、二年続けて決勝戦に進出した。決勝戦では和田友貴彦（東洋大―東芝府中）・背尾伊洋（近鉄―巨人）と二人のピッチャーを持つ大阪桐蔭高校と対戦、ついに大野が崩れて8―13で敗れ、名将栽監督でも悲願の沖縄初優勝は達成することができなかった。この試合も両チーム合わせて二九安打が出ている。大野は大会後に右ひじを手術、大学で外野手に転向してプロ入りした。

投手・鈴木一朗の登場

三年春に出場した愛工大名電高校のエースで三番を打っていたのが鈴木一朗、のちのイチロー選手である。鈴木は前年夏にも出場しているが、その時はレフトに入っており、初戦で天理高校に1―6と完敗していた。

三年生となったこの大会にはエースとしての出場で、初戦で上田佳範（日本ハム）がエースの松商学園高校と対戦した。一回表、鈴木は先頭の荒井敏幸にレフト線に二塁打されると制球が乱れ、四球などで無死満塁とされた。四番岡元直衛をショートゴロに打ちとり、ホームと一塁で併殺にして、二死二三塁と一旦は凌いだが、五番上田にライトオーバーの二塁打を打たれて二点を先制された。一方その裏、愛工大名電高校も上田投手の立ち上がりに襲いかかり、まず深谷篤の先頭打者ホームランで一点を返す。そのあと、バントヒットの高田が二塁・三塁に盗塁、五番伊藤亜希人のレフト前ヒットで同点に追いついた。二回以降は両投手とも立ち直って2―2のまま試合が進んだが、八回表、鈴木が二死から六番二村を四球で歩かせると、七番花岡忠に初球の高めの直球をレフトオーバーに二塁打されて、2―3と一点を勝ち越され、これが決勝点となって敗れた。鈴木は一〇安打されながらも三点に抑えたが、打線も九安打で初回の二点しかとれずに初戦で敗退した。鈴木一朗は甲子園では一勝もしていない。

なお、この試合鈴木は五打数ノーヒットと精彩を欠いていたが、夏の県大会では準決勝を終わって打率七割五分。決勝では無安打に終わって敗れたが、高校三年間の通算打率は五割を超えている。

同年秋のドラフトでは、鈴木一朗はオリックスから四位で指名された。

松井五敬遠事件

四年夏の甲子園では全国の高校野球ファンを賛否両論のうずに巻き込んだ事件があった。それが、明徳義塾高校の松井五敬遠事件である。

星稜高校は一年生から四番打者として甲子園に出場していた松井秀喜（巨人―ヤンキース）が三年生となり、この大会が最後の甲子園出場であった。一方、この年の明徳義塾高校はそれほど強力なチームではなかった。本来は岡村憲二（専修大―明治安田生命）がエースで四番を打つ大黒柱だったが、夏の大会の直前に故障して登板できなくなり、センターを守っていた河野和洋（専修大―ヤマハ）が急造投手となって予選を勝ち抜いてきたのである。しかも、当時高知県勢は初戦敗退が多く、明徳義塾高校はなんとしても初戦突破が期待されていた。

星稜高校は一回戦で長岡向陵高校に大勝、明徳義塾高校は不戦勝で勝ち上がり、両チームが二回戦で対戦した。明徳義塾高校の馬渕監督は、急造投手の河野選手ではとても松井選手を抑えることはできないと考え、試合では全打席敬遠を指示した。河野投手は監督の指示通り五回打席に入った松井に対してすべて敬遠して歩かせ、3—2の一点差で明徳義塾高校が勝った。試合後、勝った明徳義塾高校に対してファンから「帰れ」コールが起こり、宿舎にはいやがらせの電話が殺到した。

敬遠はルール違反ではなく、れっきとした作戦の一つである。死球と違って選手に物理的なダメージは与えず、無条件で一塁を提供するわけでもあり、明徳義塾にとってもリスクの大きい作戦である。問題は甲子園にふさわしいか、ということであった。星稜高校としては、松井のあとを打つ選手が打てなかったのが不幸であり、明徳義塾高校はエースを欠いた状態で松井と戦わねばならず、私立高校という宿命から、みすみす初戦敗退できないのも不幸であった。

しかし、牧野高野連会長が会見して「走者がいない時は正面から勝負してほしかった」と発言したことで騒ぎに拍車をかけた。通常、高野連の会長が一試合の内容に言及することはない。会長が発言したことで、ランナーがいない時には敬遠してはいけないということが高野連の統一見解のようになり、同校へのバッシングが加速された。なお、敬遠された松井自身は淡々と一塁に歩くなど、終始落ち着いた行動をみせていた。しかし、こうした雰囲気のなかで、次の試合をまともに戦えるわけはなく、明徳義塾高校は三回戦で広島工業に完敗した。

当時の論調は、ほぼ明徳義塾高校を非難するものだった。翌五年一月に朝日新聞に掲載されたバレーボール銅メダリストの三屋裕子のようにスポーツ選手からは、ルール内で相手の弱いところをつくのがスポーツ、と擁護する声もあったが、多くは反対の声にかき消された。しかし、現在では五敬遠作戦を非難する人は少ない。スポーツとは決められたルールの上で最善を尽くすものであり、ルールに則った作戦を一方的に非難するのはおかしいといえる。

明徳義塾高校の馬淵監督は、こうした非難がわきあがることを予想していたらしく、河野選手が精神的にきわめてタフなことを承知して指示を出した、と述懐している。ただし、その非難は予想をはるかに上回るものであったという。なお、河野選手は大学に進学して本来の外野手に戻り強打者として活躍した。そしてプロ入りを目指していたが叶わなかった。これも事件の影響なのかもしれない。

Jリーグの発足と高校野球

平成五年、日本で初めてのプロサッカーリーグ、Jリーグが誕生した。日本におけるプロスポーツとしては、相撲やゴルフ、ボウリング、テニスなどがあったものの、チームスポーツとしてのプロは野球のみであった。プロ野球・社会人野球・大学野球・高校野球で構成される野球はあらゆるスポーツの頂点にたち、人気を独占していた。巨人を中心としたプロ野球は、シーズン中には夜のゴールデンタイムに放映され、試合が長引くとあとの番組の放送予定を変更してまで放映するドル箱だったのだ。しかし、こうしたことから長く人気に胡坐をかいていたことは否めず、このJリーグの誕生は野球界における一大事件だった。

そもそも、野球が北中米と東アジアに偏ったスポーツであるのに対し、サッカーは全世界的なスポーツである。選手はやすやすと国境を越えてチームを移籍する一方、四年に一度のワールドカップでは母国に戻って国の名誉と威信をかけて戦う。それに対して野球では、北米に広がるメジャーリーグを頂点とする一方、各国はそれぞれ自らの国だけで戦っていた。

　また、テレビ放映においても、イニング勝負の野球はいつ終わるのかまったくわからない。とくに各種の駆け引きから試合が長引くことが多く、分単位で番組が構成されているテレビでは扱いづらいコンテンツである。それに対して、時間スポーツのサッカーでは、終了する時間はほぼ予測することができ、テレビ放映向きであった。

　さらに、各球団が既得権をかざしてばらばらに経営するプロ野球と違って、チェアマンをトップに頂き、プロからアマまでを包括したピラミッド制をしくサッカーは、見事なメディア戦略で一躍その存在感を増したのだ。ちょうど三浦和良というスーパースターがいたこともあり、国内だけでスターに留まる野球と、世界のスーパースターになりうるサッカーという対比もなされるようになった。

　その結果、若年層において、野球からサッカーへの関心の異動と、選手の移動があったとされる。この時点ですでに野球選手としてのキャリアがあった選手はそのまま野球を続けたため、高校球児の急激な減少という事態にはならなかったが、これからスポーツ選手としてのキャリアを積み始める世代では、野球ではなくサッカーを選ぶ児童が激増した。そのため、サッカーの盛んな地域では少年野球の選手が大きく減少、のちに高校野球のレベルにまで影響を及ぼしたとみられる。

　ただ、この傾向はながく続かなかった。確かにサッカーの道は世界に続いているが、実際には日本の枠を超えて世界のスターになった選手は出てこなかった。一方、野球では野茂英雄がメジャーリーグに移籍してエースとして活躍するなど、世界で戦うようになったのだ。さらに国内のリーグでも、プロ野球では多くの一軍選手が一億円プレーヤーとなったのに対し、ごく一部のスターを除いてJリーグ選手の年俸はあまり高くなかった。そのため、一時的にサッカーに流れた人材は再び野球に戻ってきた。しかし、以前と比べると人材の分散化の傾向は否めず、野球は人気に胡坐をかけるスポーツではなくなってきた。

史上二人目の完全試合

六年選抜で、金沢高校の中野真博投手（青山学院大―東芝）が完全試合を達成した。大会三日目の三月二六日、一回戦で金沢高校は島根県の江の川高校（石見智翠館高校）と対戦した。エースの中野は二年生春、二年生夏も出場していたが、いずれも初戦で敗退、この大会は三回目の甲子園だった。前年秋に監督に就任していた浅井純哉監督の指示で、中野は序盤・中盤・終盤の三回ずつ配球を変えるという作戦が成功、ナチュラルシュート気味の速球と切れのいいカーブで、打者二七人を内野ゴロ一七、内野フライ一、外野フライ三、三振六にとり、九九球で完全試合を達成した。昭和五三年の前橋高校・松本稔投手以来の史上二人目である。

金沢高校は二回戦でＰＬ学園高校と対戦、一回先頭打者に二遊間を抜かれると、二死三塁から暴投で失点。続く二回にはタイムリー二塁打と押し出しで二点を奪われ、結局０―４で敗れている。

阪神大震災と選抜大会

七年一月一七日早朝、淡路海峡を震源にマグニチュード七・三という大地震が関西を襲った。死者六四三四名、行方不明者三名、負傷者は四万人を超えるという阪神大震災（正式名称・平成七年兵庫県南部地震）である。未曽有の都市型大震災で、多くのライフラインがストップし、経済的にも大きな打撃を受けた。この時期は選抜大会出場校発表の前で、被災地にある球場を会場とすることから、大会規模の縮小や、開催自体の是非も含めて大きな議論となった。

一月下旬の出場校発表は一旦延期され、二月一一日に例年通り三二校での開催が決定した。ただし、仮設住宅に暮らす人達に考慮して、試合開始時間を三〇分ずらして八時半にしたほか、応援の鳴り物は一切中止となった。

また、この大会には兵庫県から三校が選抜された。選考委員会は「被災地枠ではなく実力で決まった」と説明したが、近畿大会準優勝の神港学園高校、ベスト四の育英高校に加えて、ベスト八止まりの報徳学園高校を選んだのはあきらかな震災枠。近畿地区では、秋季地区大会の準決勝に同一府県から二校進んだ場合は、三校目はベスト八でも選ばないというのが決まり。しかし、選抜大会は夏と違って主催者の判断で出場校を決められる大会であるだけに、未曽有の事件の直後は特別な選考をすることには問題はない。のちの東日本大震災でも、東北の太平洋側から優先的に出場校を選んでいる。

震源地に近い育英高校は学校が避難所となって六〇〇〇人を超す市民が避難、もはや野球どころではなかった。平松監督の自宅も損壊したほか、自宅が半壊した部員もいる。

報徳学園高校でも永田監督以下多くの選手が被災。直後の火災で中等部校舎が全焼したこともあって、避難所には指定されなかったものの、高等部の校舎にもあちこちに亀裂が走り、グランドはでこぼこに波打ち、亀裂も入った状態。監督と部員でまず一ヶ月かかってグランド整備から始めた。

大会の直前には東京で地下鉄サリン事件が起き、開会式の当日には「サリンを球場においた」といういたずら電話がかかるなど警戒ムードでピリピリしたなかでの開幕となったが、蓋をあけると神港学園高校・育英高校・報徳学園高校の三校はそろって初戦を突破。神港学園高校は二回戦も勝ってベスト八まで勝ち進んだ。大会は春夏通じて初出場の観音寺中央高校が優勝、「やってよかった」という総括がみられた。

執念の勝利

近年は二人以上の投手を持つ学校が増えたが、やはり控え投手が登板するのは、連戦の場合か、あるいはエースが打ち込まれて劣勢の試合ということが多い。しかし、タイプの違う二人の投手を目まぐるしく登板させて勝ったという試合もあった。

七年の帝京高校は、変化球が武器の本家穣太郎（早大―安田生命）、速球派の白木隆之（三菱自動車川崎）という二人のエース級の投手がいて大変前評判が高く、選抜では優勝候補といわれていたが、初戦で無名の伊都高校に敗れてしまった。その後、監督と対立した主力選手の一部が退部という事件もあって、前田監督は「なんとしても全国制覇」を目標に夏の甲子園に出場してきた。

甲子園では、初戦で好投手坂元綱史（プリンスホテル―NTT九州）を擁する日南学園高校と対戦し、試合は帝京・白木投手、日南学園・坂元投手の先発で始まった。一回表、白木投手は一死から二塁打を打たれ、さらに四番田村に四球を選ばれたが無失点で切り抜け、以後立ち直って投手戦となった。六回裏に帝京高校が一死満塁からセカンドゴロの間に一点を先制すると、七回表には日南学園高校が三連打で同点に追いついた。ここでさらに無死一二塁としたが、本家がリリーフして追加点を奪うことはできなかった。

ところが、八回に入ると一塁から白木選手が再登板。白木は打者一人をアウトにとると一塁に戻り、再び本家投手が投げて試合は1―1で延長戦に入った。一〇回一死からは白木選手が三度目の登板、この回両チームとも三塁にランナーを進め本塁をついたが、ともに捕手と衝突してアウトとなった。

一一回裏、帝京高校は一死から桝井がレフトオーバーの二塁打を打ち、セカンドゴロで三塁に進んだ。そして二死三塁から六番西村が右中間に弾き返し、2―1でサヨナラ勝ちした。試合終了は午後八時一七分、白木―本家―白木―本家―白木と二人の投手で四回投手交代するなど、帝京高校の執念勝ちのような試合であった。

似たような試合としては、八年夏に出場した滋賀県の近江高校が一回戦で早稲田実業と対戦した際、先発の高橋達也（松阪大）が打たれたあと、村西辰彦（愛知学院大―日本ハム）―高橋―村西―高橋―村西とつないで、結局敗れたことがある。

奇跡のバックホーム

八年夏の決勝戦は、松山商業対熊本工業という、平成以降はすっかり珍しくなった公立名門高校同士の対戦となった。熊本工業が決勝まで進んだのは戦後初めてで、五七年振り三回目の決勝戦だった。

松山商業は準決勝でリリーフした二年生の新田浩貴投手（東芝）が先発、熊本工業は前日に続いて園村淳一投手が先発と、ともに背番号一〇の投手同士の投げ合いで始まった。

一回表、松山商業は園村投手の乱調につけこみ、一死二塁から、この日は一塁に入っていた四番渡部真一郎（駒沢大―松山フェニックス）のライト線二塁打でまず一点。さらに三連続四球による押し出しで二点を追加した。熊本工業は二回と八回に一点ずつを返し、3―2と松山商業一点リードで迎えた九回裏、二死無走者から、六番に入っていた一年生の沢村幸明（法政大―日本通運）がライトスタンドに起死回生の同点ホームランを打ち込んで追いついた。

試合は延長戦となり、一〇回裏から松山商業はエースの渡部投手が登板。熊本工業は一死満塁と攻め、三番本多大介（青山学院大―JR九州）はライトに高々と大飛球を打ち上げた。ライトが後退してサヨナラ犠牲フライ、誰もがそう思った瞬間、打球は外野から吹く浜風によってホーム方向に押し戻された。この回から守備固めに入っていた、背番号九で本来ライトのポジションの矢野勝嗣（松山大）は、前進してボールをつかむと中継をはさまずそのままホームにダイレクトで返球した。すると、球はノーバウンドで捕手石丸裕次郎（駒沢大―東芝）のミットにおさまり、滑り込んできた三塁走者にタッチしてアウトとなった。この瞬間から流れは再び熊本工業から松山商業に移ってしまったのである。

一一回表、殊勲の矢野が二塁打で出塁、一死一三塁から一塁線へのセーフティスクイズで勝ち越し、さらに二点を追加して6―3とした。そして、その裏の熊本工業の攻撃を抑えて優勝した。

私立高校の躍進

昭和の後半から、各地で私立高校の台頭が始まっていたが、この頃からは私立高校が急速に力をつけ、甲子園の代表校の大半を私立高校が占めるようになった。

埼玉県では昭和六年春に川越中学(川越高校)が初めて甲子園に出場して以来、五九年夏までに甲子園に出場した春夏合わせて三五の代表校はすべて公立高校である。六〇年選抜に熊谷商業とともに出場した秀明高校が私立高校として同県初めての代表であった。ところが、同年夏に私立の立教高校(立教新座高校)が出場すると、以後、平成二六年まで夏の代表校三二校(平成一〇年と二〇年は記念大会で二代表)のうち、公立高校は浦和市立高校(市立浦和高校)、川越商業(市立川越高校)、大宮東高校、越谷西高校、滑川高校(滑川総合高校)の五校のみ、平成一一年以降の代表校はすべて私立高校である。選抜大会でも昭和六三年以降の二〇代表のうち、公立高校は伊奈総合学園高校、大宮東高校、鷲宮高校の三校のみで、やはり平成八年以降はすべて私立高校によって占められている。

和歌山県でも、古くは和歌山中学、戦後も新宮高校や箕島高校といった公立高校が強く、私立高校が初めて甲子園に出場したのは昭和六〇年春の智弁和歌山高校である。その後、同校が県内で圧倒的な強さをみせていることもあり、以後三〇年間で夏の甲子園に公立高校が出場したのは、市立和歌山商業（市立和歌山高校と改称）が三回と、田辺高校・箕島高校が各一回のわずか五回にすぎない。

こうして、かつては出場校のほとんどが公立高校だった多くの県で、代表校は私立高校にとって代わられた。現在では私立高校が春夏通じて一度も甲子園に出場したことがないのは全国で唯一徳島県のみである。徳島県では、そもそも野球部のある私立高校が生光学園高校一校しかないことから、現在まで公立高校の天下が続いている。その他では、秋田県、富山県、鳥取県、愛媛県、佐賀県などでも公立高校の勢力が強い。

実業系高校の衰退

躍進する私立高校にかわって、甲子園から徐々に姿を消していったのが実業系の高校である。昭和戦前期に甲子園を席巻した実業学校は、戦後の学制改革を機に一時凋落したが、三〇年代には再び復活していた。札幌商業、秋田商業、宇都宮工業、前橋工業、千葉商業、銚子商業、早稲田実業、横浜商業、富山商業、高岡商業、福井商業、甲府工業、松商学園高校、丸子実業、県岐阜商業、静岡商業、浜松商業、中京商業、京都商業、浪華商業、岡山東商業、倉敷工業、広島商業、広島工業、尾道商業、下関商業、宇部商業、徳島商業、高松商業、松山商業、高知商業、柳川商業、佐賀商業、熊本工業、大分商業、宮崎商業、鹿児島実業、鹿児島商工など、各地に私立・公立をとわず名門・強豪といわれた実業系高校があり、甲子園で活躍した。しかし、こうした「商業」や「工業」と冠した学校が、次第に甲子園に出場しなくなっていった。

その理由は大きく二つある。一つはこれらの実業系高校の多くが公立高校であったことだ。全国的な私立高校の躍進のために公立高校の甲子園出場が減り、したがって公立高校の多くを占めていた実業系高校の出場も減少した。

しかし、一番大きな理由は、中学生、とくに男子生徒の商業科離れであった。かつて大学進学率が低かったころは商業高校の人気は高かった。とくに名門といわれる商業高校は就職に有利で、入試では高倍率になる学校は珍しくなかった。しかし、大学進学率が上昇するにつれて、実業科よりも普通科を志望する生徒が増え、生徒が集まらなくなったのだ。とくに男子生徒の商業科志望が激減し、多くの商業高校では生徒の圧倒的多数が女子生徒という状況になってしまった。そのため、野球部員の数が減少して選手層が薄くなり、実力が低下して甲子園への道が遠ざかったのだ。

四国には四商という言葉があった。徳島商業・高松商業・松山商業・高知商業という各県を代表する四つの公立商業高校で、全国でもトップクラスの実力を発揮し四国のリーダーとして活躍していた。高松商業の場合、昭和終わりまでに春夏合わせて四一回甲子園に出場し、優勝四回、準優勝二回を記録していたが、平成以降は三回出場して三勝三敗、平成二年選抜でのベスト八が最高成績。しかも、八年夏を最後に一度も甲子園には出場していない。松山商業は平成八年夏に優勝、一三年夏にベスト四と活躍しているが、昭和までの出場が三八回もあるのに対し、平成以降の出場は春夏合わせて六回と少なく、一三年以降は未出場。高知商業も戦後初出場して、昭和末までに三〇回出場、優勝一回、準優勝三回を数えたが、平成以降は六回出場してすべて一勝しただけである。

四商の中では、徳島商業だけが健闘している。というのも、徳島県は全国で唯一公立高校しか甲子園に出場したことのない県で、徳島商業は平成以降も春夏合わせて一二回甲子園に進んでいる。それでも、準決勝が一回のみで決勝進出はなく、池田高校や鳴門工業（鳴門渦潮高校）に後れをとっている。

実業系高校の志願者が減少したことを受けて、各地の実業系高校が普通科に転換し始めた。甲子園でお馴染みの公立高校では、丸子実業が丸子修学館高校、市立和歌山商業が市立和歌山高校、志度商業が志度高校、丸亀商業が丸亀城西高校に変更したほか、鳴門工業と鳴門第一高校（旧鳴門商業）は統合して鳴門渦潮高校となった。私立高校でも、札幌商業が北海学園札幌高校、一関商工が一関学院高校、鶴商学園高校が鶴岡東高校、中京商業が中京高校（のちさらに中京大中京高校となる）、京都商業が京都学園高校、柳川商業が柳川高校、鹿児島商工が樟南高校に校名を変えている。また、早稲田実業のように改名してはいないものの普通科に転換した学校もある。

八〇回記念大会

一〇年は選抜大会が第七〇回、夏の選手権大会が第八〇回の記念大会で、この年の選抜大会には過去最高の三六校が選ばれた。また、夏の大会では参加校の多い、埼玉県・千葉県・神奈川県・愛知県・大阪府・兵庫県の六府県が二代表となり、最多の五五校が参加した。

これらの分割した地区では、府県大会の優勝校と準優勝校が出場するのではなく、各府県を二分割して大会を行い、それぞれの優勝校が参加するという形がとられた。一回負けたら終わり、というトーナメント制の夏の大会の趣旨を生かしたものである。この時は大阪だけが南北で、残りの五大会は東西に分割された。しかし、神奈川県では横浜市のある東大会に強豪校が集中、埼玉県でも東大会に強豪が集まったことから、二〇年の九〇回大会では、両地区ともに南北の分割に変更された。しかし、同じように名古屋市を含む西大会に強豪が集中した愛知大会では、地理的条件から南北に分割することもできず、九〇回大会でも東西二地区のままで開催されている。

史上最高の大会

この年は単純に甲子園参加校が増えただけではなく、野球史に残る大会でもあった。
まず地方大会で１２２―０という史上最多得点の試合が起きた。青森県大会二回戦（一回戦は両チームとも不戦勝）の東奥義塾高校対深浦高校（木造高校深浦校舎）の試合は、七回コールドながら１２２―０というすさまじいスコアになった。それまでの記録は、昭和一一年の埼玉県予選で豊岡実業が松山中学相手に記録した72―0だったから、これを一挙に五〇点も上回るものであった。

122対0の試合となった東奥義塾―深浦の試合
（平成10年〔1998〕7月18日。写真提供：朝日新聞社）

勝った東奥義塾高校は甲子園に四回出場している強豪なのに対して、負けた深浦高校は部員が一〇人、しかもそのうちの六人は他部からの助っ人というチームであった。実力の差は歴然で、東奥義塾高校は一回表にいきなり打者四二人を送って三九得点を入れると、その後も毎回二桁得点を続けた。東奥義塾高校は途中からメンバーを入れ替えたが、おかまいなしに打ち続けた。相手に失礼だから、と決して手を抜くことなく戦いつづけた結果、五回を終わった時点では93―0となっていた。

他県だとこの時点でコールドとなることが多いが、当時の青森県では七回までコールドが成立しない規則だったため試合は続けられた。五回が終了してグランド整備をしている間に、深浦高校の監督は選手に対して「試合放棄をすることもできる」と伝えた。そうすれば記録上は9―0になるからである。しかし選手は拒否、規定通り七回まで試合が続けられ１２２―０で試合が終わった。東奥義塾高校の四番打者珍田選手は一一打席連続ヒットを打ち、一二打点をマークしている。また五人の選手がサイクルヒットを達成するなど、記録ずくめの試合となった。

東奥義塾高校は八六安打を記録、本塁打が七本出て、三三個の四死球を得た。強豪校が初戦で大差となった場合、ヒットが出ても走らなかったり、気のないスイングで三振したりして、早く試合を終わらせたいという意図がありありとわかることがあるが、それでは相手に対して失礼である。東奥義塾高校はこの試合で実に七八個の盗塁を決めており、最後まで手を抜いていなかったことがよくわかる。一方、深浦高校は東奥義塾高校の繰り出す五人の投手にまったく手が出ず、ノーヒットに終わった。

試合後、東奥義塾高校にはマスコミの取材が相次ぎ、次の試合ではとくに強豪校ではない田名部高校に2―14という大差で敗れてしまった。これまで、地方大会のコールドゲームには統一した決まりはなく、青森県のように七回からのところもあれば、東京都のように三回一五点差からという短いものまで様々だったが、この試合結果を受けて高校野球の規則が一つ改正された。県大会のコールドは、五回一〇点差、七回七点差という全国一律の決まりになった。

全国の俊英が集う

甲子園大会はプロ野球への登竜門の一つである。かつて、強豪校が少なくマスコミも発達していなかった時代では、甲子園に出場することはプロへの大きなステップだった。東京や大阪、名古屋、福岡といったプロ球団のある地域では無名高校の選手でもプロの目にとまることがあったが、それ以外の地域の選手にとっては、甲子園に出て初めてプロのスカウトに注目されることが多かった。また、甲子園に出場できる学校もある程度限られていたことから、プロ入りする選手の出身校は各地の名門・強豪といった高校に限られていた。

しかし、平成以降になると各地に有望選手を集めた私立高校が続々と誕生、またマスコミの発達や、インターネットの普及により、甲子園に出なくてもプロのスカウトの注目を得られるようになった。そもそも、甲子園に出場することと個人の実力は一致しない。突出した実力のある選手がいなくても甲子園に出場することは可能である一方、実力高い一人の選手だけの活躍で甲子園に出場するのも難しい。そのため、平成以降では甲子園に出場できなかった選手のプロ入りが多くなってきた。

ところが、この八〇回記念大会では、出場校が五五校と増えたこともあって、のちにプロで活躍する選手が続々と甲子園に集まってきた（３３４～３３５ページ参照）。そして、次々と球史に残る試合を繰り広げて、史上最高の大会といわれるようになった。

この大会に出場してのちにプロ入りした選手は三五校から五四人。日米で活躍した松坂大輔をはじめ、久保田智之、和田毅、村田修一、杉内俊哉、新垣渚など、二一世紀初めにプロで活躍した選手がならんでいる。もちろん、なかには控え選手や、ベンチに入っていただけで試合には出場していない選手もいるが、これほど豪華なメンバーが、平成一〇年夏の甲子園という一つの舞台を共有していたことに驚かされる。

横浜高校の年間無敗記録

甲子園で春夏連覇を達成した横浜高校は、同時に年間公式戦無敗という偉業を成し遂げた。

年間無敗記録は、前年の九年秋から始まる。エースで四番の松坂大輔と小山良男のバッテリー、六番一塁手の後藤武敏、三番レフト小池正晃という、のちのプロ選手四人を擁したチームは、まず秋の神奈川県大会で優勝、続いて関東大会も制した。さらに、各地区大会の優勝校が集まった明治神宮大会も制した。

平成10年夏の大会に出場後プロ入りした選手

高校名	地区	名前	卒業後の所属
駒大岩見沢高校	南北海道	古谷拓哉	駒沢大—日本通運—ロッテ
専大北上高校	岩手	畠山和洋**	ヤクルト
仙台高校	宮城	丹野祐樹	ヤクルト
日大山形高校	山形	栗原健太*	広島
桐生第一高校	群馬	小林正人	東海大—中日
〃	〃	正田　樹*	中日—阪神他
埼玉栄高校	東埼玉	大島裕行*	西武
滑川高校	西埼玉	久保田智之	常磐大—阪神
八千代松陰高校	東千葉	多田野数人	立教大—大リーグ—四国IL—日本ハム
帝京高校	東東京	森本稀哲	日本ハム—DeNA—西武
横浜高校	東神奈川	松坂大輔	西武—大リーグ—ソフトバンク
〃	〃	小山良男	亜細亜大—ＪＲ東日本—中日
〃	〃	後藤武敏	法政大—西武—DeNA
〃	〃	小池正晃	横浜—中日
平塚学園高校	西神奈川	長崎　元*	広島
新発田農業	新潟	富樫和大	川鉄千葉—日本ハム
〃	〃	加藤　健	巨人
敦賀気比高校	福井	東出輝裕	広島
〃	〃	金森久朋	創価大—西多摩倶楽部—楽天
日本航空高校	山梨	松本拓也	近鉄
掛川西高校	静岡	鈴木寛樹*	横浜
愛工大名電高校	東愛知	石堂克利	ヤクルト
豊田大谷高校	西愛知	古木克明	横浜—オリックス
海星高校	三重	岡本篤志	明大—西武
近江高校	滋賀	木谷寿巳	東北福祉大—王子製紙—楽天
京都成章高校	京都	吉見太一	立命館大—サンワード貿易—西武
ＰＬ学園高校	南大阪	大西宏明	近畿大—近鉄—オリックス
〃	〃	平石洋介	同志社大—トヨタ自動車—楽天
〃	〃	田中一徳*	横浜
〃	〃	田中雅彦*	近畿大—ロッテ—ヤクルト
関大一高	北大阪	久保康友	松下電器—ロッテ—DeNA

高校名	地区	名前	卒業後の所属
報徳学園高校	東兵庫	光原逸裕	京都産大―ＪＲ東海―オリックス―ロッテ
〃	〃	鞘師智也	東海大―広島
〃	〃	南　竜介*	横浜―ロッテ
〃	〃	山崎勝己**	ダイエー―ソフトバンク
智弁学園高校	奈良	中村真人*	近畿大―シダックス―楽天
浜田高校	島根	和田　毅	早大―ダイエー他―大リーグ
宇部商業	山口	上本達之	協和醗酵―西武
〃	〃	嶋村一輝*	九州国際大―オリックス―DeNA
尽誠学園高校	香川	木村昇吾	愛知学院大―横浜
〃	〃	田中浩康**	早大―ヤクルト
明徳義塾高校	高知	寺本四郎	ロッテ
〃	〃	高橋一正	ヤクルト―日立製作所
東福岡高校	福岡	村田修一	日大―横浜―巨人
〃	〃	大野隆治	日大―ダイエー―ソフトバンク
〃	〃	田中賢介*	日本ハム
佐賀学園高校	佐賀	実松一成	日本ハム―巨人
九州学院高校	熊本	吉本　亮	ダイエー
〃	〃	高山　久*	西武―阪神
柳ヶ浦高校	大分	脇谷亮太*	日本文理大―ＮＴＴ西日本―巨人
日南学園高校	宮崎	赤田将吾	西武―オリックス―日本ハム
鹿児島実業	鹿児島	杉内俊哉	三菱重工長崎―ソフトバンク―巨人
沖縄水産	沖縄	新垣　渚	九州共立大―ダイエー―ソフトバンク―ヤクルト
〃	〃	稲嶺　誉	東京農大網走―ダイエー

人名の*は2年生、**は1年生

翌一〇年選抜に出場。初戦の報徳学園高校戦で松坂は一五〇キロの豪速球を披露。三回戦の東福岡高校戦は二安打完封、準々決勝の郡山高校戦は五安打完封と完勝。準決勝のＰＬ学園高校戦は二点をリードされたが五安打に抑えて逆転し、決勝戦の関大一高戦も四安打で完封。全五試合をすべて完投して、わずか二二安打四三奪三振という完璧な内容で優勝を達成した。帰郷すると、春季神奈川県大会で優勝し、続く春の関東大会でも優勝した。

夏の大会では神奈川県は二代表となって東西に分割され、横浜高校は東神奈川代表として甲子園に出場。初戦の柳ヶ浦高校戦では前半苦戦したが6―1で快勝。二回戦ではノーヒットノーランを達成した杉内俊哉（三菱重工長崎―ソフトバンク―巨人）を擁する鹿児島実業と対戦、松坂みずからのホームランもあって6―0と圧勝した。続く星稜高校も完封したあと、準々決勝では西の横綱で選抜でも苦戦したＰＬ学園高校と対戦した。

この試合では松坂投手が打ち込まれ5―5で延長戦に突入。一一回表に一点をリードしたが、その裏に追いつかれ、一六回表にも一点を取ったものの再び同点にされて試合が続いた。一七回表、二死からエラーで出たランナーを置いて常盤良太が二ランホームランを打って9―7とし、三時間半以上に及んだ死闘に決着をつけた。この試合、完投した松坂投手は二五〇球を投げ、翌日は先発不能となった。

準決勝の対戦相手は、選抜準優勝の関大一高を一一点取って粉砕した強打の明徳義塾高校だったが、松坂が登板できない横浜高校は二年生の袴塚健次を先発させた。しかし明徳打線を抑えることができず、代わった斉藤と二人の投手から六点を奪われる一方、寺本四郎（ロッテ）に七回まで三安打に抑えられて0―6と敗色が濃かった。しかし、八回裏に四点を返して寺本をマウンドからひきずり降ろすと、九回表には大観衆の万雷の拍手を得て松坂が登板。その裏、二連打とフィルダースチョイスで無死満塁と攻め、後藤のセンター前ヒットで同点に追いつく。続く松坂が送りバントで二三塁にすると満塁策で一死満塁となり、再び寺本が登板。常磐は見逃し三振にとられたものの、柴武志がつまった打球ながら二塁手のグラブの先にぽとりと落として7―6とし、奇跡のサヨナラ勝ちとなった。決勝戦では松坂が復活、京都成章高校をノーヒットノーランに抑えて、史上五校目の春夏連覇を達成した。

さらに国体でも決勝で京都成章高校と対戦して優勝。こうして前年の秋季大会以来、すべての大会に優勝して公式戦無敗でシーズンを終えた。

延長戦の短縮

横浜高校とPL学園高校の真夏の死闘は、延長戦に関する規定を変更させた。翌日の明徳義塾高校との準決勝では横浜高校の渡辺監督は松坂投手を先発させなかった。結局、終盤の逆転サヨナラ勝ちで決勝戦に進むことができたが、この投手起用は英断であった。それまでは、どれほど投げようともエースは試合に使い続けるという監督が多く、そのために故障した好投手は数え切れない。横浜高校のような選手層の厚い学校でさえ、エースが登板しないと力は大幅に落ちる。実際、明徳義塾高校との試合は終盤まで劣勢であった。普通の学校では、一発勝負のトーナメントでエースを先発させないという冒険に踏み切ることはできないのが実情である。

そのため、高野連は大会後、延長戦の規定を変更することにした。高校野球は昔とくらべて参加校数も増え、試合数も増加しており、投手の負担は大きくなっている。とくに横浜高校―PL学園高校戦は炎天下の試合で、投手の消耗も激しかった。そこで高野連は延長戦の限度を一八回から一五回に短縮したのである。

かつて延長戦無制限の頃、一番長い試合は中京商業―明石中学の有名な延長二五回の試合である。地方予選でも、昭和二三年夏の大分県予選の準決勝の大分第二高校（大分商業）と臼杵高校の試合の延長二五回が最高であろう。春秋の大会でも、徳島商業の板東英二投手が四国大会で投げた二五回が最長だと思われる。

延長一八回再試合制度導入以降は、一八回で打ち切りとなって翌日に再試合を九回まで戦えば、二日のトータルは二七回となり、延長戦無制限の頃の最長記録である二五回を上回ってしまう。再試合も延長となれば尚更である。実際、昭和三〇年の鹿児島県春季大会準々決勝の鹿児島玉龍高校と出水《いずみ》高校の試合は、0—0のまま延長一六回で日没引き分けとなったが、翌日の再試合も1—1で延長戦に入り、そのまま延長一八回までもつれ込んでしまったこともある。あわや再々試合突入かと思われたが、通算三四イニング目で決着がついた。延長戦を短くすれば全体的に長い試合がなくなるかというと、そういうわけでもないのである。

そして、延長の制限が一五回と短くなったあと、平成一五年夏には再々試合が出た。福井大会一回戦の敦賀気比高校と大野東高校の試合は、延長一五回5—5で引き分けた。翌日の再試合も一五回で勝負がつかず3—3の同点で引き分け。一日おいた再々試合の結果、敦賀気比高校が6—1でやっと大野東高校を振り切った。三試合の合計は実に三九イニングにも及んでいる。この試合、雨で一日延びたものの本来は三日続けて行う予定だった。

二五年の秋季東北大会では、花巻東高校と東日本大昌平高校が延長一五回2—2で引き分け、翌日の再試合で花巻東高校が7—1で勝利した。勝った花巻東高校は翌日の大曲工業戦で再び延長一五回4—4で引き分けたのだ。そして、その翌日についに6—10で敗れたが、四日間で四八イニングを戦っている。花巻東高校は選手層が厚いため、三年生のいない秋季大会ながら五人の投手をやりくりできたが、あきらかに他校とのハンデは大きかった。この問題はやがてタイブレーク制に発展する。

沖縄初優勝

平成一一年、ついに甲子園の優勝旗が沖縄に渡った。昭和三三年に首里高校が甲子園に初出場して以来、全国制覇は沖縄県の悲願であった。名将栽監督に率いられた沖縄水産が、平成二年から二年連続して夏の決勝まで進みながら果たせなかった夢を達成したのは、この年の選抜に出場した沖縄尚学高校であった。

この時の沖縄尚学高校はそれほど前評判の高いチームではなかった。前年秋の九州大会では準決勝で日南学園高校に6—13と大敗しており、九州地区から最後のイスでなんとか選抜に出場できたのである。

一回戦では比叡山高校の村西哲幸（横浜）のナックルボールを交えた投球を打ち崩すことができず、わずかに三安打一〇奪三振と抑えられたが、沖縄尚学高校の比嘉公也（愛知学院大—沖縄尚学高監督）も比叡山高校打線を三安打、内野ゴロ一六個に抑える。そして、七回裏に一死三塁から有銘真吾がスクイズした際、タイミングはアウトだったが、三塁ランナーがタッチをかいくぐってホームインし1—0で勝利した。

二回戦の浜田高校戦でエース比嘉が捻挫したため、準々決勝の市川高校戦では背番号一二の照屋正悟（東京農大）が先発して勝利。準決勝のＰＬ学園高校戦では西野新太郎（東京農大網走）・植山幸亮（法政大—三菱ふそう川崎—東京ガス）両投手から計五点を取ってリードしたが、八回に同点に追いつかれて延長戦に突入。一一回に一点を取るとその裏に一点取られて追いつかれるというシーソーゲームの末に、一二回表に二点を取ってやっと振り切った。

この試合で二一二球を投げて完投した比嘉投手は翌日の水戸商業との決勝戦に先発せず、再び照屋投手が先発した。前年松坂投手を登板させなかった横浜高校渡辺監督の英断はこうして受け継がれていった。二回表に二点を先制されると、その裏すぐにタイムリーヒットと内野ゴロの間の得点で同点に追いつき、以後は照屋投手が好調な水戸商業打線に対して三塁を踏ませない好投をみせた。一方、打線は五回裏に無死一塁から途中出場の新垣雄之が右中間三塁打を打って勝ち越し、さらに六回、七回と得点を重ねて7―2と快勝した。

試合終了後、沖縄尚学側のアルプスから始まったウェーブは、やがて水戸商業側のアルプスも含めて甲子園のスタンドを一周、球場全体で沖縄の初優勝を祝った。

連続出場した夏は二回戦で敗れたが、エースの比嘉公也はのちに母校に戻って監督となり、九年後の選抜で優勝する。そして、沖縄県は全国でもトップクラスの実力を持つ地域に変貌していく。

打高投低の時代にもかかわらず、決勝戦でノーヒットノーランを達成、年間無敗を記録した前年の横浜高校に続き、今度は沖縄悲願の初優勝で一九九〇年代は終了した。

そして、時代は二一世紀を迎え、高校野球をめぐる様々な環境が変化する時代となっていく。

コラム6―2　応援団のファインプレー

平成一二年夏の甲子園、日大豊山高校と中津工業（中津東高校）の試合で、アルプスの見事な応援があった。日大豊山高校・加藤、中津工業・長谷川の両エースの先発で始まった試合は、両投手とも好調で投手戦となった。とくに中津工業の長谷川投手は絶好調で、五回まで毎回の五奪三振、一安打に抑えていた。しかし打線も、加藤投手からヒットは打てるもののあとが続かず、内野ゴロの山を築いていた。そして、六回裏、二死から四番小野崎一樹にこの試合初の長打となる二塁打を打たれて、ついに一点を先制された。この回、長谷川投手はすでに足に痛みが走っていたが、誰にもいわずに続投した。

八回表、一死二・三塁のチャンスを逃した中津工業は、その裏にピンチを迎えた。先頭打者がセンター前ヒットで出ると、送りバントが内野安打となり、さらに送りバントで一死二・三塁。続く三番桑原への三球目、ついに足がけいれんして長谷川がマウンドにうずくまった。医者がかけつけて長谷川はベンチに運ばれ、熱中症による熱けいれんと診断された。ベンチで生理食塩水を補給した長谷川はマウンドに戻ったが、桑原に初球をセンター前タイムリーされる。さらに四番・五番に連打されて0―5となったところでショートから東名がリリーフし、長谷川はレフトに退いた。

急きょ登板した東名は六番相川にレフト前にヒットを打たれたが、この球を処理した長谷川は再び両足がけいれんして倒れ、監督は交代をつげた。このとき、レフトから足を引きずりながらベンチに引き上げる長谷川に対し、日大豊山高校の応援団はその敢闘をたたえて「長谷川コール」を送ったのだ。試合は6―0で日大豊山高校が勝利したが、同校の清々しい応援が印象に残った試合だった。

高校野球年表6

年次		全国大会	優勝校	事項
一九七八年（昭和五三年）	春	第五〇回	浜松商業	前橋高の松本稔投手が比叡山高校戦で完全試合を達成 以後、一県一校となる。
	夏	第六〇回	ＰＬ学園高校	ＰＬ学園高校が準決勝、決勝と二試合連続奇跡の逆転で優勝
一九七九年（昭和五四年）	春	第五一回	箕島高校	浪商高校の香川伸行が「ドカベン」として人気に
	夏	第六一回	箕島高校	箕島高校—星稜高校戦が延長一八回に及ぶ 浪商高校の香川が史上初の三試合連続ホームランを放つ 箕島高校が春夏連覇
				浪商高校の牛島和彦が中日のドラフト一位、香川伸行が南海の二位指名でプロ入り
一九八〇年（昭和五五年）	春	第五二回	高知商業	選抜大会開始直前に佐伯達夫高野連会長が死去
	夏	第六二回	横浜高校	都立国立高校が都立高校として初出場 早実の一年生の荒木大輔が活躍
				夏の準々決勝で敗れた広陵高校の渡辺投手が審判から受けた注意でＮＨＫの「青年の主張」中国地方代表となり、翌年一月の全国大会で準優勝 横浜高校の愛甲猛がロッテのドラフト一位指名でプロ入り
一九八一年（昭和五六年）	春	第五三回	ＰＬ学園高校	ＰＬ学園高校が九回裏の逆転サヨナラで優勝 第四代高野連会長に牧野直隆が就任
	夏	第六三回	報徳学園高校	名古屋電気高校の工藤公康投手が長崎西高校戦でノーヒットノーランを達成
				報徳学園高校の金村義明が近鉄の一位指名でプロ入り

一九八二年（昭和五七年）	春	第五四回	ＰＬ学園高校	中京高校が大成高校に勝ち、春夏通算一〇〇勝を達成
	夏	第六四回	池田高校	池田高校のやまびこ打線が登場 佐賀商業の新谷博投手が木造高校戦で九回二死から死球で完全試合を逃し、ノーヒットノーランとなる 益田高校と帯広農業の試合で、一イニング四アウト事件が起きる
				早稲田実業の荒木大輔がヤクルトの一位指名でプロ入り
一九八三年（昭和五八年）	春	第五五回	池田高校	池田高校が夏春連覇
	夏	第六五回	ＰＬ学園高校	甲子園に一年生のＫＫコンビが登場 宇部商業の浜口大作が帝京高校戦で九回裏に逆転サヨナラホームラン
				池田高校の水野雄仁が巨人の一位指名でプロ入り
一九八四年（昭和五九年）	春	第五六回	岩倉高校	佐賀商業と高島高校の試合でワンバウンドの打球がホームランと判定される
	夏	第六六回	取手第二高校	境高校の安部伸一投手は法政一高を九回までノーヒットノーランに抑えるも、延長一〇回の初安打がサヨナラホームランとなって敗れる 木内幸男監督が取手二高を率いて初優勝
				箕島高校のエースの嶋田章弘が阪神、控え投手の杉本正志が広島の一位指名でプロ入り
一九八五年（昭和六〇年）	春	第五七回	伊野商業	伊野商業が春夏通じて初出場で優勝
	夏	第六七回	ＰＬ学園高校	ＰＬ学園高校が東海大山形高校戦で毎回得点の二九点を記録
				ＰＬ学園高校の桑田真澄が巨人、清原和博が西武の一位指名でプロ入り

年次		全国大会	優勝校	事項
一九八六年（昭和六一年）	春	第五八回	池田高校	新湊高校がベスト四に進出、新湊旋風が起きる
	夏	第六八回	天理高校	松山商業が浦和学院高校戦で一イニング一一連打を記録
				享栄高校の近藤真一が中日の一位指名でプロ入り
一九八七年（昭和六二年）	春	第五九回	ＰＬ学園高校	大成高校が部員一〇人で出場
	夏	第六九回	ＰＬ学園高校	帝京高校の芝草宇宙投手が東北高校戦でノーヒットノーランを達成 ＰＬ学園高校が春夏連覇
				ＰＬ学園高校の橋本清が巨人、立浪和義が中日のドラフト一位指名でプロ入り
一九八八年（昭和六三年）	春	第六〇回	宇和島東高	中京高校が、宇部商業を九回一死まで完全試合に抑えながら逆転負け
	夏	第七〇回	広島商業	宇部商業の一年生の宮内洋が、東海大甲府高校戦の九回に代打逆転三ランホームラン 初出場の浦和市立高校がベスト四まで進出して話題に
				津久見高校の川崎憲次郎がヤクルトの一位指名でプロ入り 明治神宮大会が昭和天皇のご不例により中止に
一九八九年（平成元年）	春	第六一回	東邦高校	東邦高校が延長一〇回逆転サヨナラで優勝
	夏	第七一回	帝京高校	大会歌「栄冠は君に輝く」の作曲者古関裕爾が大会期間中に死去
				上宮高校の元木大介がダイエーのドラフト一位指名を拒否し、進学もせず浪人
一九九〇年（平成二年）	春	第六二回	近大附属高校	春夏通じて初出場の新田高校が準優勝
	夏	第七二回	天理高校	宇部商業の松本謙吾が三試合連続ホームランを記録

一九九一年（平成三年）	春	第六三回	広陵高校	大阪桐蔭高校の和田友貴彦投手が仙台育英高校戦でノーヒットノーランを達成
	夏	第七三回	大阪桐蔭高校	大阪桐蔭高校が夏の大会初出場で優勝。沖縄水産は二年連続準優勝
				愛工大名電高校の鈴木一朗がオリックスの四位指名でプロ入り
一九九二年（平成四年）	春	第六四回	帝京高校	ラッキーゾーンが撤去されてホームランが激減
	夏	第七四回	西日本短大附属高校	明徳義塾高校が星稜高校の松井秀喜を五打席連続敬遠 西日本短大附属高校の森尾和貴が全五試合を完投して優勝、うち四試合が完封
				星稜高校の松井秀喜が巨人の一位指名でプロ入り
一九九三年（平成五年）	春	第六五回	上宮高校	
	夏	第七五回	育英高校	徳島商業が八回以降七点差をひっくり返して久慈商業に逆転勝ち
				宇和島東高校の平井正史がオリックスの一位指名でプロ入り
一九九四年（平成六年）	春	第六六回	智弁和歌山高校	金沢高校の中野真博投手が江の川高校戦で完全試合を達成
	夏	第七六回	佐賀商業	佐賀商業が九回の満塁ホームランで優勝
				別府大付属高校の城島健司がダイエーの一位指名でプロ入り
一九九五年（平成七年）	春	第六七回	観音寺中央高校	選抜大会で震災枠として兵庫県から三校選抜される 観音寺中央高校が春夏通じて初出場で優勝
	夏	第七七回	帝京高校	最初の抽選で三回戦までが決まるシステムに変更
				ＰＬ学園高校の福留孝介がドラフト会議で七球団から一位指名され、近鉄が交渉権を獲得するも拒否して日本生命に入社

年次		全国大会	優勝校	事項
一九九六年（平成八年）	春	第六八回	鹿児島実業	鹿児島実業が鹿児島県勢として春夏通じて初優勝
	夏	第七八回	松山商業	ベスト四をすべて公立高校が占める 松山商業が奇跡のバックホームで優勝
				宇和島東高校の岩村明憲がヤクルトのドラフト二位指名でプロ入り
一九九七年（平成九年）	春	第六九回	天理高校	
	夏	第七九回	智弁和歌山高校	一回戦で市立船橋高校が文徳高校に八点差を逆転して勝利
				平安高校の川口知哉が四球団からドラフト一位指名され、抽選の結果オリックスに入団
一九九八年（平成一〇年）	春	第七〇回	横浜高校	史上最多の三六校が出場
	夏	第八〇回	横浜高校	青森県大会で東奥義塾高校が深浦高校を１２２—０で降す 初めて代表校が五五校となる 鹿児島実業の杉内俊哉投手が八戸工大一高戦でノーヒットノーランを達成 準々決勝で横浜高校とＰＬ学園高校が死闘を繰り広げる 横浜高校の松坂大輔投手が決勝戦で京都成章高校をノーヒットノーランに抑え、春夏連覇を達成
				横浜高校が国体でも優勝し、前年秋季大会から公式戦年間無敗を記録した 松坂大輔が三球団から一位指名され、抽選の結果西武に入団 ダイエー以外なら進学と表明していた沖縄水産の新垣渚を、オリックスが抽選で引き当て、新垣は拒否して進学。担当した三輪田勝利スカウトが自殺

一九九九年（平成一一年）	春	第七一回	沖縄尚学高校	沖縄尚学高校が沖縄県勢として春夏通じて初優勝
	夏	第八一回	桐生第一高校	都立城東高校が都立高校として一九年振りに出場
				桐生第一高校の正田樹が中日のドラフト一位指名でプロ入り 国学院久我山高校の河内貴哉が三球団から一位指名され、抽選の結果広島に入団
二〇〇〇年（平成一二年）	春	第七二回	東海大相模高校	京都二中の後継校の鳥羽高校が出場
	夏	第八二回	智弁和歌山高校	浦和学院高校の坂元弥太郎が八幡商業戦で一九奪三振を記録 智弁和歌山高校が一大会一〇〇安打の猛打で優勝
				敦賀気比高校の内海哲也がオリックスのドラフト一位指名を拒否して東京ガスに入社

第七章　二一世紀の課題と展望

二一世紀枠の導入

平成一二年秋、各地区の秋季大会が終了したのち、高野連から選抜大会に「二一世紀枠」を新設することが発表された。これは、二一世紀を迎えるのを記念して、選抜大会に従来と違った出場枠を取り入れるというものであった。

この背景には選抜出場校の固定化と、秋季大会の予選化という問題があった。本来、選抜大会は地域にはあまりとらわれず、実力のある学校を自由に選ぶものだった。そして、その参考資料として前年の秋季大会の結果が利用されていたにすぎない。ところが、やがて地域別の代表校数を発表するようになると、その校数を基準に秋季大会でどこまで勝ち進めば選抜大会に進めるか、がみえてくる。たとえば、一校出場の北海道は優勝校が自動的に出場し、二校出場の東北では、決勝でよほどの大差がつかない限り決勝に進出した両校が選抜に出場する。こうなってくると、選抜選考委員の出番は、ボーダーライン上のいくつかの学校の比較をするだけで、ほとんどは事前の予想通りの学校が選ばれた。それどころか、予想外の結果になると訴訟をほのめかす学校が登場するなど、秋季大会の結果通りに選抜すべきである、という雰囲気が強まってきたのだ。

また、高校の側でも、秋季地区大会で選抜出場の安全ラインに到達すると、メンバーを落としたりしてあえて勝ちにいかないと思われる行為もあり、選考の形骸化が進んでいた。高校野球の全国大会が春と夏の二回あるのは、それぞれの性格が違うからである。両方ともに予選を行って、その上位校を自動的に甲子園に出場させるのであれば、夏の選手権大会だけで充分である。これは戦後、選抜大会を復活させる際にまさにGHQが指摘していたことであり、放置することは選抜大会存在の根幹にかかわることであった。

毎日新聞大阪本社で開かれた臨時運営委員会で「21世紀枠」新設を決定
（平成12年〔2000〕11月14日。写真提供：朝日新聞社）

そして、もう一つが出場校の固定化だった。選抜選考の重要な資料となる秋季大会には、三年生は出場できない。一年生と二年生の二学年のみのため、どうしても戦力は薄くなる。部員数の多い強豪校では二学年だけでもある程度の高い戦力を維持できるが、部員数の少ない高校では三年生が抜けると同時に極端に戦力が低下する。そのため、秋季大会では特定の強豪校が上位を占める傾向が続いていた。なかには、この秋季大会で上位に入って選抜大会で甲子園に出場することを目指すために、計画的に特定の学年に選手を集め、夏の大会には二年生主体で戦い、そのまま秋季大会に入るという学校もあった。

そこで、高野連は秋季大会の結果とはやや離れて、自らの手で自由に選べる枠の新設を計ったのだ。それが、この二一世紀枠であった。

二一世紀枠の選考は、まず一一月～一二月に各県が秋季大会の結果をもとに一校ずつ代表を選ぶ。続いて北海道、東北、関東・東京、北信越、東海、近畿、中国、四国、九州と地区ごとにそれぞれ代表を一校に絞りこむ。こうして地区代表に選ばれた九校の中から、選考委員会が最終的に出場校を選ぶという手順である。

ところが、最初の選考の際、高野連が明確な基準を打ち出さなかったために、各県の選考基準はバラバラであった。多くの県が甲子園未出場の学校を選んだなかで、往年の名門校や、選抜にこそ出場していないものの、夏の大会では最近甲子園に出場したばかりという学校も選ばれていた。

こうした学校から選抜された地区代表の九校には、戦前を代表する名門校や、九州地区ベスト八の実力校に混じって、過疎のため廃校が決まっていることを理由として選ばれた学校や、作文コンクールで活躍している学校、毎朝読書を欠かさないという理由で選ばれた学校まであった。

当時、二一世紀枠の選考基準として明確に示されていたのは、県大会でベスト八以上という条件のみであった。これは、準々決勝あたりから有力校同士のつぶし合いが始まることを想定したものと思われる。実力がありながら敗れてしまった学校を救済しようと設けられたゆるやかな基準だったが、一部に県大会ベスト八にさえ進んでいれば実力は問わなくてもよい、という考えがあったと思われる。

最終的には、この九校の中から福島県の安積高校と、沖縄県の宜野座高校が選ばれた。宜野座高校は県大会決勝で沖縄水産を降して優勝、九州大会でもベスト八まで進んだ強豪であったし、安積高校も秋季大会こそは県大会準々決勝で敗れたが、春の県大会で優勝した投手が健在で、投手力は他の出場校と遜色なく妥当な選択といえた。

いざ選抜大会が始まると宜野座高校が大活躍をみせた。初戦で東海大会優勝の岐阜第一高校を降すと、桐光学

コラム7―1　廃校寸前からの復活

廃校直前に甲子園に出場、これを機に復活した高校がある。

長野県の塚原青雲高校は、塚原高校と名乗っていた過去に一度だけ甲子園に出場したことのある学校だったが、経営危機から平成一三年には廃校騒動が起きていた。野球部員は県外からの留学生を中心とした三年生一三人以外は、二年生が〇、一年生は野球未経験の部員が四人だけの計一七人で、野球部の寮の廃止も決定しているという、危機的な陣容だった。

ところが、このチームは、エース長谷川陽一（立正大）に、リリーフの浜地聖之（鈴鹿国際大）、松下卓矢という三投手で、三五年振りに甲子園に出場を果たした。甲子園では部員一七人全員がベンチ入り（一名は記録員）したが、実際には記録員はスコアがつけられず、控え選手がスコアをつけるという状態での試合となった。

八頭高校との試合は長谷川投手が先発、打撃戦でシーソーゲームとなり、6―7と一点ビハインドで塚原青雲高校は最後の攻撃を迎えた。ここで負ければ学校の存続もない、という絶体絶命の状況のなか、一死から三番田渕泰司がライト前ヒットで出塁。続く打者は途中降板した四番長谷川。ここで長谷川は執念のライトオーバー三塁打を放って同点にすると、五番赤嶺は一ボール二ストライクからの高めの直球を強振、ライト前に運んで8―7と逆転を果たした。九回裏には三人目の松下投手が登板、三番から始まる好打順を三者凡退に抑え、初勝利をあげた。

この甲子園出場と初勝利で脚光をあびた同校は、一七年に創造学園大学附属高校、二三年には創造学園高校と改称して、以後も長野県の強豪校の一角に食い込んでいる。

園高校、浪速高校と破ってベスト四まで進んだのである。スタンドには地元出身者が集まって独特の雰囲気をかもし出し、特別枠を設けた高野連のもくろみは見事に成功した。しかし、これはひとえに宜野座高校の活躍のたまものである。

翌年以降、やはり話題性だけではなく実力が伴わなければ意味がない、ということに気がついた各地の高野連では、地区大会出場校を優先的に選考するようにしている。

それでも、各県の代表校にはかなり首をかしげることがある。ある程度二一世紀枠にふさわしい学校があるにもかかわらず、近年に甲子園に出たばかりの高校や、あきらかに選手集めを行っている私立強豪校を候補に選ぶ県が一部にある。とくに、埼玉県では平成一三年に花咲徳栄高校、一五年には春日部共栄高校といった甲子園で活躍する私立強豪校を推薦しているほか、神奈川県では一五回のうち公立高校を推薦したのがわずかに四回しかないなど、他県との違いが際立っている。こうした二一世紀枠という制度に抗うかのような推薦の真意はわからないが、実力の伴わない学校を選ぶことに対する抵抗なのかもしれない。なお、両県ともに一度も関東地区代表の座すら得たことはない。

また、この方式は割と早く厳しい状況に直面する。当初はどの地域にも、あと一歩で甲子園に出られない学校や、大昔に活躍したもののいまはさっぱりという名門校があったのだが、そうした学校が次々と二一世紀枠代表に選ばれていくと、選考のコマ不足に陥るのは明白だ。のちに二一世紀枠代表は三枠に拡大されたため、必ず三校を選ぶ必要があるが、年によってはかなり実力の低い学校を選ばざるを得ないことも出てきた。

そもそも、各地の高野連関係者が選ぶ地区代表の選考と、作家や著名人も交えて選ぶ最終選考委員会の選考では選考の基準が揃っていない。実力的に劣る学校ばかりが地区代表に選ばれると、最終候補の九校から選ばなければならない最終選考委員会は、実力が乏しくても代表を選ぶ必要がある。そうなると話題性に走りがちとなり、その結果実力よりも話題性が重要として、さらに実力とは違う選考で候補を選びかねない。

コマ不足を憂えた高野連は、各県の候補基準を県大会ベスト八からベスト一六に下げ、参加校の多い都道府県ではベスト三二とした。こうすれば選考の対象は増えるが、鳥取県の場合、秋季大会の参加校は三〇校に満たず、二六年秋の大会に参加したのは二四校である。抽選の結果、倉吉農業など八校は戦わずしてベスト一六に入り、二一世紀枠の選考対象校となっている。そもそも、二〇校強の中から、毎年二一世紀枠の県代表を選び続けること自体無理があるのだ。もちろん、「該当校なし」とすることもでき、過去に何回か「該当校なし」とした県もあったが、基準を下げたことから、ベスト一六に甲子園未出場の公立高校が一校もない、ということはまずなく、どの県もかならず候補を選ぶようになった。しかし、このベスト一六というのは候補の線上にあがる最低基準であって、これをクリアしていれば実力は問わない、という線ではないはずだ。候補がいない県はなしとする、という毅然とした態度が求められる。

二十一世紀枠の地区代表の一覧が354~355ページの表である。この一覧表をみると、東北地方偏重がよくわかる。過去一五年間で、東北地方から八校が選ばれている一方、東海地方では平成二七年の豊橋工で二校目。これは東北が大震災の舞台となったことも大きいが、他にも秋季大会の性格もある。

東北地区の場合、青森県や宮城県、福島県では特定の二校の実力がぬきんでている。東北大会には各県三校出場できるため、もう一校は無名の高校が進出することになる。一方、秋田県では有力私学がなく、毎年いろいろな学校が東北大会に進出する。その結果、東北大会には甲子園に出場したことのない公立高校が何校か出場する。東北大会には一八校参加するため、こうした無名の公立高校同士の対戦が生じ、かならず勝ち上がる高校も出て

東海	近畿	中国	四国	九州
常葉橘高 (静岡県)	桐蔭高 (和歌山県)	境港工 (鳥取県)	富岡西高 (徳島県)	宜野座高 (沖縄県)
郡上北高 (岐阜県)	彦根東高 (滋賀県)	松江北高 (島根県)	八幡浜高 (愛媛県)	辺土名高 (沖縄県)
神戸高 (三重県)	橋本高 (和歌山県)	隠岐高 (島根県)	高知東高 (高知県)	直方高 (福岡県)
津西高 (三重県)	耐久高 (和歌山県)	鳥取城北高 (鳥取県)	八幡浜高 (愛媛県)	清峰高 (長崎県)
静清工 (静岡県)	桜井高 (奈良県)	賀茂高 (広島県)	高松高 (香川県)	佐賀西高 (佐賀県)
成章高 (愛知県)	県和歌山商 (和歌山県)	米子西高 (鳥取県)	室戸高 (高知県)	徳之島高 (鹿児島県)
成章高 (愛知県)	県和歌山商 (和歌山県)	華陵高 (山口県)	高松一高 (香川県)	都城泉ヶ丘高 (宮崎県)
成章高 (愛知県)	畝傍高 (奈良県)	華陵高 (山口県)	富岡西高 (徳島県)	長崎商 (長崎県)
名張桔梗丘高 (三重県)	彦根東高 (滋賀県)	呉宮原高 (広島県)	土庄高 (香川県)	大分上野丘高 (大分県)
刈谷高 (愛知県)	向陽高 (和歌山県)	防府高 (山口県)	川島高 (徳島県)	長崎商 (長崎県)
松阪高 (三重県)	守山高 (滋賀県)	総合技術高 (広島県)	城南高 (徳島県)	西都商 (宮崎県)
大垣西高 (岐阜県)	洲本高 (兵庫県)	広島観音高 (広島県)	小松高 (愛媛県)	宮崎西高 (宮崎県)
豊川高 (愛知県)	堀川高 (京都府)	益田翔陽高 (島根県)	土佐高 (高知県)	門司学園高 (福岡県)
伊勢高 (三重県)	海南高 (和歌山県)	大東高 (島根県)	坂出高 (香川県)	大島高 (鹿児島県)
豊橋工 (愛知県)	桐蔭高 (和歌山県)	平田高 (島根県)	松山東高 (愛媛県)	八幡南高 (福岡県)

※アミがかかっている高校が、最終出場校
2001 ～ 2007 年 2 校、2008 年から 3 校。2013 年は 4 校進出

21世紀枠地区代表校一覧

	北海道	東北	関東・東京	北信越
平成13年	帯広南商	安積高 (福島県)	稲毛高 (千葉県)	町野高 (石川県)
〃14年	鵡川高	宮城農 (宮城県)	土浦三高 (茨城県)	長野日大高 (長野県)
〃15年	稚内大谷高	大館鳳鳴高 (秋田県)	真岡高 (栃木県)	柏崎高 (新潟県)
〃16年	函館中部高	一関一高 (岩手県)	桐朋高 (東京都)	七尾高 (石川県)
〃17年	札幌藻岩高	一迫商 (宮城県)	二松学舎沼南高 (千葉県)	金沢泉丘高 (石川県)
〃18年	釧路江南高	光南高 (福島県)	真岡工 (栃木県)	金沢桜丘高 (石川県)
〃19年	釧路江南高	上山明新館高 (山形県)	都留高 (山梨県)	武生商 (福井県)
〃20年	武修館高	五所川原農林 (青森県)	安房高 (千葉県)	富山中部高 (富山県)
〃21年	北海学園札幌高	利府高 (宮城県)	身延高 (山梨県)	村上桜ヶ丘高 (新潟県)
〃22年	武修館高	山形中央高 (山形県)	水戸桜ノ牧高 (茨城県)	新潟高 (新潟県)
〃23年	遠軽高	大館鳳鳴高 (秋田県)	大田原高 (栃木県)	佐渡高 (新潟県)
〃24年	女満別高	石巻工 (宮城県)	高崎高 (群馬県)	金沢西高 (石川県)
〃25年	遠軽高	いわき海星高 (福島県)	日立一高 (茨城県)	五泉高 (新潟県)
〃26年	天塩高	角館高 (秋田県)	都立小山台高 (東京都)	長野西高 (長野県)
〃27年	北見工	松島高 (宮城県)	富岡高 (群馬県)	金沢商 (石川県)

くるのだ。二一世紀枠の最終選考では地区大会勝利校というのは大きなアドバンテージで、二一世紀枠中の実力校という位置づけで選ばれやすい。

一方、各県二校しか地区大会に進めない関東や九州では、地区大会に無名校が進出することは少なく、そこで勝ち上がることはさらに難しい。しかも関東地区の場合は地区大会で二勝すれば二一世紀枠でなくても一般枠で選ばれ、一勝で出場することもある。つまり、地区大会で勝利をあげながら一般枠で選ばれないという位置の学校が、そもそも少ないのだ。

神宮枠の新設

二一世紀枠に続いて導入された選考枠に神宮枠と希望枠がある。神宮枠はわかりやすい。

平成一三年までの明治神宮大会は、その参加基準が不明瞭だった。というのも、秋季大会の開催時期が北海道のように寒くなる前の一〇月上旬に行うところもあれば、一一月下旬という四国地区まで幅広かった。そのため、一一月上旬に開催される明治神宮大会には、北海道では地区大会優勝校を出場させた一方、地区大会が始まっていない四国では各県が持ち回りで地区大会に出場できなかった学校を派遣した。そのため、実力差のある学校が集う大会となっていた。

そこで高野連は、各地区大会をすべて一一月上旬までに終えるようにし、各地区大会の優勝校をすべて集めて明治神宮大会を開催するように変更した。そのうえで明治神宮大会の優勝校の所属する地区に枠を一つ増やしたのだ。これは、明治神宮大会で優勝するような強豪がいる地区は優遇しよう、というもので趣旨としては非常に理解しやすい。本来一枠しかない北海道でも、神宮枠を勝ちとれば地区大会優勝校でなくても選抜に出場することができる。
この枠の問題点は、増枠の一校めぐって戦う学校が、すべて選抜出場を確実に決めている学校ばかりである、ということである。優勝すればその地区が増枠になるとはいっても、戦っている学校にはとくに恩恵はない。もちろん、他地区を制した有力校と公式戦を戦えるのは貴重な経験だが、何が何でも勝ちにいく、という姿勢とはいいがたいのも事実だ。一一月の東京はかなり寒い日もあり、無理してけがをしてもという雰囲気がみえることもある。もちろん、同県にボーダーライン上の学校があるため、彼らを出場させるために本気で勝ちにいく学校もあるが、様々な思惑のみえる大会であることは事実だ。しかし、この制度は非常にわかりやすく説得力もあるため、現在まで続いている。

平成一四年以降の明治神宮大会の優勝校一覧

平成一四年	中京高校	東海地区
平成一五年	愛工大名電高校	東海地区
平成一六年	柳ヶ浦高校	九州地区
平成一七年	駒大苫小牧高校	北海道地区
平成一八年	高知高校	四国地区
平成一九年	常葉菊川高校	東海地区
平成二〇年	慶応高校	関東地区
平成二一年	大垣日大高校	東海地区

平成二二年　日大三高　東京地区
平成二三年　光星学院高校　東北地区
平成二四年　仙台育英高校　東北地区
平成二五年　沖縄尚学高校　九州地区
平成二六年　仙台育英高校　東北地区

明治神宮大会は、なぜか東海地区と東北地区の活躍が目立つ。東北地区は二一世紀枠でも優遇されていることから、二一世紀に入ってからの選抜大会では東北地区からの出場が増えている。

廃止された希望枠

現在まで続いている神宮枠に対し、希望枠は廃止された。希望枠というのはその名称からはどういう学校が選ばれるのか想像しづらい。これは、打撃は水ものだが守備力は比較的安定している、という考えのもと、各地区の選んだ補欠校の中から、最も守備力の優れた学校を選抜に出場させようというものだった。確かに打線は水もので、大量得点した次の試合で完封負け、というのは珍しいことではない。打線は相手投手との兼ね合いによって大きく変動するし、同じ相手に対しても、打てたり打てなかったりする。また、守備力が弱いと本大会で一方的な展開になることも多いため、通常選考でもボーダーライン上の学校を選ぶ時には守備力が重視されることが多かった。そういう意味では選抜の選考趣旨に沿った選考であった。実際、平成一九年の選抜に希望枠で出場した大垣日大高校は準優勝するなど、選考の趣旨にはまったく問題なかったといえる。

この制度の問題点は、守備力という抽象的なものを数字を用いて機械的に判断したことだった。「守備力」というものを人間が判断するのは難しい。各委員が各地区の補欠校に選ばれた学校をすべてみて判断するのは不可能なため、守備力を判断するルールをつくり、数字で判断することにした。これによって客観的な判断が下せるようになったが、こうした機械的な判断基準を公開してしまうと、ある種の操作が可能になる。というのも、候補となる補欠校は各地区が任意に選定できる。あまりに非常識な選考をすることはできないが、補欠校の候補が複数あった場合、あらかじめ各高校の守備力を計算しておき、最も守備力の数字の高い学校を補欠校とすれば、希望枠に選ばれる率が高くなるのだ。しかも、他地区の補欠校もほぼ類推がつく。ということは、全国の補欠校候補の守備力をあらかじめ計算しておけば、出場校と補欠校を入れ替えることで、結果的に両方とも出場させることも理論的には可能となる。実際には出場校決定と補欠校の決定、希望枠の算出は一連の作業であり、こうした恣意的な操作はできないが、可能性としてあったことは事実だ。

また、こうした計算の元となる数字には相手校の打力も大きく左右する。比較的打力の弱い東北や北海道では数字が高めに出るため、六年間に選出された学校のうち三校が東北地区の代表で、一校が北海道の代表である。しかも、岩手県の一関学院高校は希望枠に二回選ばれているなど、偏りが激しいこともわかる。

そもそも、これらの特別枠は、秋季大会の結果だけではなく高野連の裁量で決めたい、という考えから生まれたもので、自動的に選出される希望枠は当初の目的からも外れていることから中止となり、希望枠の一枠は二一世紀枠に追加されることになった。

希望枠代表校一覧

平成一五年　旭川実業（北海道）
平成一六年　秋田商業（秋田県）
平成一七年　三本松高校（香川県）
平成一八年　一関学院高校（岩手県）
平成一九年　大垣日大高校（岐阜県）
平成二〇年　一関学院高校（岩手県）

快速投手・寺原隼人

一三年夏、史上最速の投手が甲子園に登場した。日南学園高校の寺原隼人投手（ダイエー―横浜―オリックス―ソフトバンク）である。寺原は初戦の四日市工業戦で豪速球を披露、六安打で一点を失ったものの打線が一八安打を放って8―1と完勝。二回戦の玉野光南高校戦では背番号一一の片山光喜（九州共立大）が先発、一時は玉野光南高校にリードされたが八回に追いつき、延長一〇回で逆転勝ち。この試合、リリーフした寺原はNHKの画面表示で松坂大輔を上回る史上最速の一五四キロを記録、その球速に球場が沸いた。三回戦では寺原は登板せず、片田晃平（関西外大）―片山のリレーで東洋大姫路高校を四安打で完封。準々決勝の横浜高校戦に満を持して登板したが、立ち上がりから調子が悪くコントロールが定まらない状態だった。

一回表こそノーヒットに抑えたが、二回表に二連打で先制点を奪われると、五回表にはスクイズで二点目。一方、打線は横浜高校の畠山太（日大―富士重工業）をまったく打つことができず、四回までは完全試合ペースだった。五回裏、先頭の四番長畑紘介（日体大―日本生命）の打ったチーム初安打がセンターオーバーのホームランとなって一点を返し、七回裏には一死三塁から六番田ノ上の当たりがレフトのフェンス際まで飛び、一旦はレフトが打球をグラブに納め、三塁ランナーがタッチアップでホームインして2―2の同点に追いついた。この直後レフトは落球、審判団の協議の末、田ノ上の当たりは二塁打と訂正されている。同点とはしたものの、投球数の多い寺原は球速が衰え、しかもボールとストライクがあきらかにわかるようになっていた。九回表、先頭打者を四球で出すと、バントと内野ゴロで二死三塁。ここでストライクが入らなくなり、連続四球で満塁。七番大塚雄の打球はライト前に飛び、ライトがダイビングキャッチを試みたが取りきれず、二走者が相次いでホームインして2―4で敗れた。結局、打線は畠山投手からわずかに二安打で九奪三振と抑えられながらも二点をもぎとったが、三回戦の登板を回避して臨んだ寺原が八安打九つの四死球という乱調で、宮崎県勢初優勝の望みは果たせなかった。

なお、投手の球速はスピードガンや測り方によって違い、公式記録は存在しない。平成一九年夏には仙台育英高校の佐藤由規投手（ヤクルト）が一五五キロを記録したほか、一八年夏の大阪桐蔭高校の辻内崇伸投手（巨人）は一部のスピードガンで一五六キロであったとされる。

甲子園のスパイ事件

一四年の選抜大会で前代未聞の不正行為が発覚した。一回戦の福岡工大城東高校と宇都宮工業の試合は5―5で延長戦に入り、延長一一回の末に6―5で福岡工大城東高校がサヨナラ勝ちしたが、この試合で、スパイ行為が行われていたのである。

発覚したのは、バックネット裏で試合をみていたファンが、グランドにいるボールボーイを通じてベンチにメモを届けさせている福岡工大城東高校の関係者をみて不審に思い、大会本部に通報したのがきっかけである。驚いた大会本部は、試合中の五回裏頃にバックネット裏で観戦していた福岡工大城東高校の副部長を呼んで事実関係を糺した。当初は否定していたが、やがて三回に同点に追いつくまでに三回メモを渡したことを認めた。そこで八回頃、大会本部はベンチに入っていた清野潤二部長を呼んで確認したところ、控え部員が三枚のメモを持っていることが判明し、直ちに大会本部によって押収された。

メモはノートの切れ端で、相手投手の癖などが記されており、走り書きで清野先生（部長）に渡せ、と書かれてあった。このメモは控え部員がバックネット裏でベンチ脇に持っていき、そこからボールボーイをつとめている同校の控え選手に渡されベンチに届けられていたのである。

試合中にベンチの外から情報や指示を得るのは厳禁である。以前にも疑惑がささやかれたことはあったが、証拠となるメモなどが押収されたのは史上初めてのことであった。福岡工大城東高校では、このメモは渡された控え選手が持ったままで、監督・部長や試合に出場していた選手はまったくみておらず、事前の打ち合わせなども行っていないと説明した。大会本部もメモの影響はなかったと判断して了承し、試合も有効としたものの部長と副部長の解任と帰郷を要請した。

しかし、この副部長は試合前にはノッカーをつとめるなど実質的にはコーチである。私立の強豪校の野球部で、コーチから部長に渡せというメモを受け取った一控え選手が、自分の一存で隠匿するというのは考えづらい。また三枚のメモがスムーズにベンチに渡っていたことなどから、劣勢をみてあせったとっさの行為ではなく、過去にも県大会などで行われていたのではないか、という疑惑が残された。

試合後、サヨナラ勝ちで喜ぶ同校関係者はこの問題の発覚で一挙に暗転した。校長は二回戦の辞退を申しいれたが、大会本部は「選手に罪はない」として辞退を受けつけなかった。佐伯会長時代であれば、辞退どころか連盟から除名になっていたかもしれないが、グランドで戦っている選手にとっては関係のないことで、連盟の毅然とした態度は救いである。

同校は二回戦で明徳義塾高校と対戦、学校からは大応援団を繰り出したものの、一般応援は入らず閑散としたアルプス光景で戦われた。そして、一回戦で三振一六個を奪った好投手の松本望（国際武道大―九州三菱自動車）も、二回までに六点を失って試合は完敗、甲子園をあとにした。

しかし、以前の五敬遠事件の時のようなヤジや妨害行為などはなく、高校野球ファンの質の向上を感じさせる試合でもあった。

高校減少時代へ

夏の第一回大会の予選参加校はわずかに七三校、戦後復活した昭和二一年夏の大会でも七四五校だった参加校数は、三八年に二〇〇〇校を、五三年には三〇〇〇校を突破した。そして、平成二年には四〇〇〇校も超えたが、一四年と一五年の四一六三校をピークに減少に転じた。高校生の絶対数の減少により、増加の一途をたどってきた予選参加校も減少する時代に入ったのだ。各地で公立高校の閉校や統合が相次ぎ、さらに地方私立高校の閉校などもあって、各地方大会の参加校は大都市も含めて減り続けている。二四年には四〇〇〇校を割り込み、二六年夏の参加校は三九一七校、昭和最後の大会だった六三年を下回った（３６４ページ参照）。

参加校が最大だった平成一四年と二六年の参加校を比べると、増加しているのは愛知県など七大会のみ。五大会が同数で、三七大会では減少している。南北北海道ではともに二六校ずつ、岩手県が一八校、茨城県・神奈川

高校野球予選参加校数の推移

回次	年	参加校
第 1 回	大正 4 年	73
第 2 回	5 年	115
第 3 回	6 年	118
第 4 回	7 年	137
第 5 回	8 年	134
第 6 回	9 年	157
第 7 回	10 年	207
第 8 回	11 年	229
第 9 回	12 年	243
第 10 回	13 年	263
第 11 回	14 年	302
第 12 回	昭和元年	337
第 13 回	2 年	389
第 14 回	3 年	410
第 15 回	4 年	465
第 16 回	5 年	541
第 17 回	6 年	634
第 18 回	7 年	660
第 19 回	8 年	671
第 20 回	9 年	675
第 21 回	10 年	666
第 22 回	11 年	665
第 23 回	12 年	654
第 24 回	13 年	633
第 25 回	14 年	608
第 26 回	15 年	617
第 27 回	16 年	中止
第 28 回	21 年	745
第 29 回	22 年	1125
第 30 回	23 年	1256
第 31 回	24 年	1365
第 32 回	25 年	1536
第 33 回	26 年	1633
第 34 回	27 年	1653
第 35 回	28 年	1701
第 36 回	29 年	1705
第 37 回	30 年	1721
第 38 回	31 年	1739
第 39 回	32 年	1769
第 40 回	33 年	1807
第 41 回	34 年	1864
第 42 回	35 年	1903
第 43 回	36 年	1941
第 44 回	37 年	1996
第 45 回	38 年	2107
第 46 回	39 年	2270
第 47 回	40 年	2363
第 48 回	41 年	2415
第 49 回	昭和 42 年	2460
第 50 回	43 年	2485
第 51 回	44 年	2523
第 52 回	45 年	2547
第 53 回	46 年	2569
第 54 回	47 年	2614
第 55 回	48 年	2660
第 56 回	49 年	2709
第 57 回	50 年	2798
第 58 回	51 年	2893
第 59 回	52 年	2985
第 60 回	53 年	3074
第 61 回	54 年	3170
第 62 回	55 年	3270
第 63 回	56 年	3394
第 64 回	57 年	3466
第 65 回	58 年	3568
第 66 回	59 年	3705
第 67 回	60 年	3791
第 68 回	61 年	3847
第 69 回	62 年	3900
第 70 回	63 年	3958
第 71 回	平成元年	3990
第 72 回	2 年	4027
第 73 回	3 年	4046
第 74 回	4 年	4059
第 75 回	5 年	4071
第 76 回	6 年	4088
第 77 回	7 年	4098
第 78 回	8 年	4089
第 79 回	9 年	4093
第 80 回	10 年	4102
第 81 回	11 年	4096
第 82 回	12 年	4119
第 83 回	13 年	4150
第 84 回	14 年	4163
第 85 回	15 年	4163
第 86 回	16 年	4146
第 87 回	17 年	4137
第 88 回	18 年	4112
第 89 回	19 年	4081
第 90 回	20 年	4059
第 91 回	21 年	4041
第 92 回	22 年	4028
第 93 回	23 年	4014
第 94 回	24 年	3985
第 95 回	25 年	3957
第 96 回	26 年	3917

県大会参加校の変化

	平成14年	平成26年	増減
北北海道	129	103	－ 26
南北海道	148	122	－ 26
青森県	75	68	－ 7
岩手県	89	71	－ 18
宮城県	75	74	－ 1
秋田県	52	50	－ 2
山形県	56	49	－ 7
福島県	91	81	－ 10
茨城県	115	100	－ 15
栃木県	67	62	－ 5
群馬県	67	67	0
埼玉県	167	156	－ 11
千葉県	174	170	－ 4
東東京	141	137	－ 4
西東京	124	128	＋ 4
神奈川県	205	190	－ 15
新潟県	103	88	－ 15
富山県	50	48	－ 2
石川県	54	49	－ 5
福井県	29	30	＋ 1
山梨県	40	37	－ 3
長野県	98	87	－ 11
岐阜県	68	67	－ 1
静岡県	114	113	－ 1
愛知県	186	189	＋ 3

	平成14年	平成26年	増減
三重県	68	62	－ 6
滋賀県	52	52	0
京都府	77	78	＋ 1
大阪府	189	180	－ 9
兵庫県	169	162	－ 7
奈良県	52	42	－ 10
和歌山県	37	39	＋ 2
鳥取県	26	24	－ 2
島根県	40	39	－ 1
岡山県	54	59	＋ 5
広島県	97	93	－ 4
山口県	60	58	－ 2
徳島県	38	31	－ 7
香川県	36	40	＋ 4
愛媛県	62	59	－ 3
高知県	31	31	0
福岡県	135	135	0
佐賀県	41	41	0
長崎県	61	57	－ 4
熊本県	66	65	－ 1
大分県	50	47	－ 3
宮崎県	52	49	－ 3
鹿児島県	91	77	－ 14
沖縄県	62	61	－ 1
合計	4163	3917	－ 246

県・新潟県では一五校ずつと激しく減少した（365ページ参照）。

最も参加校が多く、一時は二〇〇校を超えるマンモス大会だった神奈川県大会も、二六年の参加校は一九〇校、最も参加校の少ない鳥取県では二四校となっている。その差は八倍にもなり、神奈川県の学校は鳥取県の学校に比べて八倍の難関であることには違いない。とはいえ、甲子園に出場するために八倍多くの試合をするわけではない。鳥取県で夏の甲子園に出場するには、四試合か五試合を勝ち抜く必要がある。一方、神奈川県では一回戦から登場すると八試合、二回戦からだと七試合となる。ただし、甲子園に出場する学校はほとんどがシード校で、実際には六試合であることが多い。その差は一～二試合にすぎないのだ。

女子校からの転身と甲子園での活躍

二一世紀になると女子校から転換して共学となり、野球部を創部すると、短期間で甲子園出場して大活躍をみせる学校が相次いだ。

最初に登場したのが石川県の遊学館高校である。遊学館高校の前身は明治三七年に創立された金城遊学館で、戦後金城女子高校を経て、金城高校となっていた。そして、平成八年に共学化して遊学館高校と改称すると、一三年には野球部を創部した。この時、地元の名門星稜高校の中等部を指導し、中学球界の名監督として知られた山本雅弘監督を招聘した。このため、本来は星稜高校に進学するはずだった中等部の選手の一部が遊学館高校に進学している。山本監督の指導を受けた同校は一気に石川県における強豪校となり、一期生が二年生となった一四年春に惜しくも甲子園出場を逃すと、夏には二年生のみで甲子園に初出場を果たした。三年生のいない創部二年目での甲子園出場は史上初めてだった。

この年に共学化されたのが愛媛県の済美《さいび》高校である。同校も明治三四年に創立された松山裁縫伝習所が前身という歴史のある学校で、戦後は女子校の済美高校となっていた。平成一四年に共学化すると同時に野球部を創部、地元宇和島東高校で選抜初出場初優勝を達成した上甲正典監督を招聘した。愛媛県は私立強豪校が少ない県で、同校は県内外から広く生徒を集めると、一六年選抜には甲子園出場を果たした。

続いて、一五年には鹿児島県の神村学園高校でも創部された。同校は昭和三一年に創立された串木野経理専門学校が前身で、四〇年に串木野商業女子高校となったもので、前記二校に比べるとかなり新しいが、この時点ですでに創立四〇年以上経過しており新設高校というわけではない。平成一〇年に共学化し、関西から女子ソフトボールの名監督として知られた長沢宏行監督を招聘した。鹿児島県には鹿児島実業や樟南高校といった名門私立高校が君臨していたこともあり、同校は関西から多くの野球留学生を受け入れて強化し、二年後の一七年選抜で初出場を果たした。

二二年には岡山県の創志学園高校が共学化し、野球部を創部した。同校も明治一七年に創立された裁縫学校が前身で、戦後岡山女子高校となり、平成一〇年からはベネッセが運営してベル学園高校となっていた。二二年に創志学園に移管して野球部を創部すると、神村学園高校を離れた長沢宏行監督を招聘。翌年選抜に一期生のみで甲子園に出場するという快挙を果たしている。

これらの学校に共通するのは次のことである。

・新設高校ではなく、女子校からの共学化で、しかも歴史のある学校である
・創部にあたって、名の知られた監督を招聘している

・一年目から有望選手を多く獲得している

新設高校は学校としての基盤が弱いが、歴史のある学校ではＯＢを含む学校のバックボーンがしっかりしており、野球部を強化するのに有利に働く。済美高校などは女子校時代からスポーツが盛んで、そもそも下地があったと考えられる。そして、創部にあたっては名の知られた大物監督を招聘することによって、有望中学生を集めている。既存の高校の場合、いかに有名中学生であっても一年生から試合に出られるのはごく一部だが、新設野球部の場合は入学当初から試合に出場できる。こうしてもともと才能のある中学生が一年生の春から経験を積むことで、強いチームをつくることができる。とくに秋季大会では他校の戦力が三年生の引退によってダウンするなか、これらの高校では引退選手がいないため、むしろアップする。そのためいい成績を収めることができ、選抜大会で初出場を果たすことが多い。

大旗、北海道へ

一六年夏、真紅の大優勝旗がついに津軽海峡を越えた。

二〇世紀末に選抜の優勝旗が沖縄に渡り、残すは白河以北といわれる東北・北海道がいつ優勝できるが注目されていた。当時有力とみられていたのは、決勝に二度進んだ仙台育英高校を筆頭に、同じく宮城県の東北高校、青森県の光星学院高校、青森山田高校などがあげられていた。しかし、優勝旗は一挙に東北を飛び越えて北海道の大地に渡った。しかも、駒大苫小牧高校は以後三年連続して夏の決勝に進出し、一つの時代を築き上げている。

一六年夏はエース岩田聖司（駒沢大中退―トランシス）と鈴木康仁（ＪＲ東日本）の二投手を擁して出場、初戦で佐世保実業と対戦、一五安打で七点を奪って完勝したが、これは同校にとって悲願の甲子園初勝利だった。すると三回戦では日大三高を一点差で降し、準々決勝では横浜高校の好投手涌井秀章（西武―ロッテ）から一四安打を奪い一八安打で六点をあげて完勝。準決勝では二年生の松橋拓也（明大）を先発させる余裕をみせ、決勝では初出場で春夏連覇を目指す済美高校と対戦、激しい乱打戦の末に13―10というスコアで打ち勝ち、北海道勢として初めて全国制覇を達成した。この大会の通算打率は四割四分八厘で、日大三高の持っていた大会記録を大きく塗り替えた。

翌一七年夏には、松橋がエースとなり、初戦の聖心ウルスラ学園高校を二安打完封。三回戦では二年生の田中将大（楽天―ヤンキース）が先発して八回途中までに一二奪三振の好投をみせ、日本航空高校に13―1と大勝。準々決勝の鳴門工業戦では1―6とリードされた七回裏に二死球とエラーに五安打を集中させて、7―6と大逆転。準決勝は延長一〇回の末に大阪桐蔭高校を降し、決勝で京都外大西高校を5―3で降して夏の大会二連覇を達成した。

このあと、部長の暴力事件や選手の飲酒・喫煙などが発覚したが、一八年夏にはエースとなった田中を擁して出場。初戦の南陽工業戦こそ田中が先発して一四個の三振を奪って勝ったが、三回戦と準決勝では香田監督が田中を先発させず、リリーフで登板

早稲田実業高校の斎藤佑樹投手
（平成12年〔2006〕8月20日。写真提供：産経新聞社）

させて三年連続決勝にまで勝ち進んだ。決勝では早稲田実業と対戦。やはり菊地翔太（関東学院大―BCL富山―航空自衛隊千歳）が先発、三回途中から田中がリリーフして投手戦となった。試合は1―1で延長戦となり、田中投手が延長に入ってからはわずか二安打に抑えるという好投で一五回引き分け再試合となった。

翌日の再試合も再び菊地が先発したが、すぐに田中がリリーフして、前日完投しながら先発した早稲田実業の斎藤佑樹（早大―日本ハム）と再び投げ合った。結局、一時間五六分という短い試合で早稲田実業が4―3で勝って駒大苫小牧高校の三連覇を阻むとともに、同校としても夏の大会初優勝を達成した。

エースの田中投手が兵庫県出身だったため、駒大苫小牧高校は留学生で固めたチームと思われがちだが、実際にはほとんどの選手は地元北海道の出身である。なかなか優勝できない東北地方の有力校には留学生で固めたチームが多いなか、駒大苫小牧高校は地元中心のチーム編成だったことも、この快進撃の大きな要素の一つだといえる。

しかし、一九年夏に甲子園初戦で敗れたあと香田監督が辞任。以後同校が甲子園に出場したのは二六年選抜の一回だけと苦しんでいる。

一方、早実のエース斎藤はハンカチ王子と呼ばれてすさまじい人気を博した。なぜかあまり話題にならなかったが、斎藤もまた群馬県の中学校から早実に進んだ野球留学の選手である。ピンチになってもマウンドの上で動揺する表情はまったくみせず、延長に入っても淡々と投げ続ける。そして、ポケットからブルーのハンカチを出して汗を拭うというのは、高校野球ではみられないシーンで、インターネット上で「ハンカチ王子」というニックネームがつけられて人気になった。卒業後は早大に進学してエースとなり、日本ハムのドラフト一巡目指名でプロ入りしたものの、プロでは結果が出せていない。

最南端の出場校

一八年、国内最南端の学校が春夏連続して甲子園に出場した。沖縄県石垣島にある八重山商工である。甲子園の初戦は北信越地区優勝の高岡商業と対戦。金城長靖（沖縄電力）がレフトポール直撃の大会第一号ホームランを打つと、先発した大嶺祐太（ロッテ）が一七奪三振の快投で完勝した。この試合、五回表に一点差で二死満塁からセンター前ヒットを打たれて逆転かと思われたが、三塁手がベース踏み忘れをアピールして認められて得点が無効となっている（記録上はセンターゴロ）。二回戦では優勝した横浜高校と対戦。先発した金城長靖が四回につかまり、リリーフした大嶺も四球のあとの連続暴投などで0―7と大きくリードされた。しかし五回以降立ち直って以後完璧に抑え、打線は金城の二試合連続ホームランなどで6―7と一点差まで詰め寄ったが惜敗した。試合後、「前半は寒さが影響した」と、最南端の高校らしいコメントを残している。

夏は初戦で千葉経大附属高校と対戦。先発した大嶺が不調でリードされていたが、4―6と二点差で迎えた九回表に、この試合初打席の奥平結がセンターオーバーの三塁打を放ち、犠牲フライと、二番東舟道大介からの三連打で同点に追いついた。延長一〇回表には先頭の六番金城賢司がセンター前ヒットで出塁。バントで送ったあと、今度は八番奥平からの三連打で一気に三点をあげて9―6。その裏は一塁に退いていた大嶺が再登板、四球を一つ出したものの凡フライ三つに抑えて逆転勝ちした。

二回戦の松代高校戦は、四回には四球で出た金城長靖が三本間に挟まれたが、そのままホームに突入してセーフ（記録上はホームスチール）として先制点をあげ、五回には四死球のランナーを置いて三ランホームランを打つなど、金城の投打にわたる活躍で五点をリードした。八回からは金城に代わって大嶺が登板、二点差に迫られながらもかろうじて逃げ切った。大嶺はアウト六つをすべて三振にとったが、あいかわらず制球が不安定だった。

三回戦では智弁和歌山高校と対戦。大嶺が先発し、一回表に三番広井亮介（関西国際大）を一四九キロのストレートで三振にとるなど、この夏三試合目で初めて本来の出来だった。しかし、五回表に広井に三ランホームランを打たれて逆転され、その裏に一旦同点に追いついたものの、七回表には連打を浴びて再び三点をリードされた。八回途中からは金城がリリーフしたが、智弁和歌山高校のロングリリーフ竹中孝昇を打てず3―8で敗れた。三回戦で敗れはしたが、大嶺も本来の投球をみせ、伊志嶺監督が一〇年間かけて育てた「島人野球」の集大成を充分に披露した。

下駄を履くまでわからない

スポーツの試合は下駄を履くまでわからない、といわれる。とくに高校野球では土壇場での大逆転が多いのだが、一八年夏の準々決勝はまさに最後まで目を離すことのできないたいへんな試合となった。

この試合は帝京高校と智弁和歌山高校という名門同士の対戦で、甲子園を知り尽くした名将、帝京・前田監督と智弁和歌山・高嶋監督の戦いは想像を絶するものとなった。試合は、智弁和歌山高校は一塁手の広井亮介、帝京高校は背番号一八で一年生の高島祥平（中日）と、ともに控え投手の先発で始まった。二回裏に智弁和歌山高校の馬場一平（三菱自動車岡崎）が三ランホームランを打ったのを皮切りに打撃戦となり、8―4の四点差で史上稀にみる九回の攻防を迎えた。

九回表、四点を追う帝京高校は投手の大田亜斗里（横浜―ＤｅＮＡ）に代えて代打を送るが三塁ゴロで一死。ここからセンター前ヒットと死球で一二塁としたものの、次打者は三振で万事休すと思われた。ところがこのあと怒濤の大逆転が始まった。四番中村晃（ソフトバンク）と、六番雨森達也のタイムリーヒットで6―8。さらに、七番我妻壮太のショートへの内野安打で一点差とし、八番杉谷拳士（日本ハム）のレフトへのヒットでついに9—8と逆転した。さらに最初の打席で凡退した沼田隼が、このイニング二回目の打席でレフトに三ランホームランを放ち、この回八点をあげて一気に12—8と四点をリードした。この空前の大逆転に球場はどよめいたが、実はまだ第二幕が待っていた。

最終回、三人目の投手・太田に代打を送った帝京高校はすでに投手を使い果たしていた。やむを得ずセンターの勝見亮祐をマウンドに送ったが、この試合すでに四本のホームランを放っている智弁和歌山打線には対応しきれず、連続四球のあと四番橋本良平（阪神—パナソニック）にセンターオーバーのホームランを打たれて一点差。さらに五番亀田健人（法政大）を歩かせたところで、前田監督はショートの一年生杉谷にスイッチ。しかし、予選未登板の一年生には荷が重く、六番松隈利道に初球の内角スライダーをぶつけて降板。とうとう今夏初出場という岡野裕也を繰り出すはめとなった。岡野は二本塁打の馬場をレフトフライにとってなんとか一死としたものの、代打青石裕斗にセンター前に弾き返されてついに12—12の同点。この時点で岡野は限界だったが、もはや代える投手もおらず、九番楠本諒をストレートの四球で一死満塁。さらに一番古宮克人はフルカウントから歩かせ、押し出しでサヨナラ負けとなった。

九回表にはクビを覚悟したという智弁和歌山・高嶋監督と、負けても満足な表情の帝京・前田監督。大ベテラン同士の総力戦は、「勝負は下駄を履くまでわからない」という言葉通りの、すさまじい試合となった。壮絶なイニングスコアは次の通り。

帝　京　０００２０００２８—12

智弁和歌山　０３０３０００２０５×―13

甲子園球場の改修

大正一三年に建設された甲子園球場は、八〇年を超えて老朽化がめだってきた。そこで、平成一八年から全面的に改修が行われることになった。しかし、春夏の全国大会を甲子園球場以外で開催することはできない。またプロ野球の阪神球団も本拠地として使用していることから、一〇月から三月までのオフシーズンの間だけ工事を行う方式で改修が行われた。

まず、一八年一〇月から一九年三月にかけて駐車場など周辺の工事を行い、一九年一〇月から二〇年三月にかけて内野スタンドを改修。二〇年一〇月から二一年三月にかけてはアルプスタンドの改修と、銀傘の撤去新設。二一年一〇月から二二年三月にかけては外野と売店の改修を行って、四年がかりの球場改修が終了した。終了と同時に外野の一角に甲子園歴史館がオープン、阪神タイガースと高校野球関係の資料を展示している。

改修にあたっては、あえて甲子園球場独特の雰囲気を残しているが、内野スタンドにあった銀傘の支柱はすべて撤去されて死角がなくなり、すべての内野席からグランドがみやすくなった。

野球留学とは何か

平成以降の高校野球において、大きな問題となったのが野球留学と特待生である。この二つは、重なる部分は大きいものの決してイコールではない。しかし、世間の論調では野球留学＝特待生という枠組みで語られることが多い。

野球留学とは、野球をすることを目的として、本来通学圏にない学校に進学することである。こうした野球留学は平成以降に始まったものと思っている人が多いが、実は昭和の初期からすでに始まっており、当時は国内のみならず台湾からも留学生を採用していたことは、第三章ですでに述べた。

また、昭和四〇年代~五〇年代に活躍した東海大相模高校やＰＬ学園高校でも、多くの野球留学生を採用して甲子園の強豪となっていた。東海大相模高校のある神奈川県や、ＰＬ学園高校のある大阪府は高校野球のトップに君臨する地域で、強豪校が揃っている。同校に進学したからといって確実に甲子園に出場できるわけではない。この当時の野球留学は、より高いレベルでの野球を目指して留学する、というのが一般的だった。

ところが、平成以降の野球留学の場合は、こうした野球留学とは違ったものが多い。大阪府や兵庫県、神奈川県の中学生が、よりレベルが低く参加校数の少ない地域の私立高校に進学することが増えてきた。つまり、甲子園に出場することを目的とした野球留学が増えてきたのだ。

地方で人口が減少すると、一定の数の生徒が入学しないと経営が成り立たない私立高校にとっては死活問題である。生徒を集めるには、まず学校の名前を売り込む必要があり、そのためには何か学校としての特色が必要となる。そこで最も手っ取り早いのがスポーツだった。高校レベルのスポーツでは指導者の占める要素がきわめて大きい。公立の高校では転勤があり、優秀な指導者が一つの高校に留まって長く指導を続けることは難しいことが多い。しかし、私立高校では転勤はなく、長く一貫した指導を続けることができるうえ、特定のスポーツに予算を傾斜配分して強化することも容易である。そこで、多くの私立高校はいろいろなスポーツの強化をはかったが、その中で最も人気のあった高校野球を強化する学校が多かった。甲子園に出れば、ＮＨＫが全国に完全中継をしてくれるだけではなく、地元マスコミでも取り上げられ、その宣伝効果は計り知れない。さらに、プロ入りを果たすと、その選手が活躍している間はずっと母校として紹介されることになる。

そこで、有能な指導者を招いて野球部の強化をはかるが、人口の少ない地方では優秀な選手を多数集めるのは難しい。とくに地方は公立志向が高いうえ、野球の名門という公立高校もあり、新興の私立高校にはなかなか進学してこない。そこで、シニアリーグやボーイズリーグなどの盛んな関西地区から、「学校による野球部のバックアップ」を売りとして入学者を集めるようになった。そしてその際に、多くの学校が特待生という制度を使い、いろいろな優遇措置をはかったのだ。

さて、それでは、野球留学生とはいったいどういう選手を指すのだろうか。

甲子園大会をはじめ、各県の大会での選手名簿には出身中学校が記載されていることが多く、その中学校が他県であると野球留学である、と判断することが多い。しかし、これが正しくないのは明らかだ。

まず、転勤などにより中学校卒業時に他県に転じることは珍しくない。都会では転勤とは関係なく、県を越えて引っ越すことも珍しくない。都内のマンションから郊外の一戸建てに転じるというのは別に特異なことではないだろう。

そもそも私立高校の場合は通学圏を規定してない学校がほとんどである。一部に自宅通学以外は認めない、という学校もあるが、基本的に通学できるのであればその住まいまではとくに定めていない。そして、交通機関の発達した関東や京阪神では、他県に通学するのは別に困難なことではない。親が他県に通勤ですらのは珍しいことではなく、子どもの進学に際して他県の私立学校を敬遠する理由はまず存在しない。

たとえば、世田谷区に東京農大一高という高校がある。平成二四年夏、同校は東東京大会でベスト八にまで進出した。同校野球部創部以来の好成績をあげたが、選手名簿をみると、登録部員二〇人のうち、鶴川二中、西高津中、荏田南中など神奈川県の中学校の卒業生が多数混じっているのがみえる。何の情報も持たずこの事実だけをみると、県外から選手を集めて好成績をあげた、と考えがちだが、実はまったく違う。世田谷区にあって、東急田園都市線桜新町駅と小田急線経堂駅を最寄りとする同校は、基本的に神奈川県から通学しやすい学校なのだ。神奈川県北部の中学生にとって、電車一本で行ける同校は、学力の問題さえクリアできれば、進学先選びの際に真っ先にあがる学校の一つである。実際、同校のホームページに掲載されていた平成二六年現在の全在校生の居住地をみると、三学年合わせて一〇四五名の生徒のうち、学校のある世田谷区が二九四人と三割近くを占めているのは当然として、次いで神奈川県川崎市が一九三人、横浜市が一〇四人となっており、神奈川県のこの二市で世田谷区と同数の生徒が通っている。つまり、学校全体として神奈川県から生徒を多く受け入れている。

そもそも同校は体育祭も行われないなど、それほどスポーツの盛んな学校ではなく、当然スポーツによる特別選抜もない。まったく実績のない野球部を目指して入学してくる生徒などいるはずもなく、彼らは進学先の東京の学校で野球部に入ったにすぎない。また、同校は基本的に進学校であり、ベスト八に入ったチームで二年生ながら背番号一二でベンチ入りしていた田宮克真選手は、現役で東大に進学して野球部に属している。つまり、私立高校で出身中学校が他県であれば野球留学、という図式はあまりにもずさんである。

このあたりを踏まえて、隣接する都道府県以外の出身者を野球留学とする動きもあるが、灘高校やラサール高校といった全国に名をとどろかせている高校には遠方の県からも多くの中学生が進学してくる。こうした学校にも野球部があり、当然他県の中学校を卒業した野球部員もいる。彼らが野球留学でないのは明白で、その出身県をみて判断するのは難しい。

逆に同県であれば野球留学ではないのか、という問題もある。北海道の場合、その面積は広大である。道東や道北の中学校から札幌の高校に進学するのは、北海道以外の県で隣の県の学校に進学するより遥かに遠い。一般に「道内」ということで野球留学にはしないことが多いが、実際には野球留学であろう。

しかし、通えるか通えないか、という判断を一律的に判断するのは難しい。交通体系や個人の体力等によって通える範囲は大きく違うからだ。しかも家庭の事情で他県の学校に進学せざるを得ないこともあり、その判断は個別にせざるを得ない。

それらを考慮したうえである程度の線引きをすると、野球留学とは、野球をすることを第一目的として、自宅を離れて通学圏外の学校に進学することである。少なくとも自宅から通っている生徒を留学とはいわない。

そもそも、居住地になんらかの制限のある公立高校に対し、私立高校では居住地は定めていない学校が多く、基本的に全国募集である。なかには帰国子女を優先的に受け入れるという学校もあり、これを制限することは高校野球の問題ではなくなってしまう。帰国子女や、親が県外に転勤したら転勤先の県では野球部に入ってはいけない、というのではもはや教育ではない。

また、公立高校の場合、かつては都道府県内に細かな学区があり、他学区の学校への進学は制限されていたが、現在ではこうした公立高校の学区も撤廃されつつある。その結果、同一県内という大きな枠はあるものの、野球を目的として遠方の公立高校に進学することは珍しくなくなってきている。川一つ越えた向こうの私立高校に進学するのが野球留学で、遠方の公立高校に進学するのは普通の進学というのは実態を正しくとらえていない。

スポーツ界でも、野球にかぎらず様々な種目でスポーツ留学がある。全米オープンテニスで決勝に進んで注目を集めた錦織圭選手は島根県の出身だが、高校は甲子園でもお馴染みの青森山田高校である。小学校の時から人気者だった卓球の福原愛選手も同じ高校だが、出身は仙台市だ。実際、オリンピックに出場している選手にはスポーツ留学の選手が多い。
今後、野球留学を規制するのであれば、なぜ野球だけが規制されなければいけないのか、を明確に示す必要がある。

特待生制度

こうした野球留学に対し、特待生は通学の可否などはまったく関係がない。特待生は野球の技量を理由に、入学金や授業料など、金銭的な負担の一部または全部を免除するものである。つまり、自宅から通学する特待生もいれば、特待生でない野球留学生もいる。慶応義塾高校には全国各地からの野球留学生がいるが、彼らの中には特待生は一人もいない。慶応大学に無試験で進学できる同校に誘われて、特待生を条件にする保護者はまずいないからだ。

もちろん、特待生に採用することを理由に野球留学を持ちかける地方私立高校が多いことから、野球留学＝特待生といわれがちだが、本来はまったく別のものである。現在高野連の打ちだしている特待生五人という制度も、あくまで特待生に対する制限であって、出身中学に対する規制はされていない。

この特待生制度について、一部には全面的な悪ととらえる向きがあるが、実は母子家庭など一般の高校に進学して野球を続けることが困難な家庭にとっては救いの手だったことを見逃してはならない。いろいろな用具が必要で他校との試合を求めて遠征の必要な野球は、強豪校であればあるほどお金のかかるスポーツである。また、母子家庭では母親が長時間働きに出ていることが多く、子どもの面倒をみられないことも多い。こうした家庭にとって、寮のある学校に入って生活の面倒をみてもらい、高校に通って得意な野球に打ち込めるうえ費用もかからない、というのは実にありがたい話である。あまり公には語られない部分ではあるが、特待生制度があったからこそ高校に進学できた、という多くの選手のことを見逃すわけにはいかない。

特待生問題の顕在化

一九年春、高校野球における特待生の存在が明らかになった。これは、高校野球一〇〇年の歴史において、戦後の米軍との攻防とともに、最大の危機だった。一歩間違えば高校野球はこれを機に衰退していた可能性すらある。

事の発端は西武球団が、早稲田大学の選手に対し将来の入団を前提に裏金を渡していたことを公表したことである。そして、この選手の高校時代の野球部長が関与していたことなど、次々と新事実が明らかになっていくなかで、高校野球に特待生が存在することが明らかになったのだ。とはいうものの、ある程度高校野球に関与している人で、高校野球の特待生の存在を知らない人はいなかったはずだ。そういう意味で、「特待生の存在が明らかになった」というのは偽善的ですらある。

本来大学生への裏金の調査から始まった疑惑の中で、特待生の存在が公となったのも、「公には認知されていない存在」という意識が希薄だったために、特段の注意もなく表面に出てきたものだ。公には禁止されているため、念のため高野連が全国の加盟校に特待生の調査をしたところ、なんと三七七校で七九二〇人もの特待生がいることが報告された。当時の高校野球選手は三学年合わせて一六万人強。約八〇〇〇人の特待生というのは、実に二〇人に一人という計算になる。これは、同好会レベルの学校や、人数を揃えて大会に参加するのがやっと、といった学校まですべて含めての数字である。ということは、各都道府県の大会で準々決勝や準決勝あたり以降だと、戦っている生徒の大半は特待生、ということも多かったに違いない。こうした事情を現場の人達が知らなかったわけはなく、実際、特待生として高校に進学したことをはっきりというプロ野球選手もおり、公然の秘密であった。

ただし、八〇〇〇人近いという数を想像していた人はきわめて少なかったはずだ。高野連が調査に踏み切ったのも、「調査の結果、ごく一部に特待生がいたので処分を課すことにした」というシナリオを描いていたのではないかと思われる。ところが、実はこれはパンドラの匣だった。全部員の二〇分の一もの選手を処分することは不可能である。強行すれば、各地の有力校を多数含む三七七校が脱退して、別の組織を立ち上げる可能性すらある。とはいえ、調査まで実施した以上、なんらかの対応をしないわけにはいかない。「たとえ親子であってもプロ経験者と野球の話をしてはいけない」とまで、高校野球界にお金の問題を持ち込むことを否定した故佐伯会長の路線とはまったくあいいれない現状に、高野連がどう対応するかに注目が集まった。

結局、高野連は、高校野球を存続させるために、故佐伯会長が体を張って守ってきた「高校野球と金銭が絡むことに対する絶対的な否定」を放棄せざるを得なかった。最終的に、①条件の公開、②免除するのは入学金・授業料に限定、③一校一学年五人以内、という妥協案でこの問題を収拾した。この五人以内、という判断が妥当かどうかの判断はともかく、この制限がまた、高校球界の勢力変化につながっていった。

野球留学生制度の恩恵

二一世紀に入ると、北海道勢だけではなく、従来は高校野球があまり強くないとみられていた県の代表が甲子園で勝ち進むようになった。

平成二一年選抜の決勝は、長崎県と岩手県の対決になった。ともに春夏通じて初めて決勝に進んだ県だが、番狂わせではなく剛腕投手同士による順当な決勝戦であった。そして、夏には新潟県の日本文理高校が新潟県勢として初めて夏の甲子園の決勝にまで進んだ。しかも決勝の中京大中京高校戦では、最終回に猛烈な追い上げをみせ、決勝進出が決してフロックでないことを示している。二三年夏には、光星学院高校が青森県勢として三一年振り二回目の夏の甲子園の決勝に進むと、二四年春、二五年夏と三季連続して決勝に進むという快挙を達成した。さらに二五年夏には延岡学園高校が、宮崎県勢として春夏通じて初めて決勝に進出した。

このように、これまで決勝に進んだことのなかった県の代表校が甲子園の決勝に進出し始めた。これは、とりもなおさず各都道府県のレベルの差がなくなってきたことを示すもので、特定の弱い県があるというイメージは過去のものになりつつある。そして、こうした底上げには、実は野球留学生を多数受け入れた学校の恩恵が大きいのも事実である。野球にかぎらず、どのスポーツでもライバルがいることがレベルの向上につながる。野球留学生による強豪校が誕生したことで、甲子園を目指すために県全体のレベルが上がっていったのだ。

私立高校の凋落と公立高校の復権

二〇年頃から、低迷する経済状況のなか、野球強豪校だけではなく私立高校全体の志願者が減少した。さらに各校の特待生は一校五人までに制限されたことから、入学金や授業料の免除で多数の生徒をかき集めることができなくなってしまった。中学生の側からみれば、野球によって私立高校に進学する、という枠が狭まったことになる。

さらに二二年からは高校無償化が始まった。これは公立高校の授業料を無償とするもので、この結果、わずかに残されていた私立高校の特待生制度によるアドバンテージもなくなったのだ。これに並行して、公立高校でも入学試験の点数だけでなく、部活動の実績などをもとにして入学を決めるところも増えてきた。テストの成績だけを評価基準とせず、多様な価値で生徒をはかるという方針で、中学時代の野球の実績が公立高校でも入学の参考にできるようになったのだ。また、各県では公立高校にあった学区を廃し、県内であればどの学校も志望できるようになった。さらに、公立高校にも体育科を設置する学校も登場した。つまり、それまで公立高校から私立高校に選手が流れていた要因である、①特待生による授業料の免除、②学区内の強豪校の不在、③入学の際の野球の実績の評価、④体育を専門とする学科の存在、という点を公立高校がすべてクリアしてしまったのだ。

そもそも、地方では公立志向の高い地域が多い。こうした地域でやむを得ず私立高校に流れていた層が、雪崩をうって公立高校に進学した。その結果、多くの私立高校が凋落し、公立高校が復権した。そして、閉校に追い込まれる私立高校も登場している。

昭和の終わりから平成初期にかけて秋田経法大附属高校が甲子園で活躍した秋田県では、平成一五年以降に甲子園に出場した私立高校は、二一年夏の明桜高校（秋田経法大附属高校が改称）一校のみ。二六年夏の県大会ではベスト一六がすべて公立高校だった。沖縄県でも同年夏の甲子園に出場したのは私立の沖縄尚学高校だったが、県大会ベスト一六のうち私立高校は同校一校だけで、残りの一五校はすべて県立高校だったなど、各地で公立高校の台頭が著しい。公立高校は選抜の二一世紀枠で優先的に選ばれやすい、というのも要因の一つだろう。

ただし、これによってすべての私立高校が没落したわけではない。多数の私立高校が、この試練を乗り越えて未だ強豪として君臨している。その違いはどこにあるのだろうか。

実は、基本的に名門と呼ばれる私立高校は健在である。平成以降に急速に名をあげた私立高校とは違い、戦前や、戦後の早い時期から名の知られた学校では、その地域では伝統校となっており、特待生といった特別待遇をしなくても進学したい生徒は多い。親や祖父母がＯＢということも多く、野球とは関係なく地域で一定の人気がある。こうした学校は、平成以降の新しい野球校の台頭で甲子園出場回数は減っていたが、それでも一定の力は保っていた。そして、社会の状況で新興の野球校が衰退していくなかでも以前と同じ実力を持ち続けたことから、次第に復権し始めている。

もう一つ低落を免れたのが、大学の附属校である。野球を売りにしている学校で最も課題となるのが、大学などへの進学である。特待生として採用した生徒がすべてプロ野球に進めるわけではない。数千人いる特待生に対し、高校から直接プロ入りできるのはわずか五〇人以下。つまりほとんどの生徒はプロ以外の道を進むことになる。しかし、不況によって社会人野球のチームは減り、しかも名門といわれる社会人チームでは大学生しか採用しないことが多い。実は、名門野球校の監督や部長にとって、卒業する部員の進学先を斡旋するというのは大きな仕事になっている。

現在、大学の進学率は五割を超し、大学の数も年々増加している。その一方、高校生の数は年々減少しており、いまや大学は全入時代といわれている。数の上からは、えり好みさえしなければ、どこかの大学には必ず進学できるのだ。しかし、実際には学費の問題も含めて、すべての生徒がうまく進学できるわけではない。

そもそも、次々と創立される新設大学は知名度が低く、なかなか学生が集まらない。なにしろ、四年制だけで大学の数は七〇〇校もあり、定員割れする大学も多い。では、どうすれば経営を安定できるか、として二つの方法が取り入れられた。

まず一つは知名度をあげるための、プロ野球選手輩出策であった。プロ野球のドラフト会議はテレビで中継され、上位指名選手はその所属大学とともにマスコミに大きく取り上げられ、大学にとって大きな宣伝となる。しかし地方の大学や新設大学が有力な高校野球選手を集めるのは難しい。そこで、特待生制度を使って各地から選手を集めるようになった。要するに、平成時代の初めに私立高校がやっていたことを、今では大学がやっているのだ。

もう一つが大学・高校の系列化である。野球強豪校での課題が、選手の進学先であることはすでに述べた。監

校名に大学名を入れた主な学校

旧校名	都道府県	新校名
札幌商	北海道	北海学園札幌高
函館有斗高	北海道	函館大有斗高
光星学院高	青森県	八戸学院光星高
安積商	福島県	帝京安積高
宇都宮学園高	栃木県	文星芸大附高
足利学園高	栃木県	白鷗大足利高
福井高	福井県	福井工大福井高
信州工	長野県	東京都市大塩尻高
清翔高	岐阜県	岐阜聖徳学園高
中京高	愛知県	中京大中京高
名古屋電気	愛知県	愛工大名電
三河高	愛知県	愛産大三河高
平安高	京都府	龍谷大平安高
京都商	京都府	京都学園高
宇治高	京都府	立命館宇治高
京都西高	京都府	京都外大西高
初芝高	大阪府	初芝立命館高
北陽高	大阪府	関大北陽高
浪商高	大阪府	大体大浪商高
泉州高	大阪府	近大泉州高
大鉄高	大阪府	阪南大高
柏原高	大阪府	東大阪大柏原高
淞南学園高	島根県	立正大淞南高
九州産業	福岡県	九産大九産

督や部長は自らの人脈などをフルに使って進学先を確保するが、それだけで全員の進学先を確保することは難しい。しかし、高校と同じ系列の大学があれば、進学の問題は一挙に解決することができる。また、大学側としても附属の高校からの進学をあてにすることで経営の安定化をはかれる。したがって、今まで高校しかなかった学園が大学をつくり、大学しかなかった学園が附属の高校を設立するということが目立った。それ以外にも、大学が既存の学校を傘下に収めて系列化する、ということも多い。

こうして大学と系列化した高校は次々校名を変更した。つまり、「○○大学附属○○高校」や「○○大学○○高校」「○○学園○○高校」とすることで大学の系列校であることを明確にしたのだ。募集要項には系列の大学への優先進学を明記し、これを特待生制度にかわる私立高校の有力な武器とした。

こうして、龍谷大平安高校（旧・平安高校）、関大北陽高校（北陽高校）、初芝立命館高校（初芝高校）、中京大中京高校（中京高校）、八戸学院光星高校（光星学院高校）など、名門高校も含めて校名を変更している。

脇村会長の退任と奥島会長の就任

二〇年一一月、高校野球に数々改革を実施してきた脇村春夫高野連会長が辞任した。当時七六歳で、八七歳で亡くなるまで会長をつとめた佐伯会長、九三歳まで会長の座にあった牧野会長と比べ、鮮やかな引き際であった。第六代会長となったのは奥島孝康早稲田大学名誉教授である。奥島は過去の高野連会長とはまったく異なる経歴の人物である。

過去の会長は、東大法学部出身の脇村も含め、中等学校野球や大学野球、社会人野球などで豊富な経験を積んだ野球人であった。しかし、奥島は早稲田大学総長もつとめた法律学者で、硬式野球の経験はまったくない。しかも、その経歴をみても高校球界との接点は早稲田実業理事長と日本学生野球協会審査室委員をつとめた程度で、現場との関係はほとんどないといってよい。『報知高校野球』二〇〇九年三月号のインタビューでも「晴天の霹靂」といっている。もちろん、高野連の会長が名の知れた野球人である必要はまったくない。巨大組織となった高野連を運営するのに必要なのは、自らの選手体験による知識ではなく、巨大組織を運営する技術である。一人のリーダーが独裁的に運営することはもはや不可能だろうし、望まれてもいない。

奥島体制となった高野連は、元プロ野球選手を積極的に指導者として受け入れるなど、プロ球界との距離を急速に縮めている。前掲のインタビューで「しがらみが無いので。その点がいいかもしれません」とあるように、奥島会長は過去の高野連における流れにはこだわらないことを表明した。ここにきて、ついに高野連も故佐伯会長との完全な訣別の時期を迎えたといえる。実際、奥島会長はプロとの和解をはじめ、タブー視されていた懸案事項に次々と新展開をもたらした。そして、平成二六年には突然とも思われるタイブレーク制の一部導入という、野球そのものの根幹にも関わることを決定したあと、二七年夏で退任することを発表した。七六歳での退任は脇村会長と同年齢である。

その後任には、元同志社大学学長の八田英二日本学生野球協会会長が決まっている。

大投手の時代の再来

二〇世紀末から、甲子園は打高低投の時代が続いていた。智弁和歌山高校や日大三高といった強打のチームが活躍、これらのチームでは複数の投手を擁して打力で勝ち上がっていた。ところが、この頃から再び大投手の活躍で勝ち上がるチームが目立ってきた。

二〇年選抜では東浜尚（亜細亜大―ソフトバンク）を擁した沖縄尚学高校が二度目の選抜優勝。二一年選抜では今村猛（広島）がエースの清峰高校と、菊池雄星（西武）がエースの花巻東高校がともに春夏通じて初めて決勝に勝ち上がり、投手戦の末に1―0で清峰高校が長崎県勢として初めて優勝した。

二二年には剛腕島袋洋奨（中央大―ソフトバンク）を擁した興南高校が春夏連覇を達成すると、二四年には藤浪晋太郎（阪神）を擁した大阪桐蔭高校が春夏連覇。二五年選抜では二年生の安楽智大（楽天）を擁した済美高校が準優勝している。

最終回の驚異的な粘り

二一年夏は春夏通じて初めて新潟県勢が決勝に進出、敗れはしたものの最終回に驚異の粘りをみせて話題になった。

決勝は、日本文理高校・伊藤直輝（東北福祉大―ヤマハ）、中京大中京高校の堂林翔太（広島）の両エースが先発して試合が始まった。準決勝まで四試合すべてに完投した伊藤は、一回裏にいきなり四番堂林にライトスタンドに二ランホームランを打たれて二点を失ったが、三回表の二番高橋隼之介（明大）のソロホームランなどで2―2の同点に追いついた。その後、両投手は好投していたが、六回から中京大中京高校は堂林が降板して森本隼平がリリーフ。そしてその裏、同校は二つの四死球と五本の長短打で一挙に六点、七回裏にも二点を追加して、日本文理高校も七回と八回に一点ずつを返して4―10と六点差で九回を迎えた。

最終回で六点差あったことから、中京大中京高校はライトに下がっていたエースの堂林を再登板させ、三振とショートゴロで二死。勝負あったかにみえたが、ここから日本文理高校の猛反撃が始まった。一番切手が四球で歩くと二塁に盗塁し、二番高橋隼之介がセンターオーバーの二塁打でまず一点。続いて三番武石のライトへの三塁打で二点目。四番吉田が死球で一三塁となったところで、堂林が再び降板し一塁から森本が再登板した。しかし、五番高橋義人も四球で歩いて満塁とすると、六番伊藤は二ボールからの三球目をレフト前に弾き返して二者が返ってこの回四点目。ここで代打石塚は、初球のスローカーブをレフト前に放ち、9―10と一点差に迫った。さらに二死一三塁で、八番若林は一ボールからの二球目を三塁線に痛打。しかし、長打が出れば逆転という場面で、ベース寄りに守っていた三塁手の河合完治（法政大―トヨタ自動車）がライナーで抑えてゲームセットとなった。敗れはしたものの、新潟県勢初の決勝進出と、九回二死から五点を奪った粘りに惜しみない拍手が贈られた。

驚異の奪三振

二四年夏の甲子園の話題を一人占めにしたのが、桐光学園高校の二年生エース松井裕樹（楽天）である。大会前から好投手という評判だったが、初戦の今治西高校との試合は圧巻だった。松井は大会新記録となる二二奪三振を記録して二安打完封した。

さらに、二回戦でも常総学院高校から一九奪三振を記録、三回戦の浦添商業戦も四安打一二奪三振で降し、同校は初めてベスト八に進出した。準々決勝でも光星学院高校から一五個の三振を奪ったものの、八回に田村龍弘（ロッテ）・北条史也（阪神）の連打で三失点。打線は金沢投手に散発三安打に抑えられて完封負けした。

結局、松井投手は四試合に登板して、すべて二ケタ奪三振。計六八奪三振は歴代三位ながら、奪三振率は一七・〇〇という驚異的な数字を残した。

二五年秋のドラフト会議では五球団が一巡目で指名し、抽選の結果楽天に入団、プロ入り後も一年目から一七試合に先発するなど一軍で活躍、勝ち星こそ四勝八敗と負け越したが、一一六イニングで一二六個の三振を奪うなど、プロを相手にも高い奪三振率を誇っている。

登板過多とタイブレーク制

二五年は済美高校の二年生の剛腕投手安楽智大（楽天）が春夏連続して甲子園に出場して注目を集めた。安楽は一年生の時から四国では鳴り響いていた豪腕で、選抜初戦の広陵高校戦で延長一三回を完投して勝つと、全試合をほぼ一人で勝ち抜き決勝に進出した。ところが、決勝ではあきらかに安楽は疲労の色が濃く、浦和学院高校に滅多打ちにあって準優勝に終わっている。さらに夏の大会では精彩を欠き、打撃戦の末に一試合勝っただけで、三回戦で甲子園から姿を消した。

近年の甲子園では、優勝を狙う学校では投手の疲労を考えて準々決勝か準決勝のいずれかでは先発投手を変えることが多い。しかし、安楽投手は一人で投げ続けた結果打ち込まれたことから、登板過多による故障ではないかといわれ、名将上甲監督の選手起用に疑問が集まった。安楽投手本人は自らの意思で登板したと表明、登板過多による故障ではないと主張した。しかし、秋季大会では右肘を故障、結局三年生では春夏ともに甲子園に出場することはできなかった。

このニュースは米国でも取り上げられるなど話題になり、再び投手と投球制限に関しての議論が再燃した。登板過多については、しばしば往年の金田正一投手などを引き合いに、「昔の高校生は四連投くらいは当たり前だった」「いくら投げても肩を壊さないのが本当の大投手である」といった主張が出ることがあるが、一人の大投手を生みだすために、その他の好投手が故障することを見過ごすことはおかしい。そもそも、昔と比べて学校数が増えて試合も増え、金属バットの登場や打撃の向上によって投手の負担ははるかに大きい。さらに、平成以降の夏の気温は、昭和時代よりはるかに高く、基本的な条件が違いすぎるのだ。

この問題に対し、高野連は何らかの対応を迫られるのは確実とみられていたが、二六年の秋に、高野連が突如タイブレーク制の導入についてのアンケートを行って注目された。タイブレークとは、一死満塁などの得点の入りやすい状態からスタートするもので、すぐに決着がつくことが多い。

きっかけは、同年の選抜大会で雨天順延が続いたうえ、二回戦の広島新庄高校―桐生第一高校の試合が延長一五回引き分け再試合となって、準々決勝翌日に設けられていた休養日が消滅したことだ。もし二回戦の勝者がそのまま勝ち上がっていたら、決勝では五連戦となっていた。せっかく設けた休養日というシステムを形骸化しないために、投手への負担を軽くするという名目でタイブレーク制を受け入れられるか、という問いかけを各高校にした。そして、これに対して約半数が賛成の意思表示をしたとニュースになった。

しかし、このアンケートは実は設問の設定に問題があるといわざるを得ない。選択肢と回答は以下の通り。

・投手の投球数制限を実施　一二・〇％
・投手の投球回数制限を実施　一〇・七％
・タイブレーク制度を実施　四九・七％
・その他の方法を実施（現状維持を含む）　二七・六％

注：アンケートは硬式のみ

選択肢ではタイブレーク以外の具体案は、二つとも投手に投球制限を設けるというものだった。しかし、公式戦で登板させることのできる投手を複数抱えているのはごく一部の有力高校にすぎない。とくに選手の少ない秋季大会では、多くの高校が一人の投手だけに頼っている。こうした高校の場合、投手に投球制限を設けて延長戦となり、次の試合でその投手が登板できなくなると、もはやまともに戦うことができない可能性が高い。つまり、投球制限は一部の強豪校のみに選択可能な選択肢なのだ。

このアンケートでは重要な選択肢を落としている。それは、サスペンテッドゲームを導入する、という選択肢である。もちろん、「その他」という選択肢には含まれるのだが、この項目は「現状維持」と同じ項目なので、選択しづらい。それでもなお、四分の一以上が「その他」を選ぶ、というのは選択肢の設定に問題があるといわれてもしかたがないだろう。

サスペンテッドゲームとは、一旦中断した試合をその続きから再開するもので、メジャーリーグでも導入されている。再試合の場合は、翌日などに必ず九回まで戦う必要があるが、サスペンテッドゲームの場合は再開直後に終了することも珍しくない。むしろ、九回まで続くほうがまれで、選手の総合的な負担、という意味では再試合制より少なくてすむ。しかし、試合を翌日に持ち越すため、休養日の確保という側面からみるとあまり意味がない。つまり、サスペンテッドゲームを導入する、という選択肢がなかったこのアンケートは、「選手の負担軽減」を前面に出しながらも、休養日の確保を一義とした問いかけであったともいえる。

さらに、公式戦で一五回まで延長戦を戦うことはごくまれにもかかわらず、こうしたレアケースのために野球の本質的な部分に手を入れてもいいのか、という問いかけはあまりなされなかった。選手の健康管理のために導入という大義名分に対して、正面切って反対するのは難しい。マスコミのほとんどは「高野連がタイブレークの導入のアンケートをしたところ、半数が賛成した」ということのみを報道したにすぎない。

選手の健康管理、とくに投手が登板過多によって肩を壊すことがないように努力するという高野連の姿勢は正しいが、アンケートにあえてサスペンテッドゲームを選択肢に入れなかった理由も含め、深い議論をしたうえで導入するのがフェアな姿勢であろう。

この問題が今後どう展開していくかはわからないが、二七年の春季大会ではタイブレークが導入された。これは、高校野球の将来を左右しかねない重要な課題であるといえる。

甲子園の広がり

本来は西宮にある一球場を指す言葉だった甲子園は、やがて球場周辺の地名となり、春夏の全国大会そのものを呼ぶ言葉となった。さらに「甲子園」は高校野球の枠を超えて広がっていった。

平成四年八月、高知県などが主催する第一回高等学校漫画選手権大会が高知市で開催された。高校の漫画サークルの日本一を決めるこの大会は、通称「まんが甲子園」と呼ばれ、二六年には第二三回目の大会が開催されている。一チーム三～五名で構成された全国三〇〇校以上の予選参加校の中から、事前審査で選ばれた三〇校が高知市で行われる本選に進み、当日に発表されたテーマをもとに漫画を描いて一五校が予選を通過。さらに敗者復活で勝ち上がった五校と合わせて二〇校が翌日の決勝に臨み、新たなテーマで描いた漫画をもとに最優秀校・二位・三位が決定する。

会場には漫画雑誌の関係者も訪れており、将来性の感じられる描き手はその場でスカウトする。すでに何人ものプロを出した実績もあるという、規模の大きな高校生の大会である。全国の予選に高校生が参加し、スカウト

阪神甲子園球場の外野スタンド内にオープンした甲子園歴史館
（平成22年〔2010〕3月14日開館）

の目にとまればプロ入りも可能、というのは野球の甲子園大会と同じで、漫画ブームとともに年々規模を拡大している。

　この成功をうけて、一〇年に始まった俳句甲子園など、「〇〇甲子園」と呼ばれる高校生の全国大会が次々と誕生した。有名無名を含め、いまや「甲子園」は野球の枠を超え、高校生の全国大会という意味にまで広がっている。そして、高校野球における「甲子園」は、これらあまたの「甲子園」の規範とならなければならない立場にある。

高校野球の展望

　高校野球は今後どう展開していくのだろうか。右肩あがりだった参加校数は減少に転じているが、実は選手数そのものは、平成二六年の時点では減少には転じていない。平成元年に一四万一六五五人だった全部員数は、三年には一五万人を突破したものの、Jリーグ世代が高校に入学する平成九〜一〇年には一四万人前後と低迷。しかし、その後は再び増加に転じて一四年に一五万人を再突破、一六年には一六万人を超え、二六年にはついに一七万人も突破した。

　しかし、中学生や小学生の数をみる限り、今後は減少に転じていくのはほぼ確実だろう。そうしたなか、甲子園大会にも日本人とは違った名前の選手が増えてきた。その多くは日本在住の外国人だが、近年は台湾・韓国・中国など外国からの留学生も増えている。そして、彼らの多くはスカウトではなく、自らの意思で来日した選手である。それはとりもなおさず、日本の高校野球が日本のみならず、東アジアで認識された、ということである。サッカーと違い、そもそも野球は世界的にみれば、アジア東部・オセアニアと、南北アメリカという地域限定のスポーツである。その中で日本はアジア・オセアニア地域の盟主の地位にあり、その地位を支えているのが、この高校野球のシステムであることをアジアの人々が認識し始めたのだ。

スポーツの世界では、裾野が広いほどトップは強化される可能性が高い。国家的プロジェクトとして強化する場合は、一握りの有望選手を徹底的に鍛えたほうが効率がいいが、そうでなければ広い裾野から少しずつ絞り込んでいったほうがより多くの才能のある選手が残ることになる。四〇〇〇校もの高校が参加する野球の全国大会など他国では考えられないシステムで、この独自のシステムこそが日本の野球界を支えているといってよい。そういう意味で、トップに君臨するプロ野球をはじめ、社会人野球や大学野球界も、高校野球をよそのシステムのこととしてではなく、自らの根幹をつくっているシステムとして、積極的に声をあげることが重要だ。現在のようなプロはプロ、大学生は大学生というセクト主義では、よりよい方向に向かわない可能性がある。プロから小学生まで、一貫したシステムをつくりあげたJリーグという格好の手本を身近に持ちながら看過するのは、実に残念なことだといわざるを得ない。高野連が佐伯体制との訣別の姿勢をみせてプロとアマとの融解のシグナルを送っている今こそ、そのチャンスということができる。

今や高校野球は、一高校生のスポーツの枠を超えた国民的行事であり、もはや誰もそれを否定することはできない。この世界的にも特異なシステムが、よりよい方向へ向かって進んでいくことを強く願う次第である。

高校野球年表7

年次		全国大会	優勝校	事項
二〇〇一年（平成一三年）	春	第七三回	常総学院高校	この大会から二一世紀枠が導入され、同枠代表の宜野座高校が準決勝まで進出
	夏	第八三回	日大第三高校	日南学園高校の寺原隼人投手が一五四キロの最速をマーク
				日南学園高校の寺原隼人が四球団から一巡目で指名され、抽選の結果ダイエーに入団
二〇〇二年（平成一四年）	春	第七四回	報徳学園高校	福岡工大城東高校の副部長が宇都宮工業戦でスタンドからベンチにメモを届けさせていたことが発覚
	夏	第八四回	明徳義塾高校	遊学館高校が創部二年目の夏に甲子園に出場
				この年から明治神宮大会に各地区の優勝校が出場し、優勝地区に神宮枠が与えられる
二〇〇三年（平成一五年）	春	第七五回	広陵高校	この大会から神宮枠と希望枠が導入される 東洋大姫路高校と花咲徳栄高校の試合は延長一五回引き分けとなり、再試合も延長戦となる
	夏	第八五回	常総学院高校	駒大苫小牧高校は初戦で倉敷工業に四回まで8—0とリードしながら雨でノーゲーム、翌日の再試合で敗れる 常総学院高校は全六試合ホームランなしで優勝

二〇〇四年（平成一六年）	春	第七六回	済美高校	東北高校のダルビッシュ有投手が熊本工業戦でノーヒットノーランを達成 済美高校が春夏通じて初出場で優勝
	夏	第八六回	駒大苫小牧高校	駒大苫小牧高校が北海道勢として初優勝、チーム打率四割四分八厘の大会記録を樹立
				東北高校のダルビッシュ有が日本ハムのドラフト一巡目指名でプロ入り
二〇〇五年（平成一七年）	春	第七七回	愛工大名電高校	神村学園高校が春夏通じて初出場で準優勝
	夏	第八七回	駒大苫小牧高校	大会開催二日前に明徳義塾高校が出場辞退。県大会決勝で敗れた高知高校が夏の大会六六年振りとなる代替出場 大阪桐蔭高校の辻内崇伸投手が二回戦の藤代高校戦で大会タイ記録（当時）の一九奪三振を記録 駒大苫小牧高校が夏の大会二連覇
				大阪桐蔭高校の辻内崇伸が二球団から一巡目で指名され、抽選の結果巨人に入団
二〇〇六年（平成一八年）	春	第七八回	横浜高校	全国最南端の高校である八重山商工が甲子園に出場、続いて夏も出場する
	夏	第八八回	早稲田実業	早稲田実業・斎藤佑樹投手がハンカチ王子として人気に 決勝戦が延長一五回引き分け再試合となり、駒大苫小牧高校は三連覇を逃す
				駒大苫小牧高校の田中将大が四球団から一巡目で指名され、抽選の結果楽天に入団。早稲田実業の斎藤佑樹は早稲田大学に進学

年次		全国大会	優勝校	事項
二〇〇七年（平成一九年）	春	第七九回	常葉菊川高校	甲子園でダートサークルが採用される
	夏	第八九回	佐賀北高校	仙台育英高校の佐藤由規投手が二回戦の智弁学園高校戦で一五五キロを記録 佐賀北高校は逆転満塁本塁打で、公立高校として一一年振りの優勝。決勝の判定をめぐって議論となる
				仙台育英高校の佐藤由規が五球団から一巡目で指名され、抽選の結果ヤクルトに入団
二〇〇八年（平成二〇年）	春	第八〇回	沖縄尚学高校	二一世紀枠代表の三校がいずれも初戦を突破 この大会を最後に希望枠が廃止
	夏	第九〇回	大阪桐蔭高校	記念大会として五五代表が参加 智弁和歌山高校の坂口真規が駒大岩見沢高校戦で大会初の一イニング二本塁打を記録
				脇村高野連会長が辞任、奥島孝康早稲田大学名誉教授が第六代会長となる
二〇〇九年（平成二一年）	春	第八一回	清峰高校	PL学園高校の中野隆之投手が南陽工業を九回までノーヒットノーランに抑えるも、延長戦となり敗れる 清峰高校が長崎県勢として春夏通じて初優勝。準優勝した花巻東高校は岩手県勢として初めて決勝に進出
	夏	第九一回	中京大中京高校	如水館高校は高知高校に二日続けてリードしながら雨でノーゲームとなり、再々試合で敗れる 準優勝した日本文理高校は新潟県勢として初めて決勝に進出
				花巻東高校の菊池雄星が高校生投手として史上最多の六球団から一巡目で指名され、抽選の結果西武に入団

二〇一〇年（平成二二年）	春	第八二回	興南高校	甲子園球場の改修が終了、甲子園歴史館がオープン
	夏	第九二回	興南高校	興南高校が春夏連覇
				履正社高校の山田哲人がヤクルトの外れ外れ一巡目指名でプロ入り
二〇一一年（平成二三年）	春	第八三回	東海大相模高校	東日本大震災を受けて、鳴り物応援を禁止 創志学園高校が創部二年目の春に一期生のみで出場
	夏	第九三回	日大第三高校	大分工業の田中太一投手は、延長一〇回裏にスクイズを外して三振に取りながら、暴投となって三塁ランナーが生還、延岡学園高校にサヨナラ負け 決勝戦を初めて午前中に行う
				東海大甲府高校の高橋周平が二球団から一巡目で指名され、抽選の結果中日に入団
二〇一二年（平成二四年）	春	第八四回	大阪桐蔭高校	長野県の地球環境高校が通信制高校として初めて甲子園に出場
	夏	第九四回	大阪桐蔭高校	桐光学園高校の松井裕樹投手が今治西高校戦で大会記録の二二奪三振を記録 大阪桐蔭高校が春夏連覇、光星学院高校は三季連続準優勝
				大阪桐蔭高校の藤浪晋太郎が四球団からドラフト一巡目で指名され、抽選の結果阪神に入団
二〇一三年（平成二五年）	春	第八五回	浦和学院高校	東北絆枠として山形中央高校が出場 遠軽高校といわき海星高校が初めて二一世紀枠同士で対決
	夏	第九五回	前橋育英高校	準優勝した延岡学園高校は宮崎県勢として初めて決勝に進出
				桐光学園高校の松井裕樹が五球団からドラフト一巡目で指名され、抽選の結果楽天に入団

年次		全国大会	優勝校	事項
二〇一四年（平成二六年）	春	第八六回	龍谷大平安高校	桐生第一高校と広島新庄高校の試合が延長一五回引き分け再試合に
	夏	第九六回	大阪桐蔭高校	明徳義塾高校が初出場以来夏の初戦一六連勝を記録
				済美高校の安楽智大が二球団からドラフト一巡目で指名され、抽選の結果楽天に入団
二〇一五年（平成二七年）	春	第八七回	敦賀気比高校	敦賀気比高校の松本哲幣が大阪桐蔭高校戦で二打席連続満塁ホームランを記録 春季大会でタイブレークが導入される
	夏	第九七回		

◉甲子園ベスト4

年次	選抜 優勝校	選抜 スコア	選抜 準優勝校	選抜 ベスト4	選抜 ベスト4	選手権 優勝校	選手権 スコア	選手権 準優勝校	選手権 ベスト4	選手権 ベスト4
大正4年						京都二中	2—1	秋田中	和歌山中	早稲田実
大正5年						慶応普通部	6—2	市岡中	和歌山中	鳥取中
大正6年						愛知一中	1—0	関西学院中	杵築中	盛岡中
大正7年						米騒動で中止				
大正8年						神戸一中	7—4	長野師範	盛岡中	小倉中
大正9年						関西学院中	17—0	慶応普通部	鳥取中	松山商
大正10年						和歌山中	16—4	京都一商	豊国中	大連商
大正11年						和歌山中	8—4	神戸商	松本商	松山商
大正12年						甲陽中	5—2	和歌山中	立命館中	松江中
大正13年	高松商	2—0	早稲田実	愛知一中	市岡中	広島商	3—0	松本商	大連商	鳥取一中
大正14年	松山商	3—2	高松商	甲陽中	愛知一中	高松商	5—3	早稲田実	大連商	第一神港商
大正15年	広陵中	7—0	松本商	柳井中	熊本商	静岡中	2—1	大連商	高松中	和歌山中
昭和2年	和歌山中	8—3	広陵中	松山商	松本商	高松商	5—1	広陵中	愛知商	松本商

年次	選抜 優勝校	スコア	準優勝校	ベスト4		選手権 優勝校	スコア	準優勝校	ベスト4	
昭和3年	関西学院中	2－1	和歌山中	高松商	静岡中	松本商	3－1	平安中	高松中	北海中
昭和4年	第一神港商	3－1	広陵中	八尾中	愛知一中	広島商	3－0	海草中	鳥取一中	台北一中
昭和5年	第一神港商	6－1	松山商	甲陽中	平安中	広島商	8－2	諏訪蚕糸	和歌山中	平安中
昭和6年	広島商	2－0	中京商	八尾中	和歌山中	中京商	4－0	嘉義農林	松山商	小倉工
昭和7年	松山商	1－0	明石中	中京商	和歌山中	中京商	4－3	松山商	熊本工	明石中
昭和8年	岐阜商	1－0	明石中	広島商	中京商	中京商	2－1	平安中	明石中	松山中
昭和9年	東邦商	2－1	浪華商	海南中	享栄商	呉港中	2－0	熊本工	秋田中	市岡中
昭和10年	岐阜商	5－4	広陵中	愛知商	東邦商	松山商	6－1	育英商	愛知商	早稲田実
昭和11年	愛知商	2－1	桐生中	平安中	育英商	岐阜商	9－1	平安中	育英商	桐生中
昭和12年	浪華商	2－0	中京商	徳島商	東邦商	中京商	3－1	熊本工	海草中	滝川中
昭和13年	中京商	1－0	東邦商	海南中	岐阜商	平安中	2－1	岐阜商	高崎商	甲陽中
昭和14年	東邦商	7－2	岐阜商	島田商	中京商	海草中	5－0	下関商	島田商	長野商
昭和15年	岐阜商	2－0	京都商	福岡工	東邦商	海草中	2－1	島田商	松本商	市岡中
昭和16年	東邦商	5－2	一宮中	熊本工	岐阜商	第2次大戦のため中止				
昭和17年	第2次大戦のため中止					第2次大戦のため中止				

昭和18年										
昭和19年										
昭和20年	第2次大戦のため中止					第2次大戦のため中止				
昭和21年	〃					浪華商	2—0	京都二中	東京高師附中	下関商
昭和22年	徳島商	3—1	小倉中	桐生中	城東中	小倉中	6—3	岐阜商	成田中	仙台二中
昭和23年	京都一商	1—0	京都二商	北野中	下関商	小倉高	1—0	桐蔭高	西京商	岐阜一高
昭和24年	北野高	6—4	芦屋高	岐阜商	小倉高	湘南高	5—3	岐阜高	高松一高	倉敷工
昭和25年	韮山高	4—1	高知商	北野高	長良高	松山東高	12—8	鳴門高	宇都宮工	済々黌高
昭和26年	鳴門高	3—2	鳴尾高	長崎西高	明治高	平安高	7—4	熊谷高	高松一高	県和歌山商
昭和27年	静岡商	2—0	鳴門高	八尾高	鳴尾高	芦屋高	4—1	八尾高	成田高	長崎商
昭和28年	洲本高	4—0	浪華商	小倉高	伏見高	松山商	3—2	土佐高	明治高	中京商
昭和29年	飯田長姫高	1—0	小倉高	熊本工	泉陽高	中京商	3—0	静岡商	新宮高	高知商
昭和30年	浪華商	4—3	桐生高	県尼崎高	高田高	四日市高	4—1	坂出商	中京商	立命館高
昭和31年	中京商	4—0	岐阜商	芦屋高	八戸高	平安高	3—2	県岐阜商	西条高	米子東高
昭和32年	早稲田実	5—3	高知商	久留米商	倉敷工	広島商	3—1	法政二高	戸畑高	大宮高
昭和33年	済々黌高	7—1	中京商	熊本工	明治高	柳井高	7—0	徳島商	高知商	作新学院高
昭和34年	中京商	3—2	岐阜商	県尼崎高	長崎南山高	西条高	8—2	宇都宮工	八尾高	東北高

年次	選抜 優勝校	スコア	準優勝校	ベスト4		選手権 優勝校	スコア	準優勝校	ベスト4	
昭和35年	高松商	2—1	米子東高	北海高	秋田商	法政二高	3—0	静岡高	鹿島高	徳島商
昭和36年	法政二高	4—0	高松商	平安高	米子東高	浪商高	1—0	桐蔭高	法政二高	県岐阜商
昭和37年	作新学院高	1—0	日大三高	松山商	中京商	作新学院高	1—0	久留米商	中京商	西条高
昭和38年	下関商	10—0	北海高	市立神港高	早稲田実	明星高	2—1	下関商	横浜高	今治西高
昭和39年	徳島海南高	3—2	尾道商	土佐高	博多工	高知高	2—0	早鞆高	宮崎商	県岐阜商
昭和40年	岡山東商	2—1	市和歌山商	徳島商	高松商	三池工	2—0	銚子商	秋田高	高鍋高
昭和41年	中京商	1—0	土佐高	宇部商	育英高	中京商	3—1	松山商	報徳学園高	小倉工
昭和42年	津久見高	2—1	高知高	報徳学園高	甲府商	習志野高	7—1	広陵高	中京高	市和歌山商
昭和43年	大宮工	3—2	尾道商	箕島高	倉敷工	興国高	1—0	静岡商	興南高	倉敷工
昭和44年	三重高	12—0	堀越高	浪商高	博多工	松山商	4—2	三沢高	若狭高	玉島商
昭和45年	箕島高	5—4	北陽高	広陵高	鳴門高	東海大相模高	10—6	PL学園高	岐阜短大附高	高松商
昭和46年	日大三高	2—0	大鉄高	坂出商	木更津中央高	桐蔭学園高	1—0	磐城高	岡山東商	郡山高
昭和47年	日大桜丘高	5—0	日大三高	東北高	銚子商	津久見高	3—1	柳井高	天理高	高知商
昭和48年	横浜高	3—1	広島商	鳴門工	作新学院高	広島商	3—2	静岡高	川越工	今治西高
昭和49年	報徳学園高	3—1	池田高	平安高	和歌山工	銚子商	7—0	防府商	前橋工	鹿児島実

昭和50年	高知高	10−5	東海大相模高	報徳学園高	堀越高	習志野高	5−4	新居浜商	広島商	上尾高
昭和51年	崇徳高	5−0	小山高	日田林工	東洋大姫路高	桜美林高	4−3	PL学園高	星稜高	海星高
昭和52年	箕島高	3−0	中村高	智弁学園高	岡山南高	東洋大姫路高	4−1	東邦高	今治西高	大鉄高
昭和53年	浜松商	2−0	福井商	桐生高	箕島高	PL学園高	3−2	高知商	中京高	岡山東商
昭和54年	箕島高	8−7	浪商高	PL学園高	東洋大姫路高	箕島高	4−3	池田高	横浜商	浪商高
昭和55年	高知商	1−0	帝京高	広陵高	丸亀商	横浜高	6−4	早稲田実	天理高	瀬田工
昭和56年	PL学園高	2−1	印旛高	倉吉北高	上宮高	報徳学園高	2−0	京都商	名古屋電気	鎮西高
昭和57年	PL学園高	15−2	二松学舎大附高	横浜商	中京高	池田高	12−2	広島商	東洋大姫路高	中京高
昭和58年	池田高	3−0	横浜商	明徳高	東海大一高	PL学園高	3−0	横浜商	池田高	久留米商
昭和59年	岩倉高	1−0	PL学園高	大船渡高	都城高	取手二高	8−4	PL学園高	鎮西高	金足農
昭和60年	伊野商	4−0	帝京高	PL学園高	池田高	PL学園高	4−3	宇部商	甲西高	東海大甲府高
昭和61年	池田高	7−1	宇都宮南高	岡山南高	新湊高	天理高	3−2	松山商	鹿児島商	浦和学院高
昭和62年	PL学園高	7−1	関東一高	東海大甲府高	池田高	PL学園高	5−2	常総学院高	帝京高	東亜学園高
昭和63年	宇和島東高	6−0	東邦高	桐蔭学園高	宇都宮学園高	広島商	1−0	福岡第一高	浦和市立高	沖縄水産
平成元年	東邦高	3−2	上宮高	京都西高	横浜商	帝京高	2−0	仙台育英高	秋田経法大附高	尽誠学園高
平成2年	近大附高	5−2	新田高	東海大甲府高	北陽高	天理高	1−0	沖縄水産	西日本短大附高	山陽高
平成3年	広陵高	6−5	松商学園高	市川高	国士舘高	大阪桐蔭高	13−8	沖縄水産	星稜高	鹿児島実

年次	選抜 優勝校	スコア	準優勝校	ベスト４		選手権 優勝校	スコア	準優勝校	ベスト４	
平成４年	帝京高	3－2	東海大相模高	浦和学院高	天理高	西日本短大附高	1－0	拓大紅陵高	東邦高	尽誠学園高
平成５年	上宮高	3－0	大宮東高	駒大岩見沢高	国士舘高	育英高	3－2	春日部共栄高	市立船橋高	常総学院高
平成６年	智弁和歌山高	7－5	常総学院高	ＰＬ学園高	桑名西高	佐賀商	8－4	樟南高	佐久高	柳ヶ浦高
平成７年	観音寺中央高	4－0	銚子商	関西高	今治西高	帝京高	3－1	星稜高	敦賀気比高	智弁学園高
平成８年	鹿児島実	6－3	智弁和歌山高	岡山城東高	高陽東高	松山商	6－3	熊本工	福井商	前橋工
平成９年	天理高	4－1	中京大中京高	上宮高	報徳学園高	智弁和歌山高	6－3	平安高	浦添商	前橋工
平成10年	横浜高	3－0	関大一高	ＰＬ学園高	日大藤沢高	横浜高	3－0	京都成章高	明徳義塾高	豊田大谷高
平成11年	沖縄尚学高	7－2	水戸商	ＰＬ学園高	今治西高	桐生第一高	14－1	岡山理大付高	樟南高	智弁和歌山高
平成12年	東海大相模高	4－2	智弁和歌山高	鳥羽高	国学院栃木高	智弁和歌山高	11－6	東海大浦安高	光星学院高	育英高
平成13年	常総学院高	7－6	仙台育英高	関西創価高	宜野座高	日大三高	5－2	近江高	横浜高	松山商
平成14年	報徳学園高	8－2	鳴門工	福井商	関西高	明徳義塾高	7－2	智弁和歌山高	川之江高	帝京高
平成15年	広陵高	15－3	横浜高	東洋大姫路高	徳島商	常総学院高	4－2	東北高	桐生第一高	江の川高
平成16年	済美高	6－5	愛工大名電高	明徳義塾高	社　高	駒大苫小牧高	13－10	済美高	東海大甲府高	千葉経大附高
平成17年	愛工大名電高	9－2	神村学園高	神戸国際大付高	羽黒高	駒大苫小牧高	5－3	京都外大西高	大阪桐蔭高	宇部商
平成18年	横浜高	21－0	清峰高	岐阜城北高	ＰＬ学園高	早稲田実	4－3	駒大苫小牧高	鹿児島工	智弁和歌山高

平成19年	常葉菊川高	6-5	大垣日大高	熊本工	帝京高	佐賀北高	5-4	広陵高	長崎日大高	常葉菊川高
平成20年	沖縄尚学高	9-0	聖望学園高	東洋大姫路高	千葉経済大付高	大阪桐蔭高	17-0	常葉菊川高	横浜高	浦添商
平成21年	清峰高	1-0	花巻東高	報徳学園高	利府高	中京大中京高	10-9	日本文理高	花巻東高	県岐阜商
平成22年	興南高	10-5	日大三高	大垣日大高	広陵高	興南高	13-1	東海大相模高	報徳学園高	成田高
平成23年	東海大相模高	6-1	九州国際大附高	履正社高	日大三高	日大三高	11-0	光星学院高	関西高	作新学院高
平成24年	大阪桐蔭高	7-3	光星学院高	高崎健大高崎高	関東一高	大阪桐蔭高	3-0	光星学院高	明徳義塾高	東海大甲府高
平成25年	浦和学院高	17-1	済美高	敦賀気比高	高知高	前橋育英高	4-3	延岡学園高	日大山形高	花巻東高
平成26年	龍谷大平安高	6-2	履正社高	佐野日大高	豊川高	大阪桐蔭高	4-3	三重高	敦賀気比高	日本文理高
平成27年	敦賀気比高	3-1	東海大四高	大阪桐蔭高	浦和学院高					

◉主要参考文献

（※配列は、編著者名五十音順とした。編著者名のない雑誌等は、書名で配列した。編著者名と出版者が同一の場合は、出版者名を省略した。）

愛知県高等学校野球連盟『愛知県の高校野球全記録』二〇〇八年
青中青高硬式野球部史編集部会編『青中青高硬式野球部史』二〇〇三年
青森県高等学校野球連盟編『青森県高野連史』一九七二年
青森県立弘前高等学校硬式野球部鷹揚会編『弘中弘高野球部史』二〇〇二年
青山学院大学野球部ＯＢ会「青山学院野球部一二〇年の歩み」編纂委員会編『青山学院野球部一二〇年の歩み』青山学院大学野球部ＯＢ会、二〇〇三年
秋田県高等学校野球連盟編『翔球　秋田県高等学校野球史』一九九一年
朝日新聞社編『全国高等学校野球選手権大会五〇年史』一九九〇年
朝日新聞社編『全国高等学校野球選手権大会史（第五一～六〇回）』一九七八年
朝日新聞社編『全国高等学校野球選手権大会史』一九五八年
朝日新聞百年史編修委員会編『朝日新聞社史　大正昭和戦前篇』朝日新聞社、一九九五年
麻布学園百年史編纂委員会編『麻布学園の一〇〇年』麻布学園麻布中学校・麻布高等学校、一九九五年
阿部光博編著『水戸商野球の百年』茨城県立水戸商業高等学校、二〇〇五年
飯田高校野球部一〇〇周年記念誌編纂実行委員会『挑戦』飯田高校野球部一〇〇周年記念誌刊行委員会、二〇〇〇年
飯山北高等学校野球部ＯＢ会『高鳴る腕』長野県飯山北高等学校野球部ＯＢ会、二〇〇三年
育英商業・育英高等学校硬式野球部八五年史発刊編集委員会編『闘魂　育英商業・育英高等学校硬式野球部八五年史』一九九九年

郁文館学園百年史編纂委員会編『郁文館学園百年史』郁文館学園、一九八九年
市岡野球倶楽部編『青春の三本線　市岡野球部八十年史』一九八八年
一関一高野球部ＯＢ会刊行委員会編『岩手県立一関中学・一高野球部史』一関一高野球部ＯＢ会、一九九四年
茨城県立太田第一高等学校野球部ＯＢ会鯨岡球児の一世紀編集委員会編『鯨岡球児の一世紀』茨城県立太田第一高等学校野球部ＯＢ会、二〇〇五年
茨城県立水戸第一高等学校硬式野球部ＯＢ会水府倶楽部編『熱球一二〇年水戸中学水戸一高野球部の軌跡』二〇一一年
今中・今西野球部創部百周年記念誌編集委員会・若宮産業編『百年の球跡』愛媛県立今治西高等学校、二〇〇五年
岩手県高等学校野球連盟編『熱球　岩手の高校野球のあゆみ五〇年史』二〇〇一年
岩手県高等学校野球連盟二〇周年記念誌編集委員会編『岩手県高等学校野球連盟二〇周年記念誌』二〇一一年
岩手県立福岡高等学校野球部ＯＢ会・岩手県立福岡高等学校野球部応援団ＯＢ会（三葉会）編『陣場台熱球録』岩手県立福岡高等学校野球部ＯＢ会、二〇〇五年
魚高八十年史編集委員会編『魚高八十年史』富山県立魚津高等学校、一九七八年
栄城野球倶楽部『栄城野球部一〇〇周年記念誌』二〇〇三年
大垣北高等学校創立百周年記念事業実行委員会編集委員会編『大垣北高百年史』一九九四年
大阪戦後野球懇親会編『昭和二一年夏大阪の球児たち』一九九六年
大阪府立北野高等学校・六稜野球部ＯＢ会編『北野高等学校野球部年史』二〇〇三年
岡崎高校野球部ＯＢ会編『愛知二中岡崎中学岡崎高校野球部九〇年史』一九八七年
小田原高等学校野球部ＯＢ会『球跡　小田原高等学校野球部九十年史』一九九五年
香川県高等学校野球連盟編『讃岐球児の歩み』二〇〇七年
香川県立三本松高校野球部史編集委員編『香川県立三本松高等学校野球部史』香川県立三本松高校野球部ＯＢ会、二〇〇七年
香川県立高松商業高等学校『香川県立高松商業高等学校野球史』高商クラブ、一九八二年
香川県立高松高等学校野球部史編集委員会『香川県立高松高等学校野球部史』香川県立高松高等学校野球倶楽部、

一九九二年
香川県立丸亀高等学校野球部部史編纂之会『丸高野球史』二〇〇二年
鶴城野球倶楽部編『甲府中学・甲府一高　野球部史』一九八三年
掛川西高野球部ＯＢ会野球部史刊行委員会編『響く青春の鼓動』掛川西高野球部ＯＢ会、二〇〇一年
鹿児島県高等学校野球連盟編『白球に魅せられて』一九九四年
鹿児島商業高等学校野球部ＯＢ会編『青春　夢　情熱　鹿児島商業高校野球部一〇〇年史』一九九九年
門田栄著・岩国高等学校野球部史編集委員会編『岩国高等学校野球部史』岩国高等学校野球部ＯＢ会、一九八三年
金沢一中・泉丘高校百年史編集委員会編『金沢一中泉丘高校百年史』一泉創立百周年記念事業実行委員会、一九九三年
金沢三中・桜丘高校五十年史編集委員会編『金沢三中桜丘高校五十年史』金沢桜丘高等学校、一九七〇年
川高野球部七十年史編さん実行委員会編『川越高校野球部七十年史』埼玉県立川越高等学校野球部ＯＢ会、一九八九年
『川崎評論』vol.15、川崎区文化協会、二〇〇一年
関西学院硬式野球部ＯＢ会『関西学院野球部百年史』一九九九年
岐商野球部五十五年史編纂委員会編『岐商野球部五十五年史』ベースボール・マガジン社、一九八一年
北日本新聞社編『富山県高校野球物語』一九八〇年
岐阜県高等学校野球連盟編『白球燦々』二〇〇〇年
岐阜県立斐太高等学校創立百周年記念事業実行委員会編『斐太高校百年史』岐阜県立斐太高等学校、一九八六年
京一中一〇〇周年洛北高校二〇周年記念事業委員会編『京一中洛北高百年史』一九七二年
享栄高等学校『享栄高等学校硬式野球部史』享栄学園、二〇〇三年
京商野球部ＯＢ会・勝山五郎編『京商野球部史』京商野球部ＯＢ会、一九八八年
京都府高等学校野球連盟編『京都高校野球史』一九六七年
京都府高等学校野球連盟編『京都高校野球史Ⅱ』一九八七〜八八年
京都府立京都第二中学校・鳥羽高等学校野球部ＯＢ会鳥羽クラブ編『野球部記（復刻）』京都府立京都第二中学校・鳥羽高等学校野球部ＯＢ会　鳥羽クラブ、二〇〇〇年

京二中同窓会編『京二中創立八十周年記念誌』一九七九年
桐生タイムス社編『山紫に　桐生高校野球史』群馬通商、一九七八年
熊本日日新聞社編『くまもと熱球一〇〇年』一九八七年
慶応義塾野球部史編集委員会編『慶応義塾野球部史』慶応義塾体育会野球部、一九八九年
校史編集委員会編『京一中洛北高校百年史』京一中一〇〇周年洛北高校二〇周年記念事業委員会、一九七二年
高知県『高知県史　近代編』一九七〇年
高知県高等学校野球連盟編『土佐路の白球』一九九六年
神戸高校一〇〇年史編集委員会編『神戸高校百年史』兵庫県立神戸高等学校創立百周年記念事業後援会、一九九七年
神戸新聞社編・松本大輔著『明石中―中京商　延長二五回』神戸新聞総合出版センター、二〇〇三年
広陵野球史編纂委員会編『広陵野球史』広陵学園、一九九二年
小倉高校野球部一〇〇年史編纂委員会編『倉高野球一〇〇年の軌跡』小倉高校愛宕クラブ、二〇一〇年
佐伯達夫『佐伯達夫自伝』ベースボール・マガジン社、一九八〇年
作新学院高校野球部編『栄光の一〇〇年史』二〇〇三年
佐山繁行著『西条高校野球史』新紀元社、一九五九年
『サンデー毎日臨時増刊』六六巻二一号、毎日新聞社、一九八七年
山陽新聞社編『球譜一世紀』一九九一年
シード編『勁くますぐに飾りなく』静岡県立韮山高等学校野球部ＯＢ会、一九九六年
Ｊクラブ野球部ＯＢ会野球部創部一〇〇周年記念史編集委員会編『神奈川県立希望ケ丘高等学校野球部創部一〇〇周年記念史』二〇〇四年
静中静高野球部史編纂委員会編『静中静高野球部史』静中静高野球倶楽部、一九六四年
島根県高等学校野球連盟『島根県高校野球史』一九八四年
島根県立大社高等学校野球部史編『大社高等学校野球部史』島根県立大社高等学校、一九六五年
島守光雄著『八戸高校物語』北方新社、一九九六年

下商野球部百年史編集委員会『下商野球部百年史』下関商業高等学校、二〇〇三年
修猷館二百年史編集委員会編『修猷館二百年史』修猷館二〇〇年記念事業委員会、一九八五年
スポルディング社『野球年鑑』スポルディング社、年
仙台二高野球部ＯＢ会青葉倶楽部編『宮城県仙台二中・二高野球部史』一九九三年
早実野球部ＯＢ会製作委員会編『早実野球部史』一九九〇年
創部一〇〇周年記念事業実行委員会記念誌委員会編『成章野球部一〇〇年史』愛知県立成章高等学校野球部ＯＢ会、二〇〇七年
高桑潤一郎編『富商野球部史　健児たちの八〇年』一九九八年
宝島社編『今だからわかる分析！高校野球名勝負』二〇〇五年
田澤拓也著『「延長十八回」終わらず』文藝春秋、一九九四年
棚田真輔著『神戸の野球史（黎明記）』六甲出版、一九八〇年
中京大学編『中京高校野球部四十五年史』中京大学、一九六八年
津山高等学校野球部ＯＢ会編集委員会編『津山高等学校野球部史』津山高等学校野球部ＯＢ会、二〇〇〇年
桐陰会野球部百周年記念事業実行委員会編『桐陰会野球部の一世紀』一九九九年
桃球会事務局編『黄塵はるか　天高野球部百年史』一九九六年
東京都高等学校野球連盟四十年史編集委員会編『白球譜』東京都高等学校野球連盟、一九八八年
同志社大学野球部ＯＢ会編『同志社大学野球部部史』一九九三年
東築高等学校野球部Ｏ・Ｂ会編『東筑野球史』一九八三年
東邦高等学校野球部史編集委員会編『東邦商業学校・東邦高等学校野球部史』一九九四年
東北高等学校硬式野球部一〇〇年史編纂委員会編『魂　東北高等学校硬式野球部一〇〇年史』東北高等学校硬式野球部ＯＢ会、二〇〇四年
遠野高校野球部創部百周年記念誌編集委員会編『悠遠の野球部、今に』遠野高校野球部ＯＢ会、二〇〇七年
徳島県高等学校野球連盟編『徳島県高等学校野球三十五年史』一九八三年

栃木県立宇都宮高等学校創立百周年記念事業『宇都宮高等学校　百年誌』一九七五年
鳥取県立米子東高等学校野球部史編纂委員会『鳥取県立米子東高等学校野球部史』鳥取県立米子東高等学校勝陵野球クラブ、一九九四年
鳥取県立米子東高等学校野球部編纂委員会『鳥取県立米子東高等学校野球部史（二）』二〇〇三年
鳥取西高等学校野球部史編纂委員会編『鳥取西高等学校野球部史』鳥取県立鳥取西高等学校、一九八七年
富山県立新湊高等学校野球部ＯＢ会・新湊高等学校野球部後援会編『新高健児　不滅の半世紀』富山県立新湊高等学校野球部ＯＢ会、二〇〇一年
都立立川高校野球部ＯＢ会創部一〇〇周年記念事業実行委員会編『白球にかける夢』都立立川高校野球部ＯＢ会、二〇〇四年
長崎県高等学校野球連盟『白球五十年』一九九八年
長野県野沢北高等学校編『高原の日は輝けり　野沢中・北高史』長野県野沢北高等学校創立八十周年記念事業実行委員会、一九八八年
奈良県高等学校野球連盟『球人』一九七九年
奈良県立御所工業高等学校『桜工百年』二〇〇〇年
新潟県高等学校野球連盟年史編集委員会編『新潟県高校野球史一・二』新潟県高等学校野球連盟、一九九二年
新潟県立新発田高等学校野球部創部百周年記念事業実行委員会『新潟県立新発田中学・高校野球部創部一〇〇周年記念野球部史』一九九九年
新潟県立長岡高等学校野球部後援会編『野球一〇〇年史』新潟県立長岡高等学校野球部後援会事務局、一九九九年
西脇良朋『台灣中等学校野球史』二〇〇〇年
日本スポーツ出版社編『チバリヨ！　沖縄球児』一九九九年
服部邦雄『愛知一中野球部史』愛知一中野球倶楽部、一九六一年
浜高野球部百年史編集委員会編『浜高野球部百年史』島根県立浜田高等学校、二〇〇三年
林弘著『時習館野球部一〇〇年史』時習館野球部一〇〇周年記念事業実行委員会、二〇〇〇年

日比谷高校百年史編集委員会編『日比谷高校百年史』日比谷高校百年史刊行委員会、一九七九年
一〇〇周年編纂委員会編『多士球児の青春譜』済々黌野球部OB会、二〇〇二年
一〇〇年史編集委員会編『北海道大学野球部一〇〇年史』北海道大学図書刊行会、二〇〇一年
兵庫県立豊岡高等学校野球部創部一〇〇周年記念事業実行委員会記念誌部会編『兵庫県立豊岡高等学校野球部　創部一〇〇周年記念誌』豊岡高等学校、一九九八年
広島県高等学校野球連盟編『広島県高校野球五十年史』広島県高校野球五十年史編集委員会、二〇〇〇年
広島県立広島国泰寺高等学校百年史編集委員会編『広島一中国泰寺高百年史』母校創立百周年記念事業会、一九七七年
広商野球部百年史編集委員会編『広商野球部百年史』広島県立広島商業高等学校、二〇〇〇年
弘田正典『吾に向ひて光る星』二〇〇六年
福岡県高等学校野球連盟編『野球史』宮崎県高等学校野球連盟、一九八五年
福島県高等学校野球連盟編『福島県高等学校野球連盟史（一）』一九九一年
福島高校野球部史編集委員会編『福島高校野球部史』福島高校野球部後援会梅門クラブ、一九八九年
藤井健三・田中健一編著『徳山高等学校野球部百年史』山口県立徳山高等学校野球部OB会、一九八〇年
藤田安元編『上野の丘の球児たち』県立大分上野丘高校野球部創部一〇〇周年記念事業実行委員会、一九九八年
不動岡高校編『不動岡の野球』二〇〇一年武陽野球倶楽部編『神戸二中兵庫高校野球部部史』二〇〇一年
平安高等学校野球部史編集委員会編『平安野球部史』平安学園、一九八五年
北陸高校野球部創部一〇〇周年実行委員会編『北陸高校野球部　一〇〇年の歩み』二〇〇七年
北海高等学校野球部史制作委員会編『北海野球部百年物語』二〇〇九年
毎日新聞社編『選抜高等学校野球大会六〇年史』一九八九年
前田祐吉『野球と私』青蛙房、二〇一〇年
松尾俊治著『不滅の高校野球』ベースボール・マガジン社、一九八四年
松本中学校・松本深志高校野球部誌編集委員会編『松本中学校　松本深志高校　野球部の一世紀』松本深志高等学校野球部OB会、二〇〇四年

松山商業高等学校野球部編『松商野球部百年史』松山商業高校野球部百年史編集委員会、二〇〇三年
松山東高校野球部『松山中学・松山一高・松山東高野球史』松山東高校野球部史編集委員会、二〇〇九年
三重県高等学校野球連盟編『球跡　三重県高等学校野球連盟史』一九八〇年
三重県立四日市高等学校野球部創部一〇〇年史編纂委員会『白球を追って』三重県立四日市高等学校野球部OB会、二〇〇〇年
宮城県仙台第一高等学校野球部OB広瀬会編『仙台一中、一高野球部百年史』一九九六年
宮崎県高等学校野球連盟編『野球史』一九八三年
宮崎県立宮崎大宮高等学校・宮崎県立宮崎大宮高等学校創立百周年記念事業委員会・大宮高校百年史編集委員会編『大宮高校百年史』宮崎県立宮崎大宮高等学校弦月同窓会、一九八三年
明治学院編『明治学院百年史』一九七七年
盛岡一高野球部創設百周年記念誌編集委員会編『白堊熱球譜』盛岡一高野球部後援会、一九九九年
山形県高等学校野球連盟編『山形県高校野球六十年史』一九七九年
八尾高等学校硬式野球部OB会編『八尾高野球部史』八尾高野球部OB会、一九八二年
山内太郎著『戦後日本の教育改革　第五巻学校制度』東京大学出版会、一九七二年
山形東高等学校『山形東高等学校百年史』一九八七年
山口県高等学校野球連盟編『山口県高校野球史』一九九四年
山口県立防府高等学校編『山口県立防府高等学校百年史』一九九八年
琉球新報運動部『沖縄野球一〇〇年』琉球新報社、一九九五年
Y校百年史編集委員会編『Y校百年史』横浜市立横浜商業高等学校Y校百年史編集委員会、一九八二年
若宮誠一編『高松商業高等学校野球部史』香川県立高松商業高等学校、一九八二年
和田雅雄著『兵庫県立伊丹高校野球部史』一九八六年
和田正樹著『房総白球伝』崙書房、一九七九年

■ら■

■わ■

■や■

■ま■

■は■

■な■

■た■

■さ■

■か■

索　引

・本書に掲載されている旧制中学校・高等学校の学校名を五十音順で配列した。
・校名は現在の校名とし、一般に用いられる略称を用いた。
・市立は、「いちりつ」で配列した。
・カッコ内には旧校名および所在する都道府県名を記載した。

■あ■

〈著者略歴〉

森岡　浩（もりおか・ひろし）

野球史研究家。1961年高知県生まれ。土佐高・早大卒。高校野球を中心をとした地方野球史の発掘につとめる。著書に『高校野球　熱闘の100年』(角川新書)、『甲子園全出場校大事典』・『高校野球人名事典』(いずれも東京堂出版)、『まるわかり甲子園全記録』(新潮社)など。現在はＮＨＫオンライン「高校野球100年のものがたり」に「高校野球TRIVIA」を連載中。

高校野球１００年史

2015年6月20日　初版印刷
2015年6月30日　初版発行

著　　者　森岡　浩
発 行 者　小林悠一
Ｄ Ｔ Ｐ　株式会社 明昌堂
印刷製本　東京リスマチック株式会社

発 行 所　株式会社　東京堂出版
〒101-0051　東京都千代田区神田神保町1-17
電話　03-3233-3741　振替　00130-7-270
http://www.tokyodoshuppan.com/

ISBN978-4-490-20907-5 C0575